PMP
备考知识体系解读

● 刘通 梁敏 编著

- 由浅入深展示PMP全面备考知识图谱
- 化繁为简演绎模型工具实践关键内容
- 自始至终阐述价值交付系统底层逻辑

哈尔滨工业大学出版社
HARBIN INSTITUTE OF TECHNOLOGY PRESS

内 容 简 介

国际公认的《项目管理标准》和《项目管理知识体系指南(PMBOK® 指南)》第七版中文版本已作为国内最新的 PMP 考试的应考指定用书应用于 2023 年 8 月及以后举行的考试中。业界通常把《项目管理知识体系指南(PMBOK® 指南)》简称为《PMBOK® 指南》。本书对《PMBOK® 指南》第七版中文版本所关联的 PMP 认证考试的备考内容进行全面解读,以更加引人入胜的方式诠释全新的项目管理标准和知识体系的理论框架、指导原则和管理绩效域,并对众多管理模型、方法实践和工具应用进行详细案例分析,以读者更易理解的方式阐述项目管理理论与案例实践的落地真谛和精髓,从而在 PMP 备考的全过程中做到游刃有余。

本书专注于帮助读者实现从《PMBOK® 指南》第六版到第七版的知识跨越,可以作为新老 PMP 学员备考或体察《PMBOK® 指南》第七版相对于以前版本变化要点的权威辅助教材,也可以作为项目管理工作人员指导自身项目交付实践和高校师生进行项目管理理论学习的参考资料及自学指南。

图书在版编目(CIP)数据

PMP 备考知识体系解读/刘通,梁敏编著. —哈尔滨:哈尔滨工业大学出版社,2024.6
ISBN 978-7-5767-1371-8

Ⅰ.①P… Ⅱ.①刘… ②梁… Ⅲ.①项目管理-资格考试-自学参考资料 Ⅳ.①F224.5

中国国家版本馆 CIP 数据核字(2024)第 093078 号

策划编辑	杜　燕
责任编辑	张羲琰
封面设计	高永利
出版发行	哈尔滨工业大学出版社
社　　址	哈尔滨市南岗区复华四道街 10 号　邮编 150006
传　　真	0451-86414749
网　　址	http://hitpress.hit.edu.cn
印　　刷	哈尔滨市石桥印务有限公司
开　　本	787mm×960mm　1/16　印张 16　字数 288 千字
版　　次	2024 年 6 月第 1 版　2024 年 6 月第 1 次印刷
书　　号	ISBN 978-7-5767-1371-8
定　　价	68.00 元

(如因印装质量问题影响阅读,我社负责调换)

序 1

当我通读完《PMP 备考知识体系解读》的书稿，我深感本书作者二十年如一日、孜孜不倦的工匠精神。通过家喻户晓的案例对枯燥的项目管理理论及 PMP 备考内容进行形象解读，让项目管理专业人士及感兴趣的朋友更容易了解全新的项目管理知识体系架构，以及所做的高效 PMP 认证准备。

如果说《PMBOK® 指南》第六版及之前的版本是通过打补丁的方式升级知识体系，那么《PMBOK® 指南》第七版则展示了其全新的价值。它不仅重组了项目管理十大知识领域，还提出了价值交付系统的框架体系。《PMBOK® 指南》第七版相较于以前的版本，让项目经理迈上了更高一个台阶——项目经理既是管理者，又是领导者，主导为客户创造价值。当然，组织变革会增加时下有志于从事项目经理职业的入门人士理解上的难度和上手的困难，对于已经从事项目管理数年的职场人士，也平添了很多的留白和想象的空间。本书通过言简意赅的叙述，对项目管理的要点和难点娓娓道来，提供案例分析的情景代入引发大家对项目管理过程的反思和价值交付的探索——结合本书的内容和我在项目管理领域深耕二十年的经验阅历，我阐述一下对项目管理的理解。

在我刚成为一名项目经理的时候，正值经济全球化迅猛发展。公司大力推广项目经理文化，我因此搭上"顺风车"顺利通过了 PMP 认证考试。在拿下项目经理 PMP 认证后，我去海外负责业务与软件的项目交付。当时的 PMBOK 体系只有九大知识领域，项目干系人管理还没有增补进来。刚刚进入项目管理领域的项目经理掌握了 PMBOK 体系犹如学会了一门全球通用的语言，方便了与不同国家及地区的人进行交流。我一边践行《PMBOK® 指南》的管理过程，一边深刻体会项目管理知识体系的精妙，一晃不觉数年。

随着我对项目管理知识更加深入地践行,我越发感受到《PMBOK® 指南》第七版是项目管理知识体系的集大成者,十二大原则明确了形而上的价值观,八个绩效域是站在系统交付价值的制高点来解读众多过程之间的内在逻辑关系。总之,《PMBOK® 指南》第七版更加注重项目经理全方位能力的提升,在项目团队管理过程中对典型的模型、工具和关键实践进行分析,联合内外部干系人共创价值。

最后,希望读者跟随本书的引领,顺利通过 PMP 认证考试!

蔡治军

曾经就职于 Intel、华为、IBM

中以联科电子安装工程(北京)有限公司华南区总经理

暨南大学信息科学技术学院校友联谊会会长

首届粤港澳大湾区杰出青年企业家

序 2

大发展时代与项目管理的演变

这是一个不同寻常的时代,一如既往地上演着前所未有的奇迹,项目管理方法的演进也见证着历史返璞归真的历程。

价值观的回归

在经济全球化的推动下,无国界的大分工,全球性的资源配置,人类从来没有如此融通过。资本空前的大规模流动,催生着互联网、平台化、共享经济、智能化、区块链、元宇宙和 AI 大模型等一个个风口,项目管理似无形的手创造着新的估值,人们越来越意识到回归价值观的重要性。

(项目)目的的回归

任何一个过程都是迎接挑战、管理风险和解决问题的过程。在全球化背景下,人类生存发展本能触发的改变无不以项目的形式在推进。新的项目管理不再是执着固化的目标,而是回归更本质的价值输出。

敏捷的规范

除了开拓创新,解决当下人类的发展问题必然应该回归到人类发展的初衷。基于恰当的需求定位,通过均衡的资源分配机制,解决人的发展问题,激发个体的劳动产出,是高效治理的本来闭环。人类社会选择的其中一个取向是不断加速,"唯快不破"带来空前的复杂性及不确定性,必然需要敏捷应对。在纷繁复杂中,只有回归价值的本源才能找到照亮方向的灯塔。

个人的定位

在时代不断演进的大潮中,循序渐进仍然是个体自身能力修炼的主旋律。在高度互联下,个体更加需要的是在复杂无常的变化中不断重构思维模式,迅速抓住关键的脉络。本书作者作为管理知识领域坚持不懈的传道授业解惑者,以脉络清晰的新旧对照方式,为投身于创新与突破领域的学人提供指导,帮助更多人实现知识跨越,并顺利通过 PMP 认证考试。预祝大家在项目管理的赛道上跑出好成绩!

何刚勇

曾经就职于中国海关、中兴、IBM

现任某知名房地产公司 CIO

前　　言

《项目管理知识体系指南(PMBOK® 指南)》(以下简称《PMBOK® 指南》)是业界公认的项目管理最佳实践,其所关联的国际项目管理 PMP 认证考试也已经通过国际标准化组织颁发的 ISO/IEC 17024 标准。《PMBOK® 指南》自从 1996 年第一版面市以来,持续获得各界项目管理专家的参与修订,并确保每四年升级一个版本。美国国会图书馆已于 2021 年 8 月向全球发售第七版。《PMBOK® 指南》第七版的内容相较于以前版本更是一次颠覆式创新和跃迁,为了迎合以项目驱动组织数字化转型的内在诉求,在第七版中建设性地提出了价值交付系统(value delivery system)的框架体系,实现了项目管理理论在系统工程层面的顶层设计,即每次项目交付都可实现一致性的高质量和预设的价值主张。

《PMBOK® 指南》第七版相较于以往的版本,从侧重于项目管理过程的交付转变为更加强调价值的交付,并且把我们熟知的项目管理十大知识领域重组为八个绩效域。这种大刀阔斧式的革新无疑给广大读者增加了阅读和理解的难度。本书旨在帮助对项目管理知识有兴趣的广大读者和准备参加 PMP 认证考试的考生,以更加简单高效的方式理解《PMBOK® 指南》第七版的理论精髓,通过通俗易懂的归纳总结和由浅入深的系统阐述,使读者和考生可以在项目管理的理论学习和 PMP 备考上更加从容。对于目前从事客户拓展、软件开发、系统集成、业务运营(运维)、工程实践、项目管理和产品制造等项目相关工作的朋友来说,这本书是您的不二选择。

作　者

2024 年 2 月

目　　录

第 1 章　《PMBOK ® 指南》与 PMP 认证 ······················· 1
1.1　VUCA 时代与数字化转型 ······························ 1
1.2　《PMBOK ® 指南》第七版为时代所需 ···················· 3
1.3　《PMBOK ® 指南》第七版的章节结构 ···················· 5
1.4　PMP 考试概览说明 ·································· 6
1.5　如何准备 PMP 考试 ·································· 7
1.6　临考前的自我评估 ··································· 8

第 2 章　项目管理的基本概念 ································ 9
2.1　项目的定义 ··· 9
2.2　项目的特性 ··· 10
2.3　项目与战略 ··· 12
2.4　项目与运营 ··· 13
2.5　项目与产品 ··· 15
2.6　项目经理的定义 ····································· 16
2.7　项目经理的职业道德规范 ····························· 18
2.8　项目管理的经典活动 ································· 19
2.9　产品经理的定义 ····································· 24
2.10　产品经理的修炼 ···································· 25
2.11　产品经理与项目经理的区别 ·························· 26
2.12　项目经理转型为产品经理的挑战 ······················ 30
2.13　价值交付与项目治理 ································ 31
2.14　组织级项目管理与 PMO ······························ 32

2.15 价值交付系统 …………………………………………………… 34
 2.16 事业环境因素与组织过程资产 ………………………………… 37
 2.17 项目所在组织结构 ……………………………………………… 38
 2.18 项目干系人（相关方） ………………………………………… 39

第 3 章 项目管理的指导原则 …………………………………………… 41
 3.1 成为勤勉、尊重和关心他人的管家 …………………………… 41
 3.2 营造协作的项目团队环境 ……………………………………… 45
 3.3 有效的干系人参与 ……………………………………………… 48
 3.4 聚焦于价值 ……………………………………………………… 53
 3.5 识别、评估和响应系统交互 …………………………………… 57
 3.6 展现领导力行为 ………………………………………………… 59
 3.7 根据环境进行裁剪 ……………………………………………… 60
 3.8 将质量融入过程和可交付物中 ………………………………… 61
 3.9 驾驭复杂性 ……………………………………………………… 64
 3.10 优化风险应对 …………………………………………………… 67
 3.11 拥抱适应性和韧性 ……………………………………………… 70
 3.12 为实现预期的未来状态而驱动变革 …………………………… 72
 3.13 敏捷宣言与敏捷原则 …………………………………………… 75
 3.14 《PMBOK® 指南》第七版指导原则与敏捷原则的映射关系 … 78

第 4 章 项目管理的绩效域 ……………………………………………… 81
 4.1 干系人（相关方） ……………………………………………… 83
 4.2 团队 ……………………………………………………………… 86
 4.3 开发方法和生命周期 …………………………………………… 90
 4.4 规划 ……………………………………………………………… 94
 4.5 项目工作 ………………………………………………………… 104
 4.6 交付 ……………………………………………………………… 109

4.7 测量 ······ 113
4.8 不确定性 ······ 121

第5章 项目管理的典型模型 ······ 125
5.1 组织级项目管理成熟度模型 ······ 125
5.2 项目优先级选择模型 ······ 126
5.3 项目经理能力三角模型 ······ 127
5.4 塔克曼阶梯理论模型 ······ 130
5.5 需求排序的 KANO 模型 ······ 131
5.6 需求排序的 MoSCoW 模型 ······ 133
5.7 冲突管理模型 ······ 134
5.8 推论阶梯模型 ······ 136
5.9 激励模型 ······ 138
5.10 变革模型 ······ 141
5.11 复杂性模型 ······ 143
5.12 谈判模型 ······ 144
5.13 情境领导力模型 ······ 146
5.14 领导权变模型 ······ 148

第6章 项目管理的典型工具 ······ 150
6.1 战略工件 ······ 151
6.2 访谈 ······ 153
6.3 三点估算 ······ 153
6.4 蒙特卡罗分析 ······ 156
6.5 控制图 ······ 157
6.6 帕累托图 ······ 158
6.7 散点图 ······ 159
6.8 矩阵图 ······ 160

6.9 亲和图 ……………………………………………………………… 161
6.10 流程图 ……………………………………………………………… 161
6.11 因果图 ……………………………………………………………… 163
6.12 风险燃尽图 ………………………………………………………… 165
6.13 会议和事件 ………………………………………………………… 167
6.14 日志和登记册 ……………………………………………………… 172
6.15 计划工件 …………………………………………………………… 175

第7章 项目管理的关键实践 ………………………………………………… 179
7.1 如何区分风险、问题和假设 ……………………………………… 179
7.2 如何区分不同项目管理主线 ……………………………………… 181
7.3 何时选择上报项目发起人 ………………………………………… 183
7.4 如何区分项目启动会和项目开踢会 ……………………………… 185
7.5 如何区分配置管理和变更管理 …………………………………… 186
7.6 如何区分项目质量管理相关概念 ………………………………… 187
7.7 如何区分行政收尾和合同收尾 …………………………………… 189
7.8 如何区分赶工与快速跟进 ………………………………………… 192
7.9 如何区分关键路径法和资源优化 ………………………………… 193
7.10 如何区分管理团队和管理相关方(干系人) …………………… 194
7.11 如何区分沟通管理计划和相关方(干系人)参与计划 ………… 195
7.12 如何区分管理相关方参与和监督相关方参与 ………………… 197

第8章 PMP考试全真模拟题 ……………………………………………… 198

参考文献 ……………………………………………………………………… 243

第 1 章 《PMBOK® 指南》与 PMP 认证

1.1 VUCA 时代与数字化转型

当下,我们正处在 VUCA 时代。VUCA 是易变性(volatility)、不确定性(uncertainty)、复杂性(complexity)和模糊性(ambiguity)四个英文单词的首字母组合。图 1-1 是 VUCA 解析图。

图 1-1 VUCA 解析图

在 VUCA 时代背景下,面对未来的诸多不确定性,企业如何做到像日本经营大师稻盛和夫所说的"留有余裕"的经营,这是目前很多企业面临的棘手问题。现在绝大多数企业都需要经历一场更加深刻的数字化转型和组织变革,即通过数字化手段和有别于竞争对手的商业模式来延续企业已有的荣光和缔造企业未来的辉煌。具体来说,所谓数字化转型,就是企业或组织需要应用"ABCD"数字技术走出一条与竞争对手不同的发展之路,或采取不同的办法走相同的路。A 为人工智能(artificial intelligence),B 为区块链(blockchain),C 为云计算(cloud computing),D 为大数据(big data)。

在这个充满变数的时代,很多企业都会选择通过类似于数据中台或业务中台、AI 大模型的项目来探求适合自己未来的发展之路,即实现企业自身的数字化转型战略。目前比较流行的数据治理和微服务框架都属于数字化转型的范畴。

由于企业采用的是类似于IT的"ABCD"数字技术,很多企业容易将数字化转型与传统的基于IT改造变革的组织转型混为一谈。其实数字化转型是由数字技术的广泛传播而触发和塑造的深刻组织变革。数字化转型至少在以下三个方面不同于过去基于IT改造变革的组织转型。

(1)数字化转型涉及的技术与传统的企业选取的支撑当下业务运营的IT系统不同。数字化技术涉及诸多方面,具体可以总结为SMACIT,即社交(sociality)、移动(mobile)、分析(analysis)、云(cloud)和物联网(IoT)的英文单词的首字母组合。所以我们可以认为数字化转型是各种技术融合的产物,其本身具有生成性、可延展性和组合性等特点,即新技术实现新业务的创新。谈到生成性,它也是一种文化的表征,即生成性文化。企业或组织在应用全新的数字化技术的时候,难免会产生这样或那样的不适应,甚至可能造成失败。生成性文化就是把失败当作成长的开始,提高组织自身的反脆弱能力,使组织能够更加长生久治。我们坚信文化转型伴随着数字化转型,同样为组织的未来发展起到不可估量的正向作用。

(2)许多数字技术涉及更广泛的生态系统和关联需求,而非只是关注企业内部系统的迭代更新。也就是说,数字化转型是这个时代或行业的产物,企业或组织需要面对自身所处生态系统的上下游的改变。因此企业选择数字化转型也是企业所处的生态赋予的正确选择,即企业的必由之路。例如,华为成功整合国内做ERP(企业资源计划)的上下游厂商,对其内部ERP系统做了"换心手术"。华为MetaERP系统的成功是我国所倡导的新基建实施的一个成功典范。

(3)数字化转型的成果超出了基于IT信息技术的转型所促成的变革。在转型过程中合理地应用数字技术,企业或组织需要重新定义其价值主张或核心业务关切,而传统的IT技术转型则只是支持企业目前所有的价值主张或核心业务。数字化转型的最终结果是出现全新的业务形态或商业模式,而非加强原先固有的商业模式。因此,对每一个参与其中的企业或组织来说,这场数字化转型或组织变革都是脱胎换骨式的。

1.2 《PMBOK® 指南》第七版为时代所需

数字化转型战略需要企业或组织通过具体的项目来落地。通俗地讲,项目就是组织战略落地的手段。在项目落地时需要专业和完备的项目管理技能来提升项目实施的成功概率,降低可能的项目落地风险和不确定性。项目管理知识体系指南是业界公认的项目管理最佳实践,其所关联的 PMP 认证考试也已经通过国际标准化组织的 ISO/IEC 17024 认证。PMP 认证是国际公认的项目管理权威认证,目前 PMP 证书已经得到全世界 200 多个国家和地区的认可,成为名副其实的项目经理职业上岗必备证书。

PMP 认证考试的指导书籍主要是《PMBOK® 指南》,其最新版本第七版已经于 2021 年在美国出版,并在全球发售。《PMBOK® 指南》由数百位业界顶级项目管理实践专家共同参与撰写,其内容包揽了经过验证的成熟项目管理过程、工具、方法和模型。为了持续保持《PMBOK® 指南》自身管理理论的先进性以及理论指导实践的现实意义,该指南从 1996 年第一版面市以来,其所关联的项目管理知识体系内容持续更新,确保每四年升级一个版本。目前第七版的内容相对于以前版本更是一次颠覆式创新,并应用于 2023 年 8 月及以后的 PMP 考试中。在众多企业需要经历数字化转型的大背景下,以瀑布模式为代表的经典项目管理生命周期和以敏捷开发为代表的适应型项目管理生命周期将在相当长的一段时间内共存,即《PMBOK® 指南》第七版所提到的混合型生命周期下的项目管理。该版本通过建设性地提出价值交付系统,从系统层面的顶层设计来建立、维持和推进企业内部组织级项目管理的健康发展。另外,它还总结了指导项目管理日常实践的十二大原则、八个绩效域以及诸多项目管理模型、工具和与之配套的数字化知识库平台,这无疑对时下项目管理理论的发展方向和具体的项目管理落地实践提出了全方位的指导意见。

那么为什么《PMBOK® 指南》第七版相较于我们所熟知的第六版进行了颠覆式创新呢? 答案就是,企业或组织所进行的项目需要满足《PMBOK® 指南》提到的项目韧性的特点。VUCA 时代给项目目标和具体需求等带来诸多不确定性,在项目执行过程中需要有更多的韧性来面对可能不期而遇的风险和变数。在这个充满变数的时代,以前基于五大过程组和十大知识领域的确定性项目管理框架已经遇到不可逾越的瓶颈。比如五大过程组之一的启动过程组强调在项目开始就需要确定一个明确的、不会轻易改变的项目目标,且规划过程组强调制订切实可行的项目管理计划、详尽的工作分解以及明确的工作包内容,这在 VUCA 时代都会显得力不从心。正所谓不破不立,《PMBOK® 指南》第七版从原先强调项目管理过程交付转变为强调价值交付。项目管理的传统过程领域涉及整合、范围、进度、成本、质量、资源、沟通、风险、采购和相关方(干系人)等十大知识领域,即项目经理在日常项目管理过程中需要关注的诸多方面的汇总,如项目的范围、进度和成本基准的合理规划,以及针对项目进度和成本绩效的严格管控等内容。《PMBOK® 指南》第六版涵盖的十大知识领域共有 49 个管理过程。所谓过程,是指为了达成一定管理目标的一系列结构化活动的集合,它等同于人们所熟知的流程的概念。过程或流程必然包括必要的输入和输出。通常特定过程的输出可能是一个中间的可交付成果,未必直接代表项目所需交付的价值实现。时下诸多"高大上"的管理理论都强调最终的可交付成果,而不是中间的过渡输出。最终的可交付成果代表最终有价值的可交付成果,而输出只是表示中间的产出物,这些中间结果未必具有价值属性。故而《PMBOK® 指南》第七版特别强调项目经理做项目就是为客户创造价值,并协助客户所在组织成功实现数字化转型,把之前基于过程的知识领域框架改为基于价值交付的价值交付系统框架就变得顺理成章了。

《PMBOK® 指南》第七版把第六版的十大知识领域的众多知识点进行合理的组合并有效地解耦与重构,有序并入第七版的八个绩效域。项目经理需要基于为客户创造价值的指导原则,有效地实践绩效域的相关活动,为客户交付价值。另外,需要注意的是,第七版总结的八个绩效域之间有一定的逻辑关系并彼此相互作用,关于八个绩效域的详细解读详见本书第 4 章。

总之,《PMBOK® 指南》第七版以全新的视角解读项目价值交付所需具备的诸多指导原则,把项目管理的精髓融入八个绩效域中进行深刻阐述,并配合诸多项目管理模型和工具辅助项目管理的具体落地。《PMBOK® 指南》第七版的整体框架如图 1-2 所示。

第1章 《PMBOK® 指南》与PMP认证

图1-2 《PMBOK® 指南》第七版的整体框架

1.3 《PMBOK® 指南》第七版的章节结构

《PMBOK® 指南》第七版包括项目管理标准和指南两大部分,这两部分的核心内容共分六章,下面具体介绍《PMBOK® 指南》第七版的主要章节内容与本书所涉及章节的对应关系。

第一章为引论,描述了项目管理标准的目的,并定义了关键术语和核心概念。这些术语和概念内容对应本书第2章项目管理的基本概念的相关内容。本书对项目管理的相关概念按照更加易于理解的链条进行关联排序和分类解读。

第二章为价值交付系统,强调项目存在于更大的系统中,需要遵循项目治理和组织级项目管理框架来为项目所在的执行组织交付价值。关于项目治理和组织级项目管理的概念解读详见本书第2章2.13节和2.14节的相关内容。关于价值交付系统的实践性论述详见本书第2章2.15节的相关内容。

第三章为项目管理原则,项目管理标准和项目管理方法论往往以"高大上"的原则为基础和前提展开。原则与项目经理的职业道德相关联，并起着类似于法律或规则的约束作用。但是项目管理的原则在本质上不是强制规定必须遵循的，其旨在指导项目参与者的行为，确保执行项目的个人和组织能够通过多种方式与这些原则保持一致。本书第 3 章对《PMBOK® 指南》第七版的十二大指导原则分别进行解读，并配有典型的 PMP 例题，以场景化的方式说明遵循原则的重要性。

第四章为项目绩效域，确定并描述了构成整体价值交付系统的八个项目绩效域，以便成功交付项目的预期可交付成果。本书第 4 章以知识点的全盘梳理和例题分析的形式对项目管理的八个绩效域分别进行解读。

第五章为裁剪，介绍了裁剪的内涵，并概述了项目各个绩效域的具体裁剪办法。本书在第 4 章阐述绩效域的过程中已经纳入裁剪的实践，并且配以案例说明。

第六章为模型、方法和工件，简要介绍了在项目管理过程中常用的模型、方法和工件。这些模型、方法和工件的主要作用是生成项目的可交付成果和实现最终的价值交付。本书第 5 章对项目管理的典型模型进行视图呈现和详细解读，第 6 章对项目管理的典型方法和工件进行案例分析，第 7 章对更多的项目管理的关键实践进行系统解读。

1.4　PMP 考试概览说明

以《PMBOK® 指南》第七版为主要参考书籍的 PMP 考试已经在 2023 年 8 月举行。PMP 的新考纲与《PMBOK® 指南》第七版的内容更加契合。为了方便考生对《PMBOK® 指南》第七版的理解，本书通过案例解析等方式将全新的项目管理知识体系全貌娓娓道来，以助力考生顺利通过 PMP 考试。

在我国，PMP 考试一般每年举行四次，通常每一个季度一次，每次考试分为上下午两场分别举行。

考试题目共 180 道题，全部都是选择题，分为单选题和多选题。单选题占大多数，多选题(不定项选择题)的题量相对有限，以往在 180 道题中大概包括 20 道左右的多选题。为了测试某些新题的难度和 PMP 考生的适应程度，每次考试都会设有 5 道不算分的题目，PMP 考生只要在算分的 175 道题中答对 106 道题就能顺利通过考试。如果考虑不算分的情况，正确率要在 180 道题中至少答对 111 道题才能确保通过考试。

考完一个月后出成绩，有时候会延迟到6~8周后出成绩。请各位PMP考生以美国项目管理协会(PMI)官方通知为准，一般官方会通过电子邮件来通知考生的成绩情况。通过PMP考试的考生可以在PMI官方网站(www.pmi.org)下载电子证书。

正如我们做项目要识别风险，为了规避或减轻考生无法通过PMP考试的风险，请考生要留有一定的应急储备。即平时的模考成绩不能止步于180道题答对111道题的水平，而应该以更加高的标准严格要求自己的模考成绩保持在答对126道题以上的水平。本书第9章为考生精心准备了一套带有详尽解析的全真模拟题，大家可以小试身手，预祝大家取得好成绩。

1.5 如何准备PMP考试

参加PMP考试的考生一般要拿出至少100 h的学习时间来准备PMP考试，可以利用自己的碎片时间或整块时间来备考。碎片时间可以是在上下班的地铁上，而整块时间可以是周末的全天。考生通常可以利用碎片时间收听或收看PMP相关视频，利用整块时间去做题，尤其是成套的PMP模拟题。

以下是高分通过考试的考生推荐的方法，仅供参考。

(1)结合本书深刻理解《PMBOK® 指南》第七版的关键内容。

(2)结合《PMP考试必备宝典》(简称PMP宝典)电子版书籍理解《PMBOK® 指南》第六版的关键内容，以及第六版和第七版的衔接内容。

(PMP宝典下载的长期有效链接：https://pan.baidu.com/s/12XE6aNTOwdu_Q5iACDj9ow；提取码：lh72)

(3)结合《敏捷项目管理辅导书》(简称敏捷宝典)电子版书籍理解敏捷项目管理的关键内容。

(敏捷宝典下载的长期有效链接：https://pan.baidu.com/s/1bAcjc8XtsiYtZQYIk3leeA；提取码：a8b2)

(4)完成PMP培训机构提供的精讲及串讲视频的复习，至少1遍。

(5)按照PMP培训机构完善的PMP备考计划，有序展开PMP备考复习，并完成指定的里程碑内容。

(6)完成 1 000 道题以上的《PMBOK® 指南》第七版分章和全真模拟题的练习,解决项目管理知识点和 PMP 考试场景题目嫁接的"最后一公里"问题。

(7)临考前 1~2 周,对所有做错的题反复理解,查缺补漏,做到没有知识认知的死角。

(8)解题时秉承 TKSC 原则:

T(topic):真正读懂题目。

K(key):迅速抓住题干重点或知识考点。

S(source):准确找到对应的选项。

C(choice):果断做出选择。

1.6 临考前的自我评估

以下是考生在奔赴 PMP 考场前需要自我评估的几条验收标准,类似于敏捷项目管理经常提到的定义完成(definition of done,DoD)的概念。

(1)每分钟解决一道题。

(2)结合本书的关键内容进行自我复述,即本书的每章内容能够自我复述 3~5 min。

(3)结合 PMP 宝典电子版书籍的关键内容进行自我复述,对该电子书每章的内容能够自我复述 3~5 min。

(4)结合敏捷宝典电子版书籍的关键内容进行自我复述,掌握敏捷实践、敏捷价值观、敏捷原则和敏捷方法论,对该电子书的内容能够做到自我复述 10~15 min。

 # 第 2 章　项目管理的基本概念

本章是对《PMBOK® 指南》第七版第一章引论部分定义的关键术语和核心概念进行重新排序和分类解读。掌握这些术语和概念是认知项管理知识体系全貌和顺利通过 PMP 考试的压舱石。

2.1　项目的定义

项目是为了创造独特的产品、服务或成果而进行的临时性工作。在 PMP 考试题目中，"项目"一般都是中等规模、跨专业、跨职能部门的项目，通常通过矩阵型组织结构来完成。矩阵型组织结构一般分成强矩阵、平衡矩阵和弱矩阵。强矩阵型组织结构的特点是项目经理是全职的，能够独立掌控项目完工预算的具体支出和项目成员报销单的财务审批。在强矩阵型的组织环境下，项目经理的汇报对象不是职能经理或运营经理，而是项目总监或分管项目的高级副总裁。项目团队成员由职能部门临时派遣过来，行政上还是归职能经理管辖，在做完项目后会回到职能部门。在现实工作中，项目经理通常是兼职的，处在一个平衡矩阵或弱矩阵型组织中，其汇报对象通常是职能经理。更加详尽的关于矩阵型组织的解读，可以参阅本章 2.17 节"项目所在组织结构"。

职能经理是在行政或职能领域(如人力资源、财务、项目管理办公室、会计或采购)承担管理角色的重要人物。而运营经理是按业务部门划分，有运营收益的部门经理负责保证业务运营的高效性，即背负业绩指标的业务运营部门。在 PMP 考试中通常不太区分职能经理或运营经理，考试题目的场景角色通常统称为职能经理。

2.2 项目的特性

项目通常具有三个基本特性,即临时性、独特性和渐进明细。

1. 临时性

项目的临时性是指项目有明确的起点和终点。项目有临时性,但是项目所交付的成果或产品未必具有临时性,比如都江堰目前还在使用。当项目出现以下情况之一的时候,通常项目就结束了:

(1) 项目既定目标已经达成。
(2) 项目因不会或不能达成目标而被迫终止。
(3) 项目需求或交付的价值不复存在。
(4) 项目资金缺乏或者缺少可分配的资金。
(5) 项目无法获得所需人力或物力资源。
(6) 项目出于法律和客户(甲方)便利原因而终止。

2. 独特性

项目的独特性是指每个项目都会创造独特的产品、服务或成果。另外,即使用同样的项目经理、原班项目交付团队和同样的项目管理方法论去交付同样的产品(如 ERP 系统)于不同的客户现场,都可能产生不同的结果。有的项目会成功,有的项目会失败。其原因是项目所交付的环境具有独特性,客户的需求是有差异的,客户对执行项目的初衷和项目在组织中的定位是不同的,自然会导致不同的结果。因此,项目的独特性预示着项目存在诸多风险和不确定性。

3. 渐进明细

项目的渐进明细即项目的复杂性。在 VUCA 时代,由于市场热点和战略目标多变,项目的目标也会不断调整。项目管理计划不是一蹴而就的,需要通过迭代增量的方式持续地完善。通常应用滚动式规划的工具予以实现,滚动式规划的内容不只应用在项目的工作包或活动渐进明细的分解上,针对项目的成本估算也符合渐进明细的特点。比如,在项目立项之初制定项目章程时,对成本采取的是粗略量级估算(rough order of magnitude,ROM),估算的成本偏差相对于真实值可以在-25%~75%这个范围内；而在估算到某个工作包或活动时，成本偏差应该在-5%~10%范围内。项目的风险管理也体现了渐进明细的特点，如在项目章程审批文件中列出已经识别的高层级风险，在项目范围说明书中列出可能的假设条件（当下认为正确的前提，如关键资源在某个时间点会到位的假设），如果假设不成立即是风险发生。在项目执行过程中，通过不断识别风险，应用数据分析的工具对新风险进行持续识别，并对目前认可的假设条件是否成立进行持续论证。我们所熟知的SWOT就是典型的识别风险的工具，SWOT的四个字母分别表示优势（strengths）、劣势（weaknesses）、机会（opportunities）和威胁（threats），即从这四个方面来持续识别内外部的风险。

除了以上基本特性之外，项目还具有驱动组织变革、创造商业价值和普遍适应性等特性。

4. 驱动组织变革

驱动组织变革是通过项目实施将组织从"当前状态"转变为"未来状态"。《PMBOK® 指南》第七版中提到驱动项目启动的四大基本因素：

（1）符合法规、法律和社会要求。
（2）满足相关方（干系人）的要求或需求。
（3）执行、变更业务或技术战略。
（4）创造、改进或修复产品、过程或服务。

第（3）条阐述的就是项目能驱动组织的业务或技术战略的落地，我们通常认为项目是组织的业务或IT战略落地的手段。早年华为的集成产品开发（IPD）项目成功落地就见证了华为未来的腾飞，因为IPD项目符合华为的数字化转型战略。目前很多企业都紧锣密鼓地在其内部通过项目来促进组织的数字化转型。由此可知，企业未来数字化转型战略的成功离不开一个个具有里程碑意义的项目的成功。

5. 创造商业价值

项目所带来的商业价值体现在实施项目的效益上，即项目所产生的可交付成果能够为项目相关方（干系人）带来的效益。效益可以是有形的、无形的或二者兼有。《PMBOK® 指南》第七版中罗列了有形效益和无形效益的具体内容。

有形效益包括：
（1）货币资产。
（2）股东权益。

(3)公共事业。
(4)固定设施。
(5)创新工具。
(6)市场份额。

无形效益包括：
(1)商誉(声誉)。
(2)品牌认知度。
(3)公共利益。
(4)商标。
(5)战略一致性。
(6)声誉。

6. 普遍适应性

项目是普遍存在的。只要有目标、有过程管控的内在诉求，就可以称为一个项目。企业针对日常运营的改善工作也可以按照项目的方式来跟进。比如为改善工作确立目标，制订合理的计划，跟踪计划落地的可能风险和在现实中存在的问题，及时跟踪每项工作的可交付成果的验收情况，并做好必要的工作收尾。这些都是项目管理工作的核心内容，项目的工作体现在企业经营的方方面面，所以项目具有普遍适应性。企业或组织也应具备项目管理能力。

2.3 项目与战略

项目经常作为实现组织战略计划的一种手段。《PMBOK® 指南》第七版提出项目是实现组织目标的一种手段。组织直接或间接通过项目去实现商业或业务战略目标。组织需要通过对商业文件的批准来确定驱动项目动因的合理性。在《PMBOK® 指南》第七版中，典型的商业文件包括商业论证和项目效益管理计划(收益实现计划)。商业论证也称为经济可行性研究报告，用于确定项目是否达到经济可行性研究的预期结果。项目效益管理计划(收益实现计划)则包括目标效益的内容、实现效益的时限、效益责任人、用以测量效益是否达成的指标，以及为实现效益的可能假设和前提条件、可能风险等内容。组织需要基于商业论证和项目效益管理计划(收益实现计划)来确定项目是否能成功立项,审核并批复具体项目可以动用的组织资源的合理上限和资金的合理区间。

2.4 项目与运营

项目为企业创造商业价值,而价值一般是在运营阶段才真正得以具体实现,并被用户或客户感知。一般在一个组织内部,除了战略相关工作之外,可以把工作总体分为项目与运营两部分。组织在运营过程中发起针对运营流程和改进的需求,这种改进需求如果很大就可以按照一个项目来交付。项目目标实现后可以把已经改进的流程或产品增量转交给运营或产品运维部门。由此可见,项目与运营工作在企业或组织中是不断切换的,它们共同实现组织的战略目标。而组织的资源在项目和运营工作之间流转,即资源或组织的员工在有项目时投入到项目工作中,没有项目时就在其所在的运营(职能)部门从事运营等相关工作。这种资源的管理形态就是 PMP 考试中默认的在矩阵型组织结构下的日常工作形态。

项目与运营的主要区别见表 2-1。

表 2-1 项目与运营比较分析

比较项	项目	运营
负责人	项目经理	职能经理
实施组织	项目组	运营部门
时限	临时性(一次性)	持续不断
目标	独特性 实现目标结束项目	重复性 维持运营产生价值
管理追求	效果(effect)	效率(efficiency)

项目与运营在产品生命周期的不同时间点会有资源交叉,比如项目收尾转运营时,项目经理需要释放之前投入到项目中的项目团队成员返回到本公司的运营(职能)部门,并移交项目最终可交付物给客户的产品运营部门。某公司在因改进运营产品而重新立项时,组织

可以从运营部门重新获取资源并组建项目团队来分析现有运营情况以识别新需求,并以项目交付的形式满足这些需求,从而实现基于项目的新一轮价值交付。

项目与运营的典型共性内容如下:

(1)都由人来完成。

(2)都受制于有限的资源。

(3)都要被规划、执行和监控。

(4)都是为组织经营需要和战略目标服务。

项目与运营还是有不同点的,请看以下题目:

【例2.1】 运营与项目有许多共同点,除了　　　　　　　　　　　　　　( )

A. 在各阶段都需要不同的人员或组织参与

B. 都受制于一些约束,包括资源约束

C. 都需要规划、执行和控制

D. 都需要服务于组织的经营或战略目标

参考答案:A。项目生命周期可以分为不同阶段,在各阶段都需要不同的人员或组织参与。比如在需求分析阶段有需求分析人员参与,在架构设计阶段有架构师参与设计。运营往往是执行重复的流程,且执行流程的人比较固定,即同样的人执行相同的流程。

【例2.2】 在执行项目过程中,应该认真考虑项目产品的维护与持续运营等问题。这种维护与持续运营应该　　　　　　　　　　　　　　　　　　　　　　( )

A. 不是项目的一部分

B. 是项目收尾阶段的一项重要活动

C. 是项目生命周期中的一个阶段,因为生命周期成本中包括维护与持续运营成本

D. 是一个独立的项目

参考答案:A。项目收尾时会执行项目转运营的收尾流程。在项目收尾流程执行完后,表征项目生命周期已经结束,而运营工作才刚刚开始。故而维护与持续运营工作不是项目生命周期的一部分。

2.5 项目与产品

《PMBOK® 指南》第七版特别强调了产品的定义。所谓产品,是指可以通过项目生成的可量化的工件或最终交付的组件。通俗地讲,产品是指能够提供给市场,被消费者使用,并能满足消费者某种需求的任何东西。产品可以是有形的,也可以是无形的,或是它们的组合。

在互联网日益发达的时代,迎合大众需要的互联网产品比比皆是。产品经理需要明确产品的时代愿景和目标市场情况,进行专业和完备的竞品分析,基于产品需求文档(PRD)或产品待办事项列表文档来梳理将来可以作为项目落地的内容。

通过以上产品的定义,我们可以把项目与产品的关系梳理为以下十点:

(1)产品生命周期由一系列产品阶段组成,包括市场调研、可行性研究分析、产品研发、产品试产、产品量产、产品运营和产品退市等阶段。这些阶段往往顺序排列,且不互相交叉。

(2)产品的可行性研究阶段属于产品生命周期的一个典型的早期阶段。如果该阶段的活动比较复杂,可以按照项目管理的方式去管理,比如以项目管理的方式收集此阶段的过程产出物,并监督可能的问题和风险。

(3)产品生命周期的起点是市场调研和可行性研究分析,终点是最终的产品退市。

(4)项目生命周期的起点是项目立项申请通过审批,终点是把项目交付的产品移交给客户的产品运营部门,并把项目团队成员遣送回本公司之前的运营(职能)部门。

(5)产品的市场调研和可行性研究分析的工作往往早于为交付这个产品所发起的项目立项申请。

(6)产品生命周期通常包括项目生命周期,因为项目交付的产品属于产品研发阶段的内容,成功研发的产品还需要经历试产、量产和运营(运维)等阶段。

(7)项目与产品的关系是非常紧密的,比如在一个项目生命周期中交付的产品可以是一个或多个。

(8)与产品生命周期相对应的交付成本符合全生命周期成本的概念。全生命周期的成本也叫总体拥有成本(TCO),通常包括一次性的项目软硬件投入(即一次性成本),以及3~5年运营(运维)成本(即持续维护的成本)。

(9) 项目交付所需成本通常与一次性成本有关。

(10) 项目经理的管理思维应该从原来只注重产品的功能交付，转变为注重产品最终收益和价值的达成。产品价值或收益达成的度量指标和效益责任人一般会写入效益管理计划中。效益管理计划是针对产品何时能够实现效益和收益的计划。在《PMBOK® 指南》第七版中明确定义其为收益实现计划。

2.6 项目经理的定义

《PMBOK® 指南》第七版定义项目经理是由执行组织委派，领导团队实现项目目标的个人。项目经理是针对特定项目进行项目管理的总体负责人。项目管理是以项目经理为主导，将项目执行组织的知识、技能、工具与技术应用于项目活动，以满足项目的要求，最终实现项目的预期目标或收益实现计划的效益目标。

项目管理就是基于目标的过程管理。项目的目标实现要基于SMART原则，即：

(1) specific：目标要具体，不可抽象模糊。

(2) measurable：目标要量化，可衡量（另有说法是 meaningful：有意义）。

(3) achievable：目标要可达成，可实现（另有说法是 agreed to：同意）。

(4) relevant：目标要与组织战略相关（另有说法是 realistic：切合实际；reasonable：合理）。

(5) time-bound：要在规定时间内完成（另有说法是 timely：及时）。

项目目标的管理需要贯穿整个项目管理生命周期，比如在招标合同、项目章程、项目管理计划、需求文件、需求跟踪矩阵和项目范围说明书等文件中都具体体现了项目目标的内容。

项目利益相关方（干系人）对项目目标的诉求不一致导致项目的复杂度增加。项目的发起组织或项目发起人对项目目标有最终决策和解释的权力。项目发起人的定义是明确项目目标，并给项目实施提供资金的人或组织。这里需要注意的是，项目发起人可以是人也可以是发起项目背后的组织或部门，针对一个项目，项目发起人可以有一个或多个。

项目的发起组织或项目发起人后期是通过项目目标是否达成来对项目经理及其团队进行绩效考核的。所以项目经理要在项目之初与组织的高层领导或项目发起人明确项目目标、绩效考核条件和验收标准等信息，并在整个项目生命周期确保目标的达成。

通常组织的高层领导或不同的项目发起人对项目目标的理解可能是不一致的。项目经理需要在项目立项之初做到积极沟通,力求在不同的制约因素间取得必要的平衡,引导关键相关方(干系人)对项目目标的理解与诉求相一致。当然,项目经理需要综合考虑影响项目目标的各种制约因素,通常影响项目目标的制约因素会有很多,如图 2-1 所示。

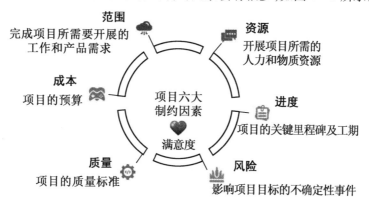

图 2-1 影响项目目标的制约因素

以进度和成本两个制约因素为例,它们不是简单的正相关或负相关的关系。比如项目的某个工作包不是做得越快就越省钱,做得快可能会导致工作的返工并增加更多的成本与风险。当然,工作做得慢,耗时太多也会增加成本。故针对某个工作包的进度和成本应该是一个 U 形关系,即项目的每个工作包或活动应该有一个合理的进度和成本区间,关联《PMBOK® 指南》第七版提到的精准或确定性估算的工具:自下而上估算。自下而上估算工具强调对具体工作包、活动或成本的估算相对于真实值的偏差在 -5% ~ 10%。所以,项目经理应该指导具体做估算的行业专家或主题专家(subject matter expert,SME)在进行工作量估算时要达到这样的准确度要求,故而项目经理需要掌握一定的项目所在行业的背景知识,并对具体工作的估算依据进行合理判断。

项目经理除了在项目立项过程中努力促成各方对项目目标的一致性理解之外,还是项目的整合者,这种整合职责主要由项目经理负责,不可以外包。项目经理的整合职责是 PMP 考试的一个重要考点,在敏捷项目管理中也同样适用。敏捷项目更加强调项目团队成员参与整合工作,即参与式决策。项目经理的整合工作具体包括以下三点:

(1)需要整合的内容包括项目的不同分工界面,比如工作与工作、相关方(干系人)与相关方(干系人)、与项目相关的职能部门与职能部门之间的关系等。

（2）由项目团队成员执行具体项目工作的分解，再由项目经理进行整合集成，形成整体的项目管理计划和项目文件等管理过程记录。典型的项目文件包括相关方(干系人)登记册、问题日志、风险登记册和风险报告等。

（3）整合对项目目标产生影响的各制约因素，寻求彼此平衡的可能，最大限度地采取正向的影响，确保项目的最终成功。

项目经理需要应用项目管理工具，与行业或技术专家共同制订切实可行的项目管理计划，并在项目执行过程中进行合理的工作指派，实施风险控制，确保项目最终交付的产品或服务的质量达标以及价值收益的达成。要想做好这些内容，项目经理的硬实力和软技能是缺一不可的。其中项目经理的软技能包括通过高效的沟通维护好与利益相关方(干系人)的关系，具备换位思考的同理心来理解客户的期望，通过高超的谈判技巧来获得项目所需的内外部资源等。

对项目经理的硬实力和软技能的评估，可以参考本书第 5 章 5.3 节"项目经理能力三角模型"的相关内容。

2.7 项目经理的职业道德规范

无论是《PMBOK® 指南》第六版还是第七版，都强调项目经理的职业道德规范，即责任、尊重、公正(公平)和诚实。

责任是指项目经理有义务对自己所做的决策或未做决策、所采取的行为或未采取行为以及相应的后果承担责任。比如只接受与自身背景、经验、技能和资格相符的任务，举报任何违法或不道德行为。

尊重是指项目经理有义务对自己、他人和委托给自己的资源表现出高度重视，资源通常包括人员、资金、声望、他人安全以及自然或环境资源等。比如了解和尊重他人的规范、习俗和财产权利。

公正(公平)是指项目经理有义务客观而无偏见地做出决策和行动，即项目经理的行为必须远离利益冲突、个人偏见和偏好。比如给有知情权的人提供了解信息的同等途径，并在有真实或潜在利益冲突时，不参与制定决策。

第 2 章　项目管理的基本概念

诚实是指项目经理有义务了解真相，并且在沟通和行为中以诚实的方式行事。比如给客户、项目发起人和内外部团队成员提供准确、可靠的信息，并且项目经理不参与意图获得个人利益或牺牲他人利益的不诚实行为。

项目经理的职业道德规范让项目经理心存良善，就像亚马逊创始人贝索斯在普林斯顿大学毕业典礼上讲的这句话："聪明是一种天赋，而善良是一种选择，选择比天赋更重要，是选择塑造了我们的人生。"我们在学习《PMBOK® 指南》第七版的过程中，也应该选择认同项目经理的职业道德规范。

我们要有意识和自觉地捍卫项目经理的职业道德规范。我国古圣先贤左丘明说"失信不立"，孔子说"人无信不立"，孟子说"诚者，天之道也"，韩非子说"小信诚则大信立"。项目经理要把职业道德规范当作行动指南来履行。

2.8　项目管理的经典活动

项目在整个项目生命周期里是分阶段的，每个项目的阶段划分是不同的。项目生命周期是项目的阶段按照顺序排列或交叉排列的集合。项目阶段是为完成项目的可交付成果而在需要特别控制的位置将项目分界。项目划分为不同阶段有助于项目的管理和统筹规划。不同的阶段有各自的目标和可交付成果，每个阶段的结束点也是一次重新验证以前假设和项目执行风险再评估的机会，我们通常把结束点称为阶段出口、里程碑、阶段关卡、决策关卡或关键决策点等。

一个项目阶段一般包括五大项目过程组，即项目启动、项目规划、项目执行、项目监控和项目收尾。项目的过程组定义了项目每个阶段的典型管理和控制过程。项目五大过程组的过程一般是在项目的每个阶段中循环往复发生的。

《PMBOK® 指南》第七版特别通过一个图例来区分项目生命周期、阶段和过程组之间的关系，如图 2-2 所示。

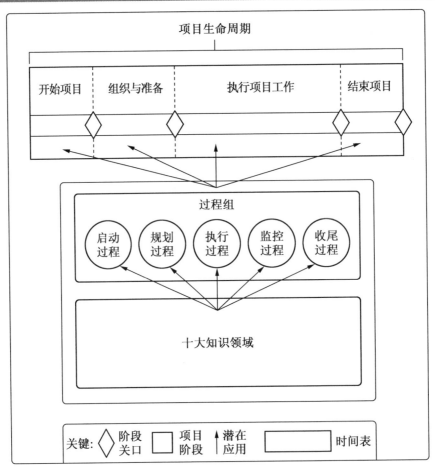

图 2-2　项目生命周期、阶段和过程组之间的关系

1. 项目启动过程组

项目启动过程组是定义项目目标、初步范围,落实初步财务资源,识别内外部相关方(干系人),获得项目授权,定义并启动一个项目的一组过程。项目经理在此过程组内通过项目章程审批从而获得授权,即获得对项目整个处理过程的管理权限。项目章程和相关方(干系

人)登记册是此过程组的典型输出。项目执行组织高层或项目发起人参与项目启动过程,会提高他们对项目的重视和支持程度。

2. 项目规划过程组

项目规划过程组是用来定义项目的原始需求和拟订实施范围,以及为实现项目最终成功而计划行动方案的一组过程。规划过程组制订用于指导项目实施的项目管理计划、项目范围说明书,并组织召开项目开踢会(kick-off meeting)等,引导各方对项目目标达成一致。

3. 项目执行过程组和项目监控过程组

项目执行过程组和项目监控过程组共同关注项目管理计划中已经确定需要完成的工作的执行情况。项目执行过程组关注实施项目管理计划中要求的工作范围的落地实施。而项目监控过程组主要监控可能的执行异常,并采取预防措施或纠正措施。项目的具体执行与最初的原始计划之间可能会有差异,这个差异就是项目执行偏差。项目经理需要做进一步的偏差分析,如果相较于之前拟订的项目基准,项目范围需要变更或项目完工预算需要增加,都需要经过项目所涉及的甲乙双方高层组成的变更控制委员会(Change Control Board,CCB)的授权或审批,在得到妥善的授权后才可以进行正式的项目管理计划或项目基准的更新。

4. 项目收尾过程组

项目收尾过程组包含为完结项目、阶段或合同责任而实施的一组过程。合同不仅包括与客户签署的合同,也包括与第三方供货商签署的供货合同。通常项目经理在执行收尾活动的第一步是核实项目已经具备在项目章程中所定义的退出标准。退出标准一般表现为所有的项目可交付成果已经得到客户或项目发起人的正式验收,并最终与客户签署正式的项目验收(完工)报告。收尾活动还应包括落实项目尾款的支付情况,收集项目的经验教训,把团队成员在项目中获得的新技能及时反映到组织的人力资源库中,发布项目的最终绩效报告,发起客户满意度调查,并着手遣送项目团队成员回职能部门。更加具体的收尾流程,详见本书第7章7.7节。

表2-2列出了项目经理在五大项目过程组中的经典过程活动,尤其是规划过程组的活动通常是按顺序执行的。在实际落地具体项目时要考虑如何引用以下活动,并根据项目的具体复杂度做必要的活动选取和裁剪,即PMP考试中涉及的项目管理过程如何裁剪的场景。

表 2-2 项目管理经典过程汇总

	启动过程组	规划过程组	执行过程组	监控过程组	收尾过程组
1	选择项目经理	确定如何规划每个知识领域	根据项目管理计划执行工作	采取行动控制项目	证实已完成的工作符合需求
2	确定企业文化和现有系统	确定详细需求	产生产品可交付成果(产品范围)	根据绩效测量基准测量绩效	完成采购(合同)收尾
3	收集过程、程序和历史信息	创建项目范围说明书	收集工作绩效数据	实施风险再评估和风险审计	赢得产品的正式验收
4	将大项目划分为阶段	评估购买什么和创建采购文件	请求变更	评估变更引起的影响因素	移交完成的产品
5	理解商业论证	确定规划团队	只实施批准的变更	分析和评价绩效	完成财务收尾
6	揭示初始的需求、假设条件、制约因素、风险和现有协议	创建 WBS(工作分解结构)和 WBS 字典	持续改进	确定偏差是否保证纠正措施或其他的变更请求	恳请客户的项目反馈
7	在给定的制约因素中评估项目和产品的可行性	创建活动清单	遵循流程	根据项目管理计划中的其他测量指标测量绩效	完成最终的绩效汇报
8	识别项目相关方(干系人),确定其期望、影响力和作用	创建进度网络图	确定流程是否正确和有效(质量保证)	赢得客户中间可交付成果的验收	收集最终的经验教训
9	创建可测量的目标	估算活动资源需求	实施质量审计	创建预测	索引和归档记录

续表 2-2

	启动过程组	规划过程组	执行过程组	监控过程组	收尾过程组
10	编制项目章程	估算时间和成本	获取资源	更新项目管理计划和项目文件	更新经验教训、知识库
11	审批项目章程	确定关键路径	管理相关方(干系人)参与和期望	通知相关方(干系人)变更请求的结果	移交项目
12	召开项目启动大会（initial meeting）	制订进度计划	评估团队和个人的绩效	监督相关方(干系人)参与	释放资源
13		制定预算	举行团队建设活动	管理配置	
14		确定质量的标准、流程和测量指标	工作完成时释放资源	批准或者拒绝变更	
15		确定过程改进方法	使用问题日志	管理储备	
16		确定全部角色和职责	促进冲突解决	控制质量	
17		规划沟通和相关方(干系人)参与	给予认可和奖励	请求变更	
18		实施风险的识别、定性和定量分析、应对规划	发送和接收信息，并且恳请反馈	实施整体变更控制	
19		返回-迭代	汇报项目绩效	控制采购	
20		完结采购文档	选择卖方		
21		创建变更管理计划	举行会议		
22		完结"如何执行与控制"所有管理计划的部分	管理人员		

续表 2-2

	启动过程组	规划过程组	执行过程组	监控过程组	收尾过程组
23		制订现实的、最终的项目管理计划和绩效测量基准			
24		赢得计划的正式批准			
25		举行内、外部开工会议（召开项目开踢会）			

2.9 产品经理的定义

《PMBOK® 指南》第七版特别强调项目经理在完成日常项目管理活动之余还要关注项目产生的产品效益达成，即效益管理计划或收益实现计划的内容得以实现。项目经理要有产品经理针对特定产品的经营意识。故而产品经理的日常职责、职业素养及修炼要求，对培养项目经理的产品经营意识和能力起到抛砖引玉的作用。

产品经理是在企业中专门负责产品管理并对产品生命周期负责的人。也就是说，产品经理需要根据企业的战略要求，协调各方资源，推动产品实现既定的目标。一款优秀的产品背后必然会有一个或多个优秀的产品经理，但不优秀的产品背后却未必是产品经理的不优秀。由于企业环境和产品类型的差异，产品经理的工作职责和范围不尽相同，多数初创企业对产品经理的职责划分不清，对产品经理的期望和要求也不同。本书主要介绍互联网或软件行业的产品经理的日常工作范畴。

产品经理的职责包括调查并倾听客户或用户的需求，根据客户或用户的需求对产品功能进行定义、规划和设计。在产品生命周期的各个阶段，协调研发、设计、营销和运营等相关部门，确定各项产品决策，保证产品研发工作的顺利开展，以确保产品策略的顺利实施。另外，产品经理还要认真搜集用户对于已上线产品的反馈、产品现有的故障或缺陷、新需求或需求的变更、同类竞争产品的资料及最新动态，研究产品的发展趋势等。

在整个产品生命周期中，产品经理是领头人，是协调员，但他不是部门负责人。产品经理虽然对产品开发本身有很大的权力，可以对产品生命周期中各阶段的工作进行干预，但是从行政上讲，他并不像一般职能经理那样有自己的下属。此外，产品经理还要运用很多资源来做事，因此扮演好这个角色也是需要相当的技巧的——这一点与项目经理的角色十分类似。

2.10 产品经理的修炼

首先，从产品新人到产品经理的历练过程大概要经历几个阶段：从产品打杂人员到产品设计师；从刻意维护自己的产品模块的需求到关注整个产品层面的功能权衡和需求取舍；从只关注产品需求到开始关注产品交付的整个生命周期的项目管理和运营管理过程；从把个人的产品设计和项目管理能力发挥到极限到自如地施加影响，把已经合理分解的工作交由所辖员工或相关部门负责；从探索性关注产品的功能特性到从战略上考虑产品的长期规划。

其次，需求管理要注意，需求分析就是把用户需求转化成产品需求，注意必要的需求筛选模型的运用，如 KANO 和 MoSCoW 模型等。关于各种模型的详细解读，可以参看本书第 5 章的内容。产品经理除了运用模型还可以应用一些已经被业界证实为有效的收集需求工具，比如传统的收集需求工具包括访谈、问卷调查、标杆对照和观察法等。目前比较流行的敏捷开发方法的需求管理实践简单易用，产品经理可以进行实地体验。具体的敏捷工具内容举例如下：

（1）用户故事：以价值交付来品味用户所需。

（2）用户画像：深入了解用户对产品的期望和需要解决的痛点。痛点是用户当下恐惧的事情，产品经理需要通过产品功能来消除用户的内心恐惧。比如零售门店应用支持软件的自动升级，解决了门店业务人员不懂 IT 的痛点。

（3）A/B 测试：投放试点产品功能，收集用户偏好。

（4）卡片分类法：以卡片分组的方式让用户充分参与产品结构的设计过程。

最后，每个产品经理都需要持续关注所需素养的修炼。不断地体验生活，对生活或用户需求细微观察，通过体验生活的方式来进行产品创作，并应用协调和沟通的能力，把想法付诸实践，您就是一个卓越的产品经理。

2.11　产品经理与项目经理的区别

为了进一步区分产品经理与项目经理的异同，我们且对二者进行比较分析。

1. 产品经理与项目经理的相同点

首先，从名称上看，产品经理（product manager）与项目经理（project manager）的简称都是PM。二者都算是管理角色，管理角色与开发人员、设计人员等技术类的岗位不同，此类角色的管理职能居多，技术职责偏少。在很多初创的互联网公司，产品经理同时充当项目经理的角色。产品经理和项目经理都需要具备管理者的基本素养，如领导力、沟通能力、协调能力、时间管理能力、冲突管理能力、计划制订能力和风险管控能力等。这些都是项目经理的素养要求，所以具备项目管理经验对一个优秀的产品经理来讲也是非常重要的，产品经理最好具备项目经理的相关资格证书，比如PMP证书。

另外，产品经理与项目经理之间是互相协作、互相制衡的关系。互相协作是因为从项目交付角度看，产品经理和项目经理需要协作。互相制衡是产品经理重点考虑产品角度的问题，提出一系列高难度的业务需求和质量目标，这往往会给项目管理工作带来一定的进度、成本和质量的压力。项目经理基于现实的目标导向会与产品经理比较前瞻性和创造性的想法产生冲突。很多由项目经理转型的产品经理会过于注重具体目标的制订与实现，而忽略了产品应有的创新与突破，这一点也是致力于成为产品经理的人应该格外注意的地方。

2. 产品经理与项目经理的差异

产品经理与项目经理的差异比较分析详见表2–3。

表 2-3 产品经理与项目经理的差异比较分析

评估维度	产品经理	项目经理
产品与项目	产品是指能够提供给市场,被人们使用和消费,并能满足人们某种需求的任何东西,包括有形的物品、无形的服务、组织、观念或它们的组合。产品的目标是解决一件事,或者满足一些用户的通用需求。产品的生命周期类似于人的成长,从需求搜集(产品构思)到成长(产品的版本迭代)再到下线(产品退市)的过程;一个产品的生命周期内可能包含很多个项目的生命周期	项目的目标是在规定的时间内,利用有限的资源,高质量地完成某个特定客户或用户的需求。项目的生命周期包括项目的启动、规划、执行、监控和收尾。当项目验收并交付最终产品或服务给客户或用户,项目的生命周期就宣告结束
完成状态	产品不存在完成的说法,因为产品是不断更新的,直到被新产品替代,旧产品下线或退市,生命周期才结束	项目只进行一次,具有临时性,有明确的开始和结束时间,无论周期多长,项目验收结项后,项目的生命周期就结束了
工作职能	负责定义产品:产品经理的主要职能是评估产品机会和定义产品功能,创造出符合市场需求和给企业带来利润的产品,注重产品质量和后期收益	负责实现产品:项目经理的主要职能是实现产品需求和项目管理,把事情做正确、做完美,达到符合既定进度、质量和成本要求的项目目标

续表 2-3

评估维度	产品经理	项目经理
工作职责	收集用户需求,负责产品功能的定义、规划和设计,确保团队顺利开展工作,保证高质量产品的按时完成和成功发布。协调产品所有运作环节和经营活动,进行竞争产品分析,研究产品发展趋势,推动产品推广运营。具体概括为以下七个方面: (1)明确产品的目标用户群及其特征; (2)获取、评估和管理用户需求; (3)完成产品需求文档、产品原型和流程图; (4)精通用户体验、交互设计和信息架构技能; (5)项目管理、需求变更管理和需求验收; (6)分析并总结产品运营数据; (7)提供运营、市场和销售等支撑	项目经理的首要职责是在预算范围内按时优质地领导项目小组达成全部项目目标,并使客户满意。项目经理负责制订项目阶段性目标和项目的总体控制计划。项目目标一旦确定,项目经理就需要将总目标分解,划分出主要工作内容和工作量,明确项目阶段性成果的实现标志等。项目经理还需要管理项目实施方案的决策、成员的奖惩、资源的调配、进度的妥善安排以及合同的变更审批等工作
主导时间	主要主导产品功能和原型前的部分	主要主导产品功能和原型后的部分
技能偏向	偏向于业务创新、数据分析、用户体验和交互设计	偏向于功能实现、技术研发和风险管控

续表 2-3

评估维度	产品经理	项目经理
能力模型	除了具备特定业务领域的技能和通用管理方面的能力外，还需具备： (1)市场分析能力：对行业情报、竞争对手动态和用户变化进行掌握和分析；确定产品的市场地位，掌握竞争格局，预测市场变化，确定战略和战术； (2)专业设计能力：依据用户使用场景揣摩用户心理，使用工具和技巧，设计出满足甚至超出用户预期的功能特性； (3)商务沟通能力：理解合作方的利益点及自己可提供的资源，通过一定的谈判技巧，形成共赢的成交方案； (4)数据分析能力：通过设计数据指标体系，进行数据的收集和分析，挖掘潜在规律和问题，以优化产品和支撑决策； (5)市场营销能力：根据目标用户、产品特点及品牌塑造需要，辅助营销及公关策略的制定和执行； (6)市场/用户的调研与分析能力：主动通过各种渠道了解用户反馈，掌握定性、定量调研方法，并将调研方法付诸产品实践，持续优化产品	除了具备特定业务领域的技能和通用管理方面的能力外，还需具备： (1)知识能力：对项目管理的知识了解； (2)实践能力：能够应用所掌握的项目管理知识做什么、完成什么； (3)个人能力：在执行项目相关活动时的行为方式，其中最主要的是人际关系技能，包括领导力、影响力、应变能力、团队建设能力、激励能力、沟通能力、决策能力、谈判能力、建立信任能力、冲突管理能力、教练技术和政治文化意识等； (4)技术能力：对于IT行业的项目经理，可能需要开发技术能力、系统集成行业所需的能力和云计算相关能力等

2.12 项目经理转型为产品经理的挑战

优秀的产品经理首先是成功的项目经理,丰富的项目管理经验可以使产品经理在产品团队中更好地处理人际关系,把握项目执行过程中的计划、风险和进度。产品经理所应具备的能力模型中的能力要求很大一部分是项目管理的能力。在互联网大潮下,项目经理转型为产品经理也是一个普遍趋势。下面梳理了项目经理转型为产品经理可能会面临的一些挑战。

1. 对产品前瞻性的洞察

产品经理要有很强的事物洞察力和前瞻性,这不仅仅是一个简单的想法或观念,前瞻性体现在这个想法或观念能带来较大的市场价值并能衍生出好的产品。产品的成功是结合了社会环境和机遇等多种因素,所以产品经理需要洞察工作中的问题与机遇,顺势而为。如果产品经理不能预测未来市场的变化,就可能错失良机。项目经理转型为产品经理应格外注意这一点。

2. 对市场的认知

紧密围绕市场调查、市场细分、目标市场和市场定位,通盘考虑产品、价格、渠道、促销、公关和服务,这也是产品经理的重要工作。从产品定位、用户定位、价格和竞争对手入手,了解各自的强项和弱项,找到机会在哪里、威胁在哪里,并进行分析,制定未来的战略。这些素质不是通过看市场宣传和汇报就能够获得的,而是需要很多的信息反馈分析,也要靠一定的经验。

3. 对用户体验的把握

产品经理是产品的父母,需要对自己的孩子负责。虽然现在的互联网公司分工明确,有交互设计、视觉设计,但是成熟的产品经理要有良好的审美和对设计的理解能力。产品经理的审美并不要求他策划出用什么颜色好看,或者按钮放在什么位置更顺手,而是需要他有对美的追求和认同,对好的设计要有欣赏的能力。

4. 对事务优先级的控制

产品经理的工作是相当琐碎的,大至一个产品战略的决策,小至一个像素的偏差,还要处理各种各样的关系和进度,因此如何进行有效的时间管理、高效地做事就显得尤为重要。

5. 具备较强的抗压性

作为产品的负责人,产品经理的压力是很大的。尽管在某些企业,产品的成败不一定与产品经理的收益挂钩,但如果因为某些原因没有安排好时间,造成产品无法如期交付,产品经理还是有"罪魁祸首"的感觉,这些都是压力所在。

6. 主动做事与合作能力

产品经理要有独立解决问题的能力和内在驱动力,要把产品看作自己的孩子,怀着热情去做事。与项目管理的过程相似,产品管理也要有明确的目标、工期、范围和质量的要求,同样承载着项目发起人或客户的压力,遇到问题在自行解决无果时可以寻求组织内部或外部的各种资源的帮助。

2.13 价值交付与项目治理

无论是做项目还是做产品,都是为了实现具体的价值交付。《PMBOK® 指南》第七版提出了价值交付系统的宏观顶层设计,以及聚焦价值的交付原则。

要想真正做到通过价值交付系统来建立、维持和推进一个组织的项目管理事业的健康发展,就需要成熟和完备的项目治理手段来予以实现。治理具体包括决策权的分配和问责机制框架,属于控制的范畴。企业应该有针对单个或多个项目的治理框架。

项目治理为控制项目并确保项目成功提供了一套全面的和一致的方法。它提供项目优先选择的决策框架、项目角色、职责和追责机制等,确保项目在执行过程中的合规性和有效性,以满足企业的战略意图。

项目指导委员会(project steering committee,PSC)是执行项目治理的组织部门,一般由企业负责项目治理的高级经理、主管或副总裁,即企业的高层人员组成。而项目管理办公室(project management office,PMO)也在项目治理过程中充当重要角色,组织有时会设有专门的 PMO 职能部门,该部门设有职能经理。我们可以认为 PSC 是 PMO 的上级领导部门,具体项目治理工作的推进由 PMO 落地实施。PMO 主导评价项目经理的工作绩效,为项目经理提供项目管理方法论和工具等具体项目治理框架下的特定辅助和支持。

一般项目治理的主要工作内容包括：
(1) 提供项目决策框架,定义项目角色、职责和追责机制。
(2) 评价项目经理的绩效。
(3) 提供项目管理的流程、决策模板和工具。
(4) 监督项目管理工作。
(5) 控制项目进展和项目变更控制。
(6) 阶段末验收和评审。

2.14 组织级项目管理与 PMO

未来项目管理需要实现从单个的项目管理能力到项目集和项目组合的管理能力,从个人的项目管理能力到组织级的项目管理能力的转变。通常组织级项目管理包括项目组合管理、项目集管理和项目管理三个层级。这三个层级彼此关联的关系如图 2-3 所示。

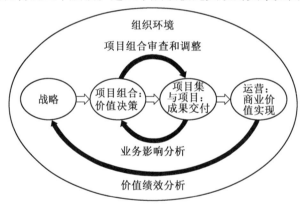

图 2-3 组织级项目管理框架

项目组合管理(portfolio management):负责项目的优先级排序,选择项目集和项目,并争取必要的项目配额和预算。项目的优先级排序取决于风险、资金和与组织战略规划相一致的其他考虑,即从项目的投入、可能带来的收益、做与不做的风险,以及是否与组织战略目标相一致来考虑具体项目的优先级。

项目集管理(program management):统一、协调管理相互关联的项目,以便获取单个管理无法获取的收益。具体包括协调项目之间的相互关联关系和解决资源冲突,考虑运营收益(或额外收益),实现"1+1>2"的目的,并关注重大事件的响应和处理。PMO 一般在项目集管理层面发挥作用。

项目管理:针对单个项目的目标达成。项目是由项目发起人(有时也叫项目出资人、赞助人)发起的,项目发起人是为项目提供资源、资金和支持的个人或团体,负责为项目成功创造条件。对于那些超出项目经理控制范围的事项,将向上汇报给项目发起人。比如,项目的关键资源由于战略决策的需要被强行调往其他项目,在这种情况下,项目发起人/项目组合经理/项目集经理有义务去识别组织战略与项目目标的一致性或潜在冲突,并向项目经理通报情况。

PMO 的职责主要是从事项目集以上的管理和项目治理等相关工作。PMO 的职能、结构以及权力的大小取决于组织的需要或定位。PMO 一般分为支持型、控制型和指令型三种类型,每种类型的具体描述如下:

(1)支持型:顾问的角色,向项目提供模板、最佳实践和培训,以及来自其他项目的信息和经验教训。对项目的控制程度低。

(2)控制型:不仅给项目提供支持,而且通过各种手段要求项目服从,如要求使用特定模板、格式或工具,或者要求项目经理服从项目治理等。对项目的控制程度属于中等。

(3)指令型:直接管理和控制项目,通常指令型 PMO 是项目经理的直接领导,对项目经理的最终绩效有直接决定权。指令型 PMO 相较于支持型 PMO 和控制型 PMO 对项目的控制程度更高。

PMO 的主要职责是通过各种方式来支持项目经理:
(1)制定项目管理方法、最佳实践和标准。
(2)指导、辅导、培训和监督。
(3)通过项目审计,监督对项目管理标准、政策、程序和模板的遵守程度。
(4)制定和管理项目政策、程序、模板和其他共享的文件(组织过程资产)。
(5)对跨项目的沟通进行协调。
(6)管理共享资源。
(7)建立、维护与管理项目管理系统,并把项目的经验教训、工作流程和工作模板资产化。

2.15 价值交付系统

当我们清楚地了解了组织级项目管理三个层级的关系,下面进一步解读价值交付系统的内容。《PMBOK® 指南》第七版涉及的价值交付系统也包括多个层级,层级的示例如图 2-4 所示。

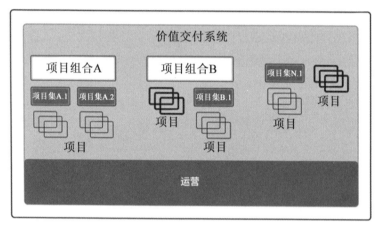

图 2-4 价值交付系统层级示例

本节重点阐述价值交付系统、项目组合和项目集管理这三个层级概念的内在联系。项目组合关联组织的战略制定,即价值交付系统的项目组合层级的主要关注点在于确保项目所在组织的项目投资与组织的战略方向相一致,平衡不同项目的组合价值,并且根据每个项目的整体风险对具体项目进行取舍。而在价值交付系统的项目集管理层级,通过对相关项目整体收益的识别和分析,确保纳入项目集的项目能支撑项目组合所设定的既定战略方向,并对项目集内每个项目的收益实现计划和收益度量标准进行定义和拆分。在后期项目运营管理过程中,通过持续的监控和过程控制,以确保之前设定的战略落地和收益目标能够最终得以实现。

通过以上价值交付系统、项目组合和项目集管理内在联系的论述,可以看到价值交付系统与项目组合和项目集之间的联系是非常紧密的。因此,项目经理不仅需要对自己负责的项目的价值交付内容有全面而深刻的了解和认知,还需要对价值交付系统框架下的项目组合和项目集所要实现的价值和收益目标提供正向的支持。

为了更好地理解不同层级在价值交付系统框架下的内在联系,我们通过价值交付系统的信息流示例图来做进一步解读。现以一家互联网电商企业为例,自上向下有如图 2－5 所示的四个组织实体,它们是组织管理层(有的企业称之为组织部或合伙人)、项目组合(事业群)、项目集和项目、组织运营。

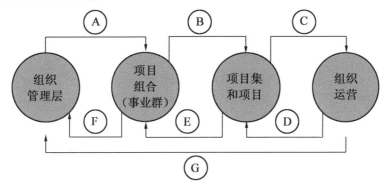

图 2－5 价值交付系统信息流示例

价值交付系统的信息流首先从组织管理层经过沟通渠道 A 传递到项目组合(事业群),主要传递的内容是由董事长或首席执行官(CEO)设定的组织中长期战略目标,如该企业需要在三年内在某个领域占到多大的市场规模或者拥有多少个活跃用户等,也会与项目组合(事业群)的管理者或总监确定为达成此战略目标所需发力的主要业务线或产品线。

在项目组合(事业群)层级,负责人或总监会召集相关的首席运营官(COO)、首席市场官(CMO)、资深产品经理和项目集经理,把组织的战略目标进一步拆分若干项目组合。比如,以在某些电商细分市场做到市场份额第一、渗透多少用户、打造较大规模的商家生态体系等不同目标为依据的项目组合。另外,基于投入产出比/投资回报率(ROI)和净现值(NPV)等指标来锁定未来三年需要聚焦的更加具体的业务和产品线名称。项目组合(事业群)层级负责人会对未来三年的现金流进行预测和规划,来确保采取必要措施以降低开发新业务和产品所带来的财务风险。

对于项目组合(事业群)最终筛选出来的业务和产品线,关联产品愿景和产品路线图、高层级的收益实现计划、投入产出比和风险等。项目组合(事业群)层级的产出会通过沟通渠道 B 传递到项目集和项目层级。项目组合(事业群)负责人和相关的项目集及项目经理确认具体需要实现和落地的产品和项目名录。项目组合(事业群)负责人将确认的结果通过沟通渠道 F 反馈给董事长和 CEO。

在项目集和项目层级,该企业把确定好的市场份额第一的项目组合目标拆分为更多项目集,每个项目集又具体有数十个项目,包括建设相应的外部和内部系统、建设大数据和报表系统、优化基础平台和云服务等等。根据项目所处环境的特殊性,每个项目根据实际情况可以选择不同的开发生命周期,如预测型、迭代型、增量型、适应型、混合型等。

项目集和项目负责人通过沟通渠道 C,按照不同开发生命周期的交付频率,将产出的产品和项目最终可交付成果移交到运营团队,让运营团队可以持续部署和维护产品增量。项目团队需要针对特定的产品特性对运营团队进行持续赋能,确保运营团队具备支持内外部用户针对产品使用的服务能力,确保业务价值的最终达成,实现组织的战略目标。项目集和项目经理按照项目治理或制度所设定的沟通频率,通过沟通渠道 E 将产品运营的价值收益报告定期提交给项目组合(事业群)负责人,确保产品运营所带来的业务价值与之前项目组合(事业群)层级所预期的价值实现是相吻合的。

组织运营负责人通常是组织内部的运营经理或职能经理。在项目所交付的产品转化为日常产品运营之后,通过沟通渠道 D 周期性地反馈必要的信息给项目集和项目负责人,反馈的内容具体包括产品或系统带来了多少用户增长、收入增长情况等信息,还包括需要进行的产品修复、持续改进的问题和需求等。项目集和项目负责人可以基于运营的反馈来持续计算产品的 ROI、NPV 和现金流,监控与之前预期的产品规划是否存在偏差。组织运营负责人也会通过沟通渠道 G 将用户满意度和用户市场等数据反馈给董事长和 CEO,组织管理层会根据运营数据、市场及用户表现来决定是否需要进一步完善组织的中长期战略目标。

综上,可以看出价值交付系统在不同层级的紧密关系。为了达成组织战略目标,价值交付系统框架的各个组件之间的信息需要持续传递和反馈,并进行不断优化,最终达成企业的战略目标。因此,对于项目经理来说,既要低头看路与团队一起埋头苦干,也要仰望星空并兼顾全局。

2.16 事业环境因素与组织过程资产

通常一个项目所在执行组织的组织级项目管理成熟度和项目治理成熟度都是项目实施的环境因素。《PMBOK® 指南》第七版称这种环境因素为事业环境因素。事业环境因素是项目团队不能控制的、限制项目的各种条件。项目经理需要在制订项目管理计划和管控项目的过程中充分考虑事业环境因素的限制和影响。主要的事业环境因素包括组织文化、组织已有的沟通渠道、商业数据库(如标准化的成本估算数据、行业风险研究资料和风险数据库)、工作授权系统(一系列正式书面程序的集合,用来授权项目工作的开始,以保证该工作由正确的组织在正确的时间以正确的顺序执行,防止镀金和蔓延的情况发生)、资源的可用情况和员工能力等。

组织过程资产是项目所在的执行组织特有的过程程序和共享知识库。过程程序包括模板、变更控制程序和财务控制程序等。项目经理在项目管理过程中需要对组织过程资产进行必要的裁剪,如针对变更审批流程的裁剪和受控配置项层级的确立。项目管理中的配置项是指与项目交付的产品密切相关的特性/功能(技术参数),如功能模块、文档和设备参数等。通常配置项的变更要纳入变更审批(管理)程序的控制范畴。共享知识库包括历史信息与经验教训知识库、财务数据库和配置管理知识库等。

组织过程资产一般作为很多项目管理过程的输入,如定义范围过程用到的组织过程资产包括(但不限于):用于制定项目范围说明书的政策、程序和模板,以往项目的项目档案,以往阶段或项目的经验教训;进度管理过程用到的组织过程资产包括(但不限于):历史信息和经验教训知识库,现有与制订进度计划以及管理和控制进度相关的正式和非正式的政策、程序和指南,模板和表格,监督和报告工具等。

组织过程资产与事业环境因素是交叉的。一项政策或规定究竟是资产还是环境,取决于项目经理的态度。如果项目经理想主动地利用它,它就是资产;如果项目经理不想利用它,但又不得不遵守它,它就是环境。

2.17 项目所在组织结构

项目所在组织结构是典型的事业环境因素。项目所在组织结构一般分为职能型组织、矩阵型组织和项目型组织(表 2-4)。

表 2-4 项目所在组织结构

组织形式 项目特征	职能型	矩阵型			项目型
		弱矩阵	平衡矩阵	强矩阵	
项目经理权限	很少或没有	有限	小到中等	中等到大	很高,甚至全权
实验项目组织安排全职人员参与项目的百分比	几乎没有	0~25%	15%~60%	50%~95%	85%~100%
项目预算控制者	职能经理	职能经理	混合	项目经理	项目经理
项目管理行政人员	兼职	兼职	兼职	全职	全职
特点	按专业划分; 有明确上级; 受部门制约; 问题上报制	项目协调员	项目协调员	按专业划分; 上级不明确; 受部门制约; 设项目经理; 定授权问题	按项目划分; 有明确上级; 项目设部门; 问题报项目经理

每种组织结构都有其优点和缺点。比如,矩阵型组织的资源利用最大化,组织内的成员可以同时调配到多个项目中去,并且在没有项目工作的情况下,成员可以回到本职部门做相关工作。但是在矩阵型组织结构下,团队成员需要向两个领导汇报工作,一个是项目经理,另一个是本部门的领导,即职能经理。这增加了沟通的复杂性,项目经理需要有效地管理这种双重报告关系,否则会影响项目目标的按时实现。

由于矩阵型组织有资源利用最大化的优势,在 PMP 考试中默认的组织结构为矩阵型。矩阵型组织又分为弱矩阵、平衡矩阵和强矩阵。项目经理在弱矩阵和平衡矩阵中往往被称为联络员或协调员。联络员和协调员的区别是：联络员不能亲自制定或推行决策；而协调员有权力做一些决策，有一定的职权，向较高级别的经理汇报。项目经理在弱矩阵和平衡矩阵中通常汇报给职能经理。如果是平衡矩阵，关于项目团队成员的调离问题，职能经理需要与项目经理协商。如果是弱矩阵，职能经理可以不经项目经理同意调离项目团队成员。强矩阵有全职的项目经理，项目经理不直接汇报给职能经理，而是汇报给项目总监或分管项目的副总裁。项目经理对项目的预算有绝对管控权。所以，如果在PMP考试的题目中提到项目经理在组织中是全职的，一般其所在的组织结构为强矩阵。这里需要注意的是，在强矩阵组织中，项目成员还是由职能经理招聘的，再由职能经理根据项目的需要派遣成员从事特定项目的具体工作。

此外，我们要区分组织结构的类别与紧密矩阵(tight matrix)概念的不同。紧密矩阵是指把项目团队成员集中办公的一种形式，即紧密矩阵是项目集中办公工具的别名，而不是矩阵型组织的一种类型。

2.18 项目干系人(相关方)

项目所在的组织结构直接决定影响项目成功的干系人群体的权力类型。项目干系人是指能够影响项目决策、活动或结果的个人、群体或组织，以及会受或自认为会受项目决策、活动或结果影响的个人、群体或组织。无论项目在哪种组织结构下执行，项目经理都需要努力确保项目目标的达成，并确保项目的成功。项目成功的一个标准是使利益干系人满意。比如，项目的成功依赖于获得客户和项目发起人的满意，只有客户对项目交付成果满意，项目才能顺利验收和收尾。

故而在项目管理过程中对干系人的管理变得尤其重要。《PMBOK® 指南》第七版的中文版更加强调的是干系人而不是相关方的概念。而在PMP考试题目中，干系人和相关方都可能出现，考生要留意。干系人对项目来讲是无处不在的。项目经理需要做到尽早、尽全面识别干系人。一个典型的项目文件即干系人(相关方)登记册就是用来对干系人进行跟踪和管理的。干系人(相关方)登记册一般记录干系人的身份信息、评估信息和干系人分类等内容。其中评估信息记录干系人对项目的具体诉求和期望。如果干系人的基本诉求和期望无法满足，干系人就很难对项目满意。如果干系人对项目目标的理解，以及对项目所交付成果的具体诉求和期望不一致,会造成项目管理复杂度增加,提高项目交付的不可控风险。因此,对干系人的管理和提升干系人对项目的满意度便成为项目经理的日常主要工作。在PMP考试中强调有效的干系人管理能够促进干系人对项目的积极参与。项目干系人尤其是关键干系人对项目的积极参与可以极大地提高项目成功的概率,降低项目失败的风险。

第 3 章 项目管理的指导原则

本章介绍了项目经理及团队成员应遵循的"高大上"价值观和指导原则。这些原则是继《PMBOK® 指南》第六版提出的道德规范之后又一次整体上的指导升级。考生在 PMP 备考过程中,也要站在原则的高度,有道有术地理解项目管理知识体系。

3.1 成为勤勉、尊重和关心他人的管家

《PMBOK® 指南》第七版第三章的第一个指导原则是成为勤勉、尊重和关心他人的管家。勤勉、尊重和关心他人的管家也是服务型领导的代名词。《PMBOK® 指南》第六版已经对项目经理的服务型领导属性进行了经典的诠释。项目经理的角色主要是为团队创造环境,提供支持,并信任团队可以完成工作。项目经理能够提供支持的内容是方方面面的,比如在鼓励项目所沉淀的知识收集中就非常强调项目经理要在项目团队内部营造相互信任的氛围,激励团队成员分享知识或关注他人的知识。

很多企业都强调运营(运维)的技术三线的高级工程师对技术二线的工程师进行知识传递;后台技术专家对前台直接受理终端用户业务请求的服务台进行知识传递;管理层包括项目经理需要在其组织内部建立这种乐于知识传递和知识分享的企业文化,并通过广泛的知识分享和交叉培训来搭建真正意义上的自组织团队。《PMBOK® 指南》第七版对成功的自组织团队有明确的定义,自组织团队通常是由通用的专才而不是主题专家组成,他们能够不断适应变化的环境并采纳建设性反馈。通用的专才是具备多专多能的人才。比如,一个技术人员在团队中会做三种以上的工作,工作种类可以包括产品设计、软件开发和系统测试等;针对某个特定工作如产品设计,在团队中应有三人以上具备此能力。由此可知,自组织团队是由各种技术能力高度聚合的一群人才组成的。只有具备这样能力的自组织团队才会不断适应未来动态的市场需要,并持续实现价值交付。而管理者在其组织内部建立的知识传递和知识分享的企业文化则为形成自组织团队提供了良好的文化土壤。

服务型领导也叫仆人式领导。其所服务的领域不仅仅是建立知识传递和分享的氛围，还要帮助项目团队成员排除可能的工作障碍，协助他人的成长，必要时可以通过引导技术和基于同理心的建设性沟通来激发团队成员对项目目标、产品的价值交付目标和组织战略目标的认同。

著名学者罗伯特·豪斯对仆人式领导有过经典的定义。他认为，仆人式领导的工作是帮助下属达到他们的目标，并提供必要的指导和支持以确保个人的目标与群体或组织的总体目标相一致。通过以上定义，我们可以深刻地感知管理者的主要职责就是引导团队成员明确目标，辅助设定实现目标的路径，并为最终实现目标提供支持和移除障碍。

管理者在引导员工明确目标时，需要体察员工实现此目标的内在动机。弗鲁姆的期望理论明确指出："只有当人们认为实现预定目标的可能性很大，并且实现这种目标又具有很重要的价值时，他才会付出极大的个人努力。"所以团队为实现目标的努力程度取决于团队成员对目标实现的期望值和实现后的好处的理解。目标实现的期望值高，并且其所带来的价值高，团队成员就会愿意投入更多的努力。故而管理者在引导员工明确目标时需要确保员工认识到该目标是他能做到的，并且目标实现给他带来的好处是什么，以及这些好处正是他内在需要获得的。图 3-1 为这种目标实现的动机原则解析图。

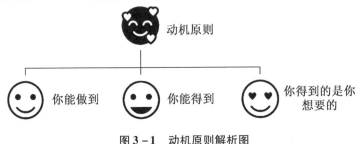

图 3-1 动机原则解析图

下面通过例题来具体体会仆人式领导的魅力。

【例 3.1】 在敏捷项目中，项目经理要当仆人式领导者，把向客户、组织、团队成员和其他干系人提供服务放在首位。这是哪种领导风格的体现？ （ ）

A. 敏捷型

B. 服务型

C. 交易型

D. 交互型

参考答案：B。这是《PMBOK® 指南》第七版所提及的典型的服务型领导的领导风格，也是敏捷项目管理的敏捷教练应该具备的领导风格。敏捷教练的职业素养和岗位职责是项目经理所应具备的素养和职责的一部分。我们可以通过以下例题予以佐证。

【例3.2】 项目经理因专注于开发团队的技能、教练和赋能团队而颇为闻名，这些特征是什么类型领导的显著特征？ （　　）

A. 情境领导

B. 仆人式领导

C. 促进者

D. 教练

参考答案：B。此题在考《PMBOK® 指南》第七版中提到的项目经理是服务型领导的特征，教练和赋能团队是敏捷教练和项目经理所应具备的基本能力。

【例3.3】 下面哪项较好地描述了敏捷项目中使用的仆人式领导方法？ （　　）

A. 一个人指导团队提供清晰而简明的方向

B. 通过迭代产生工作的实践，其中一个领导者明显突出

C. 设立一个明确的领导者，团队成员作为追随者

D. 注重理解和解决团队成员的需求和个人发展的实践

参考答案：D。此题也是在考服务型领导的定义。根据《敏捷实践指南》，服务型领导是指通过专注于开发团队成员，理解和解决他们的需求，从而通过对团队的服务来领导实践，促成团队成员产生最大可能的绩效。

【例3.4】 对于近期的项目任务，团队成员表示他们感到过度劳累和很大压力，敏捷管理专业人士应该怎么做？ （　　）

A. 讨论潜在的根本原因，并分析什么需要改变

B. 与产品负责人合作，识别其他资源

C. 陈述对速度有负面影响的问题，将其添加到待办列表中

D. 请产品负责人将交付日期向后延

参考答案：A。此题考服务型领导，团队出现问题应该探究其根本原因，并采取相应的措施。B 选项中提供资源不是产品负责人的责任，故不选。题目并没有指出速度受到了影响或者交付日期需要延后的情况，故排除选项 C 和 D。

【例3.5】 一名在国外的团队成员推荐一种新的、基于网络的会议应用程序，可以在不产生额外成本的情况下改善通信。但本地团队反对使用应用程序，并倾向于面对面会议。敏捷管理专业人士应该怎么做？ （　　）

A. 鼓励团队尝试新的应用程序，然后重新评估该应用程序

B. 解释新的应用程序未被所有团队成员批准并讨论替代解决方案

C. 确定什么应用程序最适合团队

D. 要求产品负责人决定哪个应用程序最适合团队

参考答案：A。国外的团队无法与本地团队面对面交流，在线工具是一个合适的替代方案，应该鼓励本地团队尝试新技术，同时也评估该应用程序，如何更好地运用在本地团队和远程团队之间。B 选项不具备建设性。C 和 D 选项是自上而下的做法，不是服务型领导的做法。

【例3.6】 如何以服务型领导方式授权团队？（共有两个可选答案） （　　）

A. 它提供了更大的团队责任感（自组织团队）

B. 它提供了一个独裁的决策方法

C. 通过一个明确的领导者来管理团队

D. 通过指导和鼓励来支持团队

参考答案：AD。此题在考服务型领导的定义和授权方式。对于拥有自组织团队的项目，项目经理的角色主要是为团队创造环境、提供支持并信任团队可以完成工作。成功的自组织团队通常由通用的专才而不是主题专家组成，他们能够不断适应变化的环境并采纳建设性反馈。

【例3.7】 服务型领导者往往表现出哪些特征？（共有三个可选答案） （　　）

A. 帮助他人成长

B. 教练

C. 促进自我意识

D. 通过指导使团队对工作清晰

参考答案：ABC。服务型领导通过帮助并促进团队成员彼此协作，以高效沟通的方式清晰地传递组织的使命、愿景和价值观来促进团队的成功。服务型领导通常是积极的倾听者和拥有教练技术的合格管理人才，通过有效的教练方法来促进团队自我意识的养成。服务型领导要做到尊重和信任团队，逐步从命令式领导风格转变为服务团队，故不选 D。

3.2 营造协作的项目团队环境

《PMBOK® 指南》第七版第三章的第二个指导原则为营造协作的项目团队环境。根据以人为本的思想，项目管理知识体系越发强调项目经理通过有效的自我管理做到自身勤勉和严于律己，并把换位思考作为一种习惯，成为真正尊重和关心他人的管家，即服务型领导。而服务型领导的职责之一就是在项目团队内部建立良好的协作文化，引导团队成员也树立换位思考的思维模式，通过同理心和建设性沟通等方式来化解团队内部或不同团队之间的冲突。实践证明，具有协同工作文化的项目团队可以更有效率且有效实现项目执行组织所设立的项目目标。

项目团队成员一般是由具有多样的技能、知识、经验和背景的个人组成的，即多样化的团队（diversity team）。由于每个独立个体的性格和做事方式不同，团队成员时而发生冲突，这是很难避免的。从短期来讲，团队成员之间的冲突会影响项目绩效，但是具有不同意见的冲突也会激发创意和创新。项目经理需要通过自身的个人魅力和必要的冲突管理手段来成功解决冲突，冲突解决的时机也是项目经理树立个人威信的良好契机。具体的冲突应对方式可以参考本书第 5 章 5.7 节"冲突管理模型"的内容。

团队内部冲突的解决是项目团队走向协作的开始。正如《PMBOK® 指南》第七版中提到的塔克曼阶梯理论模型，团队从震荡期逐步走向规范期和成熟期，即像一个有序的团队，并开始协同工作。关于塔克曼阶梯理论模型的介绍可以参考本书第 5 章 5.4 节"塔克曼阶梯理论模型"的内容。在项目团队内部，项目经理就是这种彼此协作的团队文化的缔造者。协作能建立和谐的工作氛围，协作的环境可以促进项目团队内部信息和知识的自由交流，并进一步促进团队共同学习和拓展个人发展的空间,最终形成自组织团队。除此之外,彼此协作的项目团队环境使每个成员都能尽最大努力为项目所在的组织交付期望的成果。因此,企业或组织内部协作文化的养成和落地将减少组织内部部门间由于彼此不协作的内耗和掣肘,使组织在竞争的市场环境中保有持续的竞争力,获得更高的价值收益。

然而,这种协作的团队环境的打造不是一朝一夕就能够实现的,协作的文化只有真正落实到组织所采取的具体办法和员工的日常行为中才算是真正的文化落地。那么,哪些组织或员工行为是值得推荐的呢?《PMBOK® 指南》第七版提倡要明确和澄清团队成员的角色和职责,从项目管理的角度做好合理的资源管理计划。在项目团队内部,特定任务可以委派给特定的个人,尽量避免含糊不清和容易造成彼此误解的任务分配。项目团队成员也可以主动认领其所擅长的相关工作,在项目团队内部形成一种努力向上和积极担当的文化氛围。积极主动的氛围是建立在团队共识的基础之上的。即项目团队的每个成员都明确项目或敏捷开发的迭代或冲刺的目标,做到正确理解和对目标达成共识,彼此齐心协力为实现这个目标而全力以赴。

总之,项目经理不仅要做到换位思考,还要通过必要的引导和教练技术促成项目团队成员的换位思考和协作。秉承精益思想的全盘检视(目光长远)和整体思考的原则,形成良好的全局视野和团队协作的文化。服务型领导要努力在团队内部建立良好的协作文化,通过同理心和建设性沟通等方式来化解团队内部或不同团队之间的冲突,群策群力地达成组织为项目设立的既定目标。

下面通过例题来明确创建协作的团队环境的必要性和可行性。

【例3.8】 项目经理接手一个大型项目,该项目由不同文化背景的人员支持。不到一周时间,项目经理就发现其中有两组人员存在明显冲突,因为前任项目经理更倾向于其中一组人员,为他们提供特殊的补贴和住宿条件。新项目经理应该怎么做? ( )

A. 使用协作的方法,立即采取一个满意的解决方案来减轻冲突

B. 找出前任项目经理倾向于其中一组的原因

C. 在公共地点张贴所有成员都能看到的新规则和制度

D. 向人力资源部报告此事

参考答案:A。在项目团队内部强调建立协作的团队环境,项目经理需要综合考虑不同

第 3 章　项目管理的指导原则

的观点和意见,引导各方达成一致意见并加以遵守。

【例3.9】　项目团队收到了新的未经测试的指令完成发布活动,这导致了项目的重大延迟。解决该问题之后,在经验教训的总结活动期间,项目经理觉察到多个团队成员之间的敌意。若要确保经验教训的总结活动取得成功,项目经理应该怎么做?　　　　　(　　)

A. 为所有参与者创建一个无偏见的环境

B. 与每个人单独交谈以获得他们的反馈

C. 仅与资源经理一起起草经验教训活动总结

D. 将经验教训的总结活动推迟到以后的日期

参考答案:A。经验教训的总结活动是需要项目团队成员全员参与的。项目经理要为此建立无偏见和信任的环境,这样彼此才能敞露心扉,消除可能的敌意,并促进团队协作。此处创建一个无偏见的环境即不指责(no-blame)的环境。

【例3.10】　一个项目涉及位于世界各地的团队成员,产生了意见分歧,新项目经理通过促进团队协作和问题解决提高了生产力,他使用的是什么工具和技术?　　(　　)

A. 冲突管理　　　　　　　　B. 沟通模型

C. 决策技术　　　　　　　　D. 虚拟团队

参考答案:A。项目经理通过采取冲突管理的必要手段来解决由于团队成员的不同意见所引发的冲突,最终使团队成员达成一致意见,从而有效地促进项目目标的达成。

【例3.11】　项目团队成员主要由高级开发人员组成。其中几名高级开发人员告知项目经理,初级开发人员通过电子邮件向他们询问技术问题,而这些技术问题最好当面解决。当项目经理向初级开发人员了解情况时,他们解释说书面答复更有帮助,而且节约时间。项目经理应该怎么做?　　　　　　　　　　　　　　　　　　　　　　　　　　(　　)

A. 指导初级开发人员当面询问技术问题,因为这是高级开发人员首选的方式

B. 引导沟通风格评估,并与团队合作确定沟通准则

C. 安排召开定期会议,初级开发人员可在会议期间询问技术问题

D. 要求高级开发人员回复电子邮件以节约时间

参考答案:B。项目经理在规划项目沟通的过程中,可以通过必要的沟通风格评估来明确不同相关方的沟通诉求,因为不同的沟通诉求可能引发不必要的团队冲突或意见不统一。项目经理可以通过引导技术和引导式研讨会等方式来统一意见,建立协作的文化。

3.3 有效的干系人参与

《PMBOK® 指南》第七版第三章的第三个指导原则为有效的干系人参与。《PMBOK® 指南》第六版把 Stakeholder 翻译成"相关方",《PMBOK® 指南》第七版重新翻译成"干系人"。干系人是能影响项目组合、项目集或项目的决策、活动或成果的个人、群体或组织,以及会受或自认为会受这些决策、活动或成果影响的个人、群体或组织。干系人还以积极或消极的方式直接或间接影响项目及其绩效或成果。

干系人是项目经理需要进行有效管理的对象。对干系人的管理从原先单纯的管控逐步走向通过协作的方式来努力促进其有效参与。目前的管理理念强调甲乙双方秉承"共创"和"共赢"的理念通力合作。乙方应该转变自己的思维观念,把身份从一个单纯的供应商转变为甲方(客户)的合作伙伴,最好成为甲方的战略合作伙伴。

项目经理需要让干系人积极主动地参与进来,使他们对特定项目的参与达到能促使项目成功和客户满意的程度。《PMBOK® 指南》认为,项目经理和团队能否正确识别并合理引导所有相关方参与项目的能力决定着项目的成败。为提高项目成功的可能性,应该在项目章程被批准、项目经理被委任之后,尽早开始识别相关方并引导相关方参与。在商机瞬息万变的时代背景下,组织的战略或项目的目标以及项目完成的具体需求都会不断改变来适应这种不确定的市场变化。高度变化的商业市场更加需要项目干系人的有效互动和参与。客户、业务用户、项目经理和技术人员在动态的共创过程中交换信息,从而确保实现更高的干系人参与度和项目交付成果的满意度。项目经理要明确,有效的干系人互动和参与可以从整体上降低项目交付风险,促进项目交付团队的彼此信任,提高项目成功的可能性。在整个项目生命周期,项目经理需要做到不断识别、分析并主动争取干系人参与来助力项目取得最终的成功。

干系人管理的具体手段可以是基于二维象限的形式,确定干系人所在的象限,对不同象限的干系人采取不同的参与度管理办法。二维象限的变量组合可以是权力/利益象限、权力影响象限和作用影响象限等。我们把干系人的职权级别称为权力,把项目成果的关心程度视为利益,把项目成果的影响能力称为影响,把能够改变项目管理计划或执行的能力称为作用。理论上权力、利益、能力和作用可以两两组合形成四个象限。图3-2就是权力/利益象限示意图。

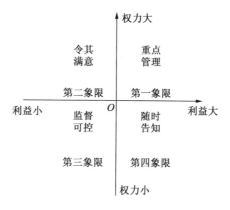

图3-2 权力/利益象限示意图

对于第一象限,即权力大且与项目本身存在重大利益关切的干系人,如客户方的项目经理和项目方的发起人都属于第一象限,项目经理要对其进行重点管理,主要方式是与干系人紧密沟通,继续保持这类干系人的持续支持。对于第二象限,即权力大而对项目的实际利益小,如项目实施方的公司高层或客户方与此项目相关度不大的业务部门高层等都属于第二象限,项目经理要确保其对项目的整体状态满意,并按照这一象限干系人的实际沟通要求与其进行有效沟通,争取得到更多支持。对于第三象限的干系人,即权力小、利益小的相关方,一般是不涉及项目的普通成员,项目经理要保持对这些人员的不定期监督,以防其对项目产生不利影响。对于第四象限的干系人,即权力小、利益大的相关方,一般指的是直接归项目经理领导的项目团队成员,项目经理要按照项目的既定沟通管理计划定期召开项目例会,向他们传达项目的最新情况,并及时发送项目绩效报告以寻求他们对项目工作的持久热忱和持续贡献。

有效的干系人管理极度依赖项目经理的软技能。具体来讲,干系人的有效参与在很大程度上依赖于项目经理的人际关系技能。人际关系技能包括项目经理面对事情能够积极主动,以及项目经理的个人职业素养(包括正直、诚实、良好的协作精神、对他人的尊重和同理心等)。项目经理良好的技能和工作态度可以帮助项目干系人更快地融入项目交付的日常工作,以更加协作的方式参与到项目中来,从而增加项目成功的可能性。

下面通过例题来感受干系人有效参与的必要性。

【例3.12】 一个搜索引擎优化项目的项目经理向关键干系人演示项目管理计划(开踢会场景)。在演示完成后,项目经理收到的问题表明一些项目干系人未能完全理解所讨论的信息。项目经理应该怎么做? ( )

　　A. 使用历史信息来帮助提高干系人的理解

　　B. 审查干系人的期望和风险阈值

　　C. 采取引导措施,确保明确澄清任何误解,并达成一致意见

　　D. 指派一名团队成员来澄清误解

参考答案:C。在制订项目管理计划时,多方意见不统一,项目经理可以应用引导式研讨会等工具和技术,寻求干系人的理解,并最终达成一致意见。

【例3.13】 项目经理为一个为期12周的项目安排了一次开踢会,有两名干系人表示他们无法参加会议。项目经理应该怎么做? ( )

　　A. 将会议重新安排在每个人都有空的时间

　　B. 在开踢会之前分别与这两名干系人开会,收集他们的意见和承诺

　　C. 按计划继续开会,并将会议记录发送给两名缺席的干系人

　　D. 将该问题升级上报给项目发起人

参考答案:B。在项目管理计划审批后,项目经理召开开踢会,其目的是针对已经批准的项目管理计划,寻求干系人对项目目标和项目管理计划的共识和承诺。

【例3.14】 要最大限度地获得干系人对项目的支持,就应该 ( )

　　A. 尽量回避对项目有反对意见的干系人

　　B. 解决与干系人之间的实际问题

　　C. 主动影响干系人,防止干系人对项目有不合理的期望

D. 调动干系人适当参与项目决策和项目执行

参考答案：D。A选项回避有反对意见的干系人是很消极的做法,不应提倡。B、C选项有作用,但不如D主动。D选项鼓励干系人参与项目工作,是获得干系人支持的最好办法。

【例3.15】 在项目开展过程中,项目经理所在公司被一家大型国际组织收购,项目经理担心这可能会影响项目。项目经理接下来应该怎么做？　　　　　　　　　　（　　）

A. 实施范围控制

B. 执行变更管理

C. 更新项目基准

D. 管理干系人参与

参考答案：D。项目经理所在公司被一家大型国际组织收购,针对此项目的干系人会有所调整,项目经理需要积极地识别新的干系人,并对新干系人进行有效管理。

【例3.16】 在权力/利益象限中,某类干系人在项目上的利益小、权力也小,对此类干系人应该如何管理？　　　　　　　　　　　　　　　　　　　　　　　　（　　）

A. 完全置之不理

B. 满足他们的利益追求

C. 监督他们的表现

D. 随时告知他们项目情况

参考答案：C。A选项不能因为这类干系人利益小、权力小就置之不理,要持续监督。B选项对利益小但是权力大的干系人,要令其满意。C选项监督是正确的做法。D选项对利益大但是权力小的干系人应该随时告知他们项目情况,因为他们很关注项目。

【例3.17】 某干系人了解项目情况并积极促进项目成功,该干系人的参与程度是
　　　　　　　　　　　　　　　　　　　　　　　　　　　　　　　　　　（　　）

A. 无知型

B. 抵触型

C. 支持型

D. 领导型

参考答案：D。无知型：根本不了解项目，对项目无任何参与。抵触型：了解项目，但抵触项目。支持型：了解并支持项目，但实际上并不一定积极。领导型：了解项目并积极促进项目成功。

【例3.18】 某干系人经常错过每两周举行一次的干系人会议，项目经理首先应该怎么做？ （   ）

A. 开始记录每两周举行一次的会议，并与所有预期的与会者分享记录

B. 请项目发起人与该干系人进行交涉

C. 与该干系人会面，讨论其未能参加会议的问题

D. 审查干系人参与评估矩阵，以了解该干系人的参与程度

参考答案：D。经常错过每两周举行一次的干系人会议，说明该干系人对项目参与不足。需要参考干系人参与评估矩阵，并针对该干系人的期望参与程度与当前参与程度的差异，再采取措施提高该干系人的参与和支持。

【例3.19】 项目经理正在启动一个新项目，识别所有干系人的主要原因是什么？ （   ）

A. 识别成本并计划预算

B. 了解预期期望，并将正面影响最大化

C. 计划沟通和收集需求

D. 计划质量和识别风险

参考答案：B。此题在考全面识别干系人的必要性，识别干系人，了解其需求与期望，并且判断其支持或反对项目的程度，对其进行有效管理和正面影响。

【例3.20】 在项目进行过程中，高级管理层要求各项目每个季度末都要开展一次干系人满意度调查，并将调查结果作为考核各项目经理的一项重要指标。这样做的主要原因是 （   ）

A. 可以获得更多的项目资金

B. 干系人满意度是一个关键的项目指标

C. 有利于和干系人搞好关系,降低对可交付成果的质量要求

D. 可以方便变更审批

参考答案:B。A 选项与题干无直接关系,给项目提供资金的是项目发起人。B 选项干系人满意度是评价项目成功的一项关键指标。C 选项前半句正确,后半句不正确。D 选项与题干的相关性太弱。

【例 3.21】 项目经理在与客户合作过程中出现了困难,项目完成后,客户称项目没有达到他们的满意水平。若要避免这种结果,项目经理在整个项目过程中应该怎么做? （　　）

A. 在项目的每一阶段告知客户他们的请求都已在执行

B. 了解、评估、定义和管理客户期望

C. 向客户发送技术规范,供客户审查和批准

D. 识别并更换项目团队中的责任方

参考答案:B。项目经理需要积极地从事管理干系人参与的相关工作。管理干系人参与是为满足干系人的需要而与之沟通和协作,并解决所发生的问题。项目经理需要努力促进干系人参与,在参与的过程中满足其期望。

3.4 聚焦于价值

《PMBOK® 指南》第七版第三章的第四个指导原则为聚焦于价值,强调价值交付系统的生态理念。价值交付系统旨在应用适应于战略发展方向的一系列商业活动来建立、维持和推进一个组织的健康发展。谈到确保一个组织或项目的健康推进和持续发展,我们需要引入治理的概念。所谓治理,就是建立高层次的决策机制,实现组织或项目层面的权责分配和问责机制的建立。下面看一道关于项目治理的题:

【例 3.22】 项目治理是指 （　　）

A. 把权力集中在项目经理手中

B. 加大高级管理层对项目的控制力度

C. 在不划分项目阶段的前提下,把项目作为一个整体加以控制

D. 高层次的项目决策机制

参考答案:D。A 选项:项目治理需要通过恰当的治理结构来实现,而非将权力集中在项目经理手中。B 选项:项目治理旨在把项目的管理职权与职责有形化,明确规定谁有权或应该做什么,而不是简单地加大高级管理层对项目的控制力度。C 选项:项目治理考虑的重要问题之一,就是是否把项目划分成两个甚至更多的阶段。阶段划分与控制是项目治理的重要内容。D 选项:项目治理的层次高于项目管理,是高层次的项目决策机制。

治理的主要目的是确保在组织或项目层级价值的达成。在《PMBOK® 指南》第七版中,价值分为有形效益的价值和无形效益的价值,即有形价值和无形价值(图 3-3)。有形价值包括货币资产、股东权益、公共事业、固定设施和市场份额等。无形价值包括商业声誉、品牌认知度、公共利益、商标和战略一致性等。

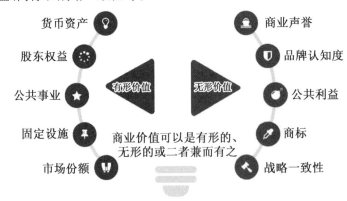

图 3-3 价值解析

下面看一道关于价值的题:

【例 3.23】 以下哪项不属于项目创造的商业价值? （ ）

A. 货币资产

B. 项目文件

C. 股东权益

D. 品牌认知

参考答案:B。项目创造的商业价值包括有形价值和无形价值。A、C 选项是有形价值,

第3章 项目管理的指导原则

D 选项是无形价值。

价值的交付应该体现在项目管理的方方面面,敏捷项目管理所秉承的敏捷宣言提出"可工作的软件高于详尽的文档",即通过每次迭代或冲刺产生的产品增量来体现即时的价值交付。这种产品增量在敏捷开发中有一个专有名词——最小可行产品(minimum viable product,MVP)。

下面通过例题来体会敏捷项目管理是如何进行快速的价值交付的。

【例 3.24】 敏捷项目的项目经理被要求将预算减少 30%。由于这是一个小型项目团队,预算主要是分配给项目的资源(即开发人员)。在受限的环境中项目经理应该使用什么策略来保持交付价值? （   ）

A.减少项目人员,并相应调整范围和时间表,以支持预算削减

B.将项目范围仅限于基本的关键特性,并以当前的人员配置水平运行项目,直到预算被消耗殆尽

C.明确产品待办事项的优先级,锁定高业务价值和低工作量的工作,并调整项目预算和人员配置,以完成这些工作

D.平衡项目团队以适应预算挑战,并提供培训以降低绩效低下的风险

参考答案:C。此题在考敏捷价值交付和资源限制的平衡,优先做高价值和高风险的工作,符合敏捷的快速试错和失败的理念。其次考虑高价值和低风险的工作。C 选项比较符合价值交付的选择判断原则。

【例 3.25】 一个项目经理正在与主要的利益干系人、项目发起人和产品负责人开会,以确定下一个迭代后将要发布的功能。会议的目的是审查产品待办事项列表的优先级。考虑到在过去的迭代中,一些可交付的产品没有完成,在会议中审查和更新产品待办事项列表的优先级时,应该首先考虑什么?（共有两个可选答案） （   ）

A.复杂度和开发成本

B.重复使用其他产品的组件

C.行业趋势和技术方法

D.延迟某些功能的成本与商业价值的对比

E. 每个功能在积压中的时间长度

参考答案：DE。这是典型的产品待办事项列表的优先级问题，敏捷强调一个功能的延迟交付成本，优先做由于延迟交付成本较高的功能，故选 E。另外，敏捷会优先做高价值和高风险的工作，PMP 也强调成本效益分析的工具，D 选项符合成本效益分析的内容，也符合敏捷价值交付的理念，故选 D。

当然，项目的价值交付同样离不开正确的项目决策、严格的质量管理和积极的项目沟通协调。针对以上三个方面，各举一个典型的例题，引导读者深刻认知聚焦价值。

【例 3.26】 某公司正在选择项目，有新建工厂和扩建现有工厂两个方案。如果新建，在市场需求强劲（50% 的可能性）的情况下，能盈利 10 000 万元；在市场需求疲软（50% 的可能性）的情况下，将亏损 2 000 万元。如果扩建，在需求强劲的情况下，可盈利 6 000 万元；在需求疲软的情况下，可盈利 500 万元。最好的决策是　　　　　　　　　　（　　）

A. 选择新建方案，因为预期盈利 4 000 万元

B. 选择扩建方案，因为预期盈利 3 250 万元

C. 先调查扩建方案下需求强劲的可能性和需求疲软的可能性，再进行决策

D. 先调查项目发起人的风险态度，再进行决策

参考答案：A。新建方案的预期货币价值高于扩建方案。EMV（新建）= 10 000 × 50% − 2 000 × 50% = 4 000（万元）；EMV（扩建）= 6 000 × 50% + 500 × 50% = 3 250（万元）。B 选项扩建方案的预期货币价值较低。C 选项市场需求的强弱是既定的，不受具体选择哪个方案的影响。因此，可以认为扩建方案下的需求强或弱的可能性是已知的，分别是 50%。D 选项预期货币价值的方法是风险中立的，不需考虑发起人的风险态度。

【例 3.27】 某公司推出一款新产品，预估实施质量控制系统将花费 100 万元，预期的故障和潜在维修成本估计为 50 万元。项目经理应该提出什么建议？　　　（　　）

A. 在做出决定之前考虑声誉损失成本

B. 实施质量控制系统，因为这是质量成本（COQ）

C. 不实施质量控制系统，因为非一致性成本较低

D. 实施质量控制系统，因为质量控制是最佳实践

参考答案：A。此题在考质量管理，规划质量管理过程的工具是质量成本。要考虑所有质量成本，包括失败成本中的外部失败成本。在做出决定之前考虑声誉损失成本，即考虑外部失败成本。本题用排除法。外部失败成本包括品牌信誉度的丧失和股价的大跌等，关联无形价值。

【例3.28】 进行项目沟通需求分析，旨在确定 （　　）
A. 能用于沟通的时间和资金多少
B. 所需信息的类型和格式，以及信息对干系人的价值
C. 可使用的沟通技术
D. 沟通渠道的多少

参考答案：B。A 选项：虽然需要考虑可用的时间和资金，但这不是沟通需求分析的主要目的。B 选项为正确答案。沟通需求分析的主要目的就是要确定干系人对信息的需求，如他们需求什么信息、喜欢这些信息以什么方式和格式传递、为什么需要这些信息等等。C 选项：在选择沟通技术时才加以考虑。D 选项：尽管应该确定沟通渠道的多少，但这不是沟通需求分析的主要目的。

总之，聚焦价值的原则更多地体现在组织在制度层面的治理保证，应用敏捷或开发运维一体化（DevOps）的快速价值交付手段，正确的项目优先级选择，措施完备的质量保证，项目经理的积极沟通协调和应用人际关系软技能努力促进项目干系人参与等诸多方面。更多关于敏捷知识的介绍，请参考笔者的另一本书《PMP 项目管理方法论与敏捷实践》。关于开发运维一体化知识的介绍，请参考笔者的另外两本书《ITIL 4 与 DevOps 服务管理认证指南》和《ITIL 与 DevOps 服务管理案例实践》。

3.5　识别、评估和响应系统交互

《PMBOK® 指南》第七版第三章的第五个指导原则为识别、评估和响应系统交互。项目经理需要从整体角度识别、评估和响应项目内外部的动态环境，从而发挥自身的主观能动性积极地影响项目的当前绩效。项目经理的系统思考能力主要表现为从整体角度了解项目

的各个部分如何相互作用,以及如何与外部系统环境进行交互。项目所处的系统环境是不断变化的,项目经理需要始终关注项目所处的内部和外部条件。项目经理所领导的项目团队应该对这种可能的项目内外系统环境的交互做出及时响应,引导项目向创造积极的成果和价值的方向发展。

项目经理不仅要有系统思考和全局意识,也需要采取必要的教练技术引导项目团队成员彼此紧密协作,为明确的项目目标而共同努力。一般来说,项目团队成员可能来自不同组织或职能部门,他们的工作方式和思维模式不尽相同,项目经理需要考虑项目团队文化的缔造方式,力求在团队内部树立共同的愿景、语言和工具集,并鼓励项目团队成员积极参与项目工作并做出应有的贡献,从而提高项目系统正常运作的概率。

下面通过例题来感受识别、评估和响应系统交互的具体活动。

【例3.29】 项目经理是   (   )

A. 项目发起人派来实现项目目标的个人

B. 项目执行组织派来实现项目目标的个人

C. 通过竞争性投标,获得项目管理服务合同的个人

D. 通常是指卖方组织中的项目负责人

参考答案:B。A选项:项目经理接受执行组织的委派而非项目发起人。虽然项目发起人本身也可以是项目执行组织,但项目执行组织往往不局限于项目发起人。B选项:项目经理是为项目执行组织实现项目目标的那个人。C选项:尽管项目经理可能是通过竞争性投标上任的,但这个说法不能反映项目经理的本质。D选项:尽管卖方组织中的项目负责人可能是卖方委派的项目经理,但是此选项不够全面。

【例3.30】 项目管理协会对项目经理提出了需要具备战略和商务管理技能的要求,这项技能要求项目经理   (   )

A. 关注项目的进度计划编制和执行

B. 能够激励和带领团队实现目标

C. 了解和应用项目所在行业的相关知识

D. 针对每个项目裁剪传统和敏捷的项目管理工具

第 3 章 项目管理的指导原则

参考答案:C。战略和商务管理技能包括了解和应用相关行业知识,向高级管理人员、运营经理和职能经理宣传项目的必要性。

【例 3.31】 A 公司刚被 B 公司收购。A 公司项目组合中的一个重要项目不符合 B 公司的发展战略。该项目已经执行了一年时间,还需要一年时间才能完工。面对这种情况,项目经理应该怎么做? ( )
A. 照常执行该项目,直到项目完成
B. 开始项目收尾,遣散所有资源
C. 向 B 公司管理层提出申请,把该项目列入公司战略计划中
D. 在 B 公司决定关闭该项目之前辞去项目经理的职位

参考答案:C。A 选项这种做法太被动。B 选项 B 公司没有正式宣布提前终止项目,就不能开始收尾工作。C 选项争取 B 公司适当调整战略方向来容纳该项目是可行的。D 选项过于消极被动,而且不负责任。

3.6 展现领导力行为

《PMBOK® 指南》第七版第三章的第六个指导原则为展现领导力行为。谈到领导力,我们可以认为是能够带领一群人实现领导目标的能力。领导力也可以表现为团队中多数人愿意跟随的能力。我们初次接触领导力行为时,很容易把领导力和管理能力混为一谈,其实二者是有本质区别的。领导力更多地表现为做正确事情的能力,即"do the right thing"的能力。管理能力则是把事情做正确的能力,即"do the thing right"的能力。

项目经理应具备领导力的特质,也应有必要的管理能力。具有领导力特质的项目经理会优先考虑项目与组织愿景的关联关系,并采取手段激发团队的创造力和工作热情,以鼓动和同理心等方式的引导项目团队成员为项目目标而努力。优秀的项目经理也是成功的领导者,能够在任何情况下影响、激励、指导和教练他人。

下面通过例题来感受领导力行为。

【例 3.32】 关于领导者,下列哪项陈述是错误的? （　　）
A. 领导者使用参照(参考/潜示)权力
B. 领导者传授愿景
C. 领导者关心战略计划
D. 领导者关心满足利益干系人的需求

参考答案:D。此题在考领导力的表现形式。A、B 和 C 选项是领导者需要关注的内容,属于做正确事情的部分。而 D 选项属于日常管理的范畴,属于把事情做正确的部分,故选 D。

3.7　根据环境进行裁剪

《PMBOK® 指南》第七版第三章的第七个指导原则为根据环境进行裁剪,强调根据项目所处背景及涉及的干系人和项目治理环境的不同进行具体项目开发方法的设计,使用"刚好够"的原则来实现预期的成果,同时使价值最大化和管理成本最小化。以上提法与精益思想不谋而合,精益就是以最小的成本代价交付最大的价值。

由于每个项目都具有独特性,项目的成功也取决于项目所处环境的适应能力。基于不同的项目环境需要,项目经理应做好必要的裁剪工作。裁剪的具体定义是对有关项目管理方法、项目治理和管理过程做出深思熟虑的调整,使之更适合特定环境和项目当前任务。如何裁剪所需考虑的因素很多,项目所处的商业环境、团队规模、不确定性程度和项目复杂性都在考虑之列。项目经理是项目管理过程的整合者,应整体考虑各因素的彼此关联和因素本身的复杂性,基于"刚好够"的过程、方法、模板和工件,以实现项目期望的成果。

PMO 站在项目治理的高度对每个项目所需裁剪的程度提供必要的指导。PMO 可以对每个项目的实际情况逐一进行讨论,以确定具体项目交付方法、所需选取的管理过程、工件以及项目交付产生成果所需的资源情况。项目经理依照项目管理方法论对管理过程、方法和工件进行适当的裁剪,并就与过程相关的成本和与项目成果相关的价值贡献与项目团队一起做出决策。未进行裁剪的过程可能对项目或其成果几乎没有什么价值,同时会导致成本增加和进度延迟。除了决定如何对项目交付方法进行裁剪外,项目经理还需要与该项目有关的干系人沟通裁剪决策,同时,每个项目团队成员都应了解本项目所选方法和过程,通过具体的方法和过程来驾驭项目的具体工作,包括与干系人的良好互动。

下面通过例题来裁剪适用的场景。

【例 3.33】《PMBOK® 指南》作为公认的项目管理标准,规定了在大多数时间适用于大多数项目的知识和做法。下列哪项是这些知识和做法的最佳选择?　　　　　　(　　)

A. 可供各种项目裁剪使用

B. 具有强制性的项目管理规范

C. 可以不加修改地用于任何行业的任何项目

D. 对项目管理知识体系的完整描述

参考答案:A。项目经理和项目管理团队应该根据项目的具体需要,对《PMBOK® 指南》中的知识和做法进行裁剪,即具体情况具体分析。

3.8　将质量融入过程和可交付物中

《PMBOK® 指南》第七版第三章的第八个指导原则为将质量融入过程和可交付物中。国际标准化组织 ISO 在其质量管理标准体系 ISO 9000 中对质量有明确的定义:质量是产品、服务或结果的一系列内在特征满足需求的程度。这个定义有一定的抽象性,质量大师朱兰把这个概念具体化,把质量定义为符合要求和适合使用。符合要求即功能性需求能够满足,适合使用即非功能性需求能够满足。关于功能性需求和非功能性需求的概念,阅读过《PMBOK® 指南》原版的读者并不陌生,它们属于典型的项目文件,即需求文件的核心内容。我们可以把需求文件理解为需求规格说明书,即原始的需求文档。

项目的质量管理是对项目可交付成果的功能性需求和非功能性需求的满足,同时也要关注项目管理过程的质量管理。谈到质量的过程管理,我们首先应该考虑的是制订一个合理的质量管理计划。因为好的质量是前期规划出来而非后期检查出来的,即预防胜于检查。预防是为规避质量缺陷而要做的事情,而检查是通过充分的测试不让缺陷最终被用户感知到,变成外部失败成本。预防措施的具体办法包括需求和设计评审、培训和标准化流程文档等。好的过程决定了好的结果,通过质量的过程管理,客户或干系人建立对未来项目工作完工时满足特定需求和期望的信心。

项目质量管理一般涉及三个管理过程,即规划质量管理、管理质量和控制质量。规划质量管理产生质量管理计划和质量测量指标。这里的质量测量指标不仅仅是项目所交付产品成果的缺陷率,还包括项目管理的过程指标,如当前项目的进度和成本绩效,即进度绩效指数(SPI)和成本绩效指数(CPI)。规划质量管理的输出通常作为管理质量和控制质量过程的输入。管理质量主要关注项目管理过程的合规性。而控制质量则关注项目所交付产品或可交付物的正确性,即关注项目可交付成果的质量是否合格,能否达到项目验收的标准。单个产品或可交付成果的缺陷,可以通过控制质量检查出来。控制质量的检查结果同样作为管理质量过程的输入。而管理质量过程通过质量审计等工具验证项目管理过程的合规性和有效性,并输出最终的质量报告。

在质量管理计划中应明确列出质量目标和整体的项目目标的映射关系,并陈述履行质量管理的组织架构,以及质量管理的具体活动和操作办法等内容。建立质量管理组织是保证质量管理体制正常工作的前提和保证。质量管理强调全员负责,即全面质量管理(TQM),项目组全体成员都应具有质量意识,并承担质量责任。比如,项目经理对整个项目的质量全权负责;质量经理负责具体的质量管理工作,向项目经理汇报;质量控制或测试团队负责对项目活动和可交付成果的质量进行测评。典型的项目质量管理的活动是质量评估。一般是由项目经理、质量经理和各业务部门、业务系统负责人对项目交付物进行迭代式的质量评估,并填写《项目交付物质量评估表》等,记录每次质量评估的结果和改进意见。需要改进的项目交付物所对应的质量责任人依据具体改进意见进行质量改进。质量评估所涉及的检查项一般包括(但不限于)技术符合性、法规符合性、项目目标符合性和业务符合性等方面。

以下是建议的良好的质量管理实践:

(1)当项目质量较好,客户对此很满意,项目发起人要求项目经理分享经验,项目经理可以使用质量管理计划。当客户/干系人对于项目质量有所担心,亦可以分享质量管理计划。

(2)管理质量的工作属于质量成本框架中的一致性工作。如果多个可交付成果都有问题,优先选择管理质量,考虑从过程和政策中找原因。

(3)质量管理强调持续改进。由统计学家休哈特提出并经质量管理专家戴明完善的"计划—实施—检查—行动"(PDCA)循环是所有质量改进的基础。

(4)项目所涉及组织的管理层对质量负有主要责任。项目的成功需要项目团队全体成员的参与,管理层在其质量职责范围内肩负着为项目提供具有足够能力的资源的相应责任。

第3章 项目管理的指导原则

(5)项目所涉及组织的管理层应着眼于项目实施双方的长期关系而不是短期利益,建立一种合作共赢和相互促进的互利关系。

下面通过例题来体会质量管理的重要性。

【例3.34】 你是颇有经验的项目经理,另一位项目经理为他的一个项目管理计划更新来询问你的意见,你能给他的建议是 （ ）
A.项目管理计划更新应包括工作绩效信息和事业环境因素
B.项目管理计划更新应包括重要的专家判断和对变更控制工具的评估
C.项目管理计划更新应包括到期需要交付的最终产品
D.项目管理计划更新应包括质量管理计划、成本和进度基准
参考答案:D。项目管理计划应包括质量管理计划在内的各个子计划,以及范围、进度和成本基准。

【例3.35】 项目团队正根据检验报告判断是否需要改变质量管理计划,请问当前处于哪个过程？ （ ）
A. 规划质量管理
B. 管理质量
C. 控制质量
D. 监控质量
参考答案：B。A选项:规划质量管理最初用来制订质量管理计划,后期更改质量管理计划,是发现之前制订的计划不合理,一般通过管理质量过程去更改质量管理计划,参见《PMBOK® 指南》第六版297页。B选项:检验报告是控制质量测量结果的一部分,作为管理质量的输入,它是管理质量过程借以重新评价质量管理计划是否合理的依据。控制质量侧重结果正确性,管理质量偏重于过程合规性。题干更多的是决定调整质量管理计划的场景,建议选管理质量。C选项:控制质量主要是对可交付成果进行技术正确性验收。D选项:没有这个项目管理过程。

【例3.36】 在你负责的新产品研发项目中,刚刚发现了一个质量缺陷。你立即召集项

· 63 ·

目团队成员分析产生缺陷的原因,请成员各抒己见,并使用因果图来梳理各种意见之间的联系。你们正在进行的工作属于以下哪个过程?　　　　　　　　　　　　　　　　　　（　　）

A. 规划质量管理

B. 实施管理质量

C. 控制质量

D. 开展质量分析

参考答案:C。A 选项:不属于规划质量管理过程。B 选项:与实施管理质量没有关系。管理质量针对过程是否有缺陷,如果发生很多产品或功能的缺陷,考虑过程出现问题,可以选实施管理质量。C 选项:控制质量针对产品是否合格,如果针对一个具体的产品缺陷分析原因,肯定是在做控制质量过程的工具因果图。D 选项:没有开展质量分析这一过程。

3.9　驾驭复杂性

《PMBOK® 指南》第七版第三章的第九个指导原则为驾驭复杂性。谈到复杂性,就不得不提到我们当下所处的 VUCA 时代,因为 VUCA 这个词中的 C 就是指复杂性。VUCA 本身也强调复杂性,项目管理的复杂性给项目的实际管理者即项目经理带来了全新的挑战。《PMBOK® 指南》第七版强调把驾驭复杂性作为主要原则的一部分,可见其对管理项目复杂性上升到了一个全新的高度。

项目的复杂性一般是项目所涉及的干系人的行为做法迥异,项目所在的外部环境或系统的模糊性造成的。项目经理通常无法预见复杂性,项目的复杂性是众多风险、事件及不同事件的彼此依赖性共同作用的结果。比如,时下的技术创新事件层出不穷,技术创新可能促使项目所在组织当下产品交付、服务和工作方式的颠覆式改变。又如,扫描二维码支付代替传统的刷银行卡方式,基于手机的线上购物已经成为当下人们的主要购物选择。

项目的复杂性的直接成因是项目所涉及的干系人对项目目标的理解彼此不一致。达成干系人对项目目标的认同、彼此工作方式的协同是项目经理在进行日常项目管理过程中需要特别留意的。《人月神话》和《设计原本》的作者布鲁克斯曾经断言:"多数软件项目的问题在于人的因素,而非技术。"另一本著名软件著作《人件》也强调良好的团队建设与团队工作氛围对项目成功的影响,其作者迪马可和李斯特是某著名咨询公司的首席咨询顾问,并致

第 3 章 项目管理的指导原则

力于复杂组织的文化变革和项目团队建设的咨询工作。他们曾经有过一场针对软件工程的社会因素的深入研讨,在一次长途飞机上,他们突发灵感,创造性地提出"软件系统项目的主要问题不在于技术,而在于社会性因素"。这个结论对 IT 技术人士的固有认知无疑是颠覆性的,很多人以前都坚信技术就是一切,无论出现什么问题,总会有更好的技术为我们找到出路。但是如果我们确定我们所面对的问题属于社会学的范畴,再好的技术可能也提供不了什么帮助。比如,对于一组必须在一起工作的人,他们彼此不信任,那就没有什么软件包或万能工具能改变他们并解决现实不协作的问题。在大多数项目中,社会性的复杂程度远比技术上的挑战要难处理得多。迪马可和李斯特也谈到在他们以往研究的绝大多数项目中,没有一个是由单纯的技术问题导致失败的。

那么,到底是什么导致了项目的失败呢?这里的社会性因素可以说是多种多样的,比如,缺乏催化剂式的项目经理。一般具备这样特质的项目经理,可以通过自身的影响力甚至个人魅力来促成项目团队成员之间的相互交流和融洽相处。这种灵魂人物的存在使团队内部更加有黏度,项目的日常工作也变得更加有趣。如果由于客户或市场的压力,项目经理采用不合理的加班手段来加快项目进度,则会间接导致团队士气低落和项目交付产品质量低下。因为一味地追求项目进度,在缺乏充足项目资源配备或相对固化的项目活动顺序的前提下,必然会导致高标准高质量要求的舍弃。而没有成功打造一个高绩效的项目团队也是社会性的根本体现。很多项目团队并非天然地具备技术背景的多样性和行为的自组织等特点,他们往往缺乏独立自主的工作态度。更有甚者,对有些项目团队成员来说,只要还有时间,工作就会不断扩展,直到用完所有的安全时间,导致关键项目活动延迟,最终导致项目延期。这种现象就是《PMBOK® 指南》第七版提到的帕金森定律。

综上所述,项目经理要充分评估自己所指导的项目的社会性因素,将其纳入项目当下存在的问题和潜在风险的管理范畴,做到持续监督和积极应对,最终能够成功驾驭项目的复杂性,即如《PMBOK® 指南》第七版谈到的项目韧性,每个项目经理都要具备这种韧性能力。

下面通过例题来体会如何驾驭复杂性。

【例 3.37】 一位经验不足的项目经理被分配到了一个新项目上把控项目,将来他所从事的项目为矩阵型组织。那么,他所面对的沟通形式为 （　　）

A. 简单的

B. 公开但准确的

C. 复杂的

D. 难以自动操作

参考答案：C。矩阵型组织的特点是双重汇报。项目团队成员来自职能部门，而且是兼职做项目的。项目团队成员一般有两个绩效汇报的沟通渠道，在职能线条需要向自己部门的职能经理述职，同时在项目线条又需要把工作情况报告给项目经理。题干提到的是经验不足的项目经理，所以他将来面对的最大挑战就是成员双重汇报和多头沟通的复杂性。

【例 3.38】 你是一个电子游戏的项目经理。你的项目一开始有点含糊不清。它的复杂性和规模与团队成员上一年所做的项目相似。关键干系人希望积极参与进来，并能够随着项目的进展修改需求。团队已经准备好定义和评估活动了。下列哪项陈述是不正确的？
（　　）

A. 你应该使用敏捷方法来增量地交付商业价值，并适应需求变更

B. 你应该使用敏捷方法，这种方法不需要进度管理计划

C. 当使用敏捷方法时，最大限度地关注对客户的价值，最小限度地关注过程

D. 基于业务需求、风险和对组织的价值，对待办事项进行优先级排序，最重要的用户故事位于待办事项列表的顶部

参考答案：B。根据《PMBOK® 指南》第七版，无论你使用什么项目生命周期管理方法，都应该完成进度管理计划，在进度管理计划中明确敏捷发布规划的方法。通过题干的管理实践，项目经理可以通过敏捷方法，以增量交付的方式来驾驭项目的复杂性，故选 B。

【例 3.39】 敏捷方法可以缓解存在高度不确定性的项目场景所产生的问题。以下哪项不是敏捷在这些情况下解决的痛点的例子？
（　　）

A. 项目目标不清晰

B. 低缺陷

C. 需求不明确

D. 技术债务

参考答案：B。此题在考敏捷项目管理所适用的场景，当一个项目包含高度不确定性、变

更和复杂性时,项目团队可能会经历许多痛点。敏捷方法通过执行诸如创建清晰的团队章程(即愿景和使命)等活动来直接解决这些难题。通常项目所面临的痛点包括项目的目标不明确、需求不明确、技术债务和高缺陷。B选项的低缺陷不属于项目的痛点范畴,故选B。

3.10 优化风险应对

《PMBOK® 指南》第七版第三章的第十个指导原则为优化风险应对。风险是一旦发生即可能对一个或多个目标产生积极或消极影响的不确定事件或条件。在VUCA时代,项目存在更多模糊和不确定性的问题,故而更加强调持续地识别和管理风险,并不断地优化风险应对。因为优化的风险应对办法更具有成本效益的优势,即能够以最小的成本代价来实现执行风险应对后的预期价值和收益。

风险带给项目的可能是积极的机会,也可能是消极的威胁。项目风险管理的目标在于提高正面影响的概率和(或)影响,降低负面影响的概率和(或)影响,从而提高项目成功的可能性。《PMBOK® 指南》第七版特别强调"持续评估风险敞口(包括机会和威胁),以最大化地发挥正面影响,并最小化对项目及其成果的负面影响"。风险敞口是一个全新的专有名词,我们可以把风险敞口理解为项目执行组织对风险的最大承受力。

风险管理非常强调尽早、全面识别风险,并把已经识别的风险记录到风险登记册中。风险登记册是一个典型的项目文件,在风险登记册中跟踪每个风险从登记到执行应对完成的全过程,即风险的全生命周期管理。我们通常用Excel或特定的IT系统来实现风险登记册的登记功能。风险登记册的具体字段一般包括已经识别的风险编码、风险分类、风险具体描述、风险发生的概率以及影响评估、优先级、风险应对措施和具体应对的进展情况等内容。以风险分类为例,风险通常有很多种分类方式,如单个风险和整体风险就是最常见的一种分类方式。单个项目风险一旦发生,会对一个或多个项目目标产生正面或负面影响的不确定事件或条件。整体项目风险是不确定性对项目整体的影响,它源于包括所有单个风险在内的不确定性总和,也就是整体项目风险是所有单个项目风险之和。整体项目风险的决定因素通常来自四个方面:项目的复杂性、项目所处的环境、项目团队的能力和干系人的复杂性。

在风险被有效识别和分类后,就需要对风险进行定性和定量分析。定性分析评估单个项目风险可能发生的概率和影响,以此来决定具体风险的优先级。通常概率大和影响大的风险被识别为高优先级风险。我们可以通过蒙特卡罗分析法或模拟技术对已经识别的高优先级风险或整体项目风险进行项目目标影响的量化偏差的模拟。风险优先级为中以上的风险可以考虑执行规划风险应对过程。规划风险应对是为特定的项目风险制订可选的应对方案，即选择风险应对策略。

风险应对策略分为针对威胁和机会的风险应对。

常用的威胁应对措施包括规避/回避、转移和减轻等。

(1)规避/回避措施可以完全消除风险的影响，比如延长既定的进度或缩小项目范围等。

(2)转移主要对财务风险最有效，包括外包工作、买保险、履约保函、担保书和保证书等。

(3)非财务类的风险使用外包手段更多的是起到风险减轻的效果。减轻措施是在实施此措施后风险还在，只是相应的概率和影响降低了，比如采用不太复杂的流程、增加更多的测试人员和增加技术冗余组件等。

常用的机会应对策略包括开拓、提高和分享等。

(1)开拓是确保机会肯定发生，具体做法可以是把组织中最有能力的资源分配给项目来缩短项目完成时间，或者采用全新或改进的技术来节约成本并缩短实现项目目标的持续时间。

(2)提高是增加机会的发生概率和(或)积极影响，做法是为尽早完成活动而增加资源。

(3)分享是把应对机会的部分或全部责任分配给最能为项目利益抓住该机会的第三方，可能的做法包括建立风险共担的团队或合资成立公司等。

在规划风险应对后，项目经理需要持续监督既定的风险应对计划的有效性，以及评估风险管理过程的有效性，必要时发起风险审查会议和风险审计会议，通过常态化的会议形式不断研讨优化风险应对的可行性并监督其落地执行。

下面通过例题来体会风险管理的具体办法和应对措施。

【例3.40】 在项目的初始阶段，公司通过了一项新法规。这项法规有可能会影响到项目的进度和预算。开始规划阶段之前，项目经理应该做什么？ （　　）

A.执行定性风险分析

B.将该风险包含在项目章程中

C. 更新风险应对计划

D. 请求变更进度计划和预算

参考答案:B。在项目初始阶段,即在开始规划阶段之前,应该优先考虑项目章程。在启动阶段识别到外部的高层级风险,应把这个高层级风险包含在项目章程中。A、C 选项都属于《PMBOK® 指南》第六版提到的规划过程组的过程,不符合项目初始阶段的描述。D 选项:在初始阶段,只有项目章程,没有项目进度计划,并且项目章程包括总体预算。故优先考虑 B 选项。

【例3.41】 项目已经在执行阶段,项目经理预测项目将在测试活动中落后于进度。在项目开始之初,这个事件就被记录为已知风险。项目经理决定将测试任务外包并调整之前的进度计划。这是哪个风险策略的事例?　　　　　　　　　　　　　　　(　　)

A. 回避

B. 转移

C. 分享

D. 接受

参考答案:A。项目预测会发生延迟,项目经理根据预测做出调整决定外包,并改变之前的进度计划,这是典型的风险规避,故选 A。次选答案是 B,因为题干中有把工作转移给外包的描述。

【例3.42】 你负责一个两年期的项目,该项目已经进行了一半。正当系统升级马上要完成时,台风造成了停电。电力恢复后,所有的项目报告和历史数据都丢失了,没有办法找回。你应该怎么做以减轻该风险?　　　　　　　　　　　　　　　　　　　　(　　)

A. 买保险

B. 计划储备基金

C. 持续监测气象,并建立应急计划

D. 在台风期外安排安装工作

参考答案:C。此题考项目针对威胁的应对办法。主动地持续监测气象,并建立应急储备计划,属于风险减轻措施。A 选项:买保险属于风险转移。B 选项:计划储备基金属于主动接受。D 选项:在台风期外安排安装工作属于风险规避。

【例 3.43】 由于存在一个已识别到的风险,项目将延迟一个月。若要把项目拉回正轨,项目经理应该做什么? （　　）

A. 要求管理层提供服务资源
B. 鼓励项目团队快速跟进项目
C. 要求项目发起人修订项目时间表
D. 让干系人参与实施风险应对计划

参考答案:D。已识别到的风险应在风险登记册里面并包含应对计划,所以 D 选项合理。A、B、C 选项均为具体的应对措施,不如 D 选项全面。

3.11　拥抱适应性和韧性

《PMBOK® 指南》第七版第三章的第十一个指导原则为拥抱适应性和韧性。由于项目自身的复杂性和实施环境的复杂性,项目需要考虑进行适应性调整,项目经理及项目团队成员也需要具备韧性。所谓适应性,是指能够应对项目所处的不断变化的环境的能力。而韧性是指能够接纳冲击,并从挫折或失败中快速恢复的能力。相较于传统的预测型项目管理方法,敏捷项目管理体现了这种适应性和韧性。比如时下流行的敏捷项目管理方法论的重要框架之一 Scrum 已经把适应性调整为其三大支柱之一,另外两个支柱为透明和检验。透明是指可视化管理;检验是对项目或冲刺目标的达成情况进行监控,检查项目绩效的偏离程度,并做适应性调整。

适应性是针对项目绩效偏差进行适应性调整。在项目执行过程中设置必要的检查点,发现逐步完善的机会,对产品开发流程和产品特性不断优化和改进提高。将适应性调整和韧性反弹的能力融入组织对项目的日常管理之中,以帮助项目适应变革所需并能够从挫折或不利中恢复过来。

适应性调整可以通过敏捷的短迭代来实现,那么韧性的养成如何实现呢?《PMBOK® 指南》第七版对韧性有非常专业而翔实的说明,通常韧性是由两个具有互补性的特质组成,即能够吸收冲击的能力和从失败中快速恢复的能力。比如,在敏捷实践中针对需求或技

第3章 项目管理的指导原则

解决方案不太确定的场景,采取的往往是试错和探针的方式,即投入少量的人和几天时间对未知领域大胆地试错,敏捷强调风险可接受的失败(risk-taking failure)。我们不畏惧失败,并且把失败当作学习的全新开始,具备越挫越勇的特质,这是一种"反脆弱"。

具备拥抱适应性和吸纳挫败的韧性是开展项目的人员应具备的有益特质。这个特质集中表现为团队成员聚焦于最终可交付成果(outcome)而非中间产出物的输出(output)。这个特质也是管理学大师史蒂芬·柯维在其著作《高效能人士的七个习惯》中论述的以终为始习惯。

项目经理作为教练和促进者,需要引导项目团队时刻保持敏捷适应性和项目韧性,使项目团队在项目内部和外部因素发生变化时始终聚焦于项目期望成果和价值。这样有助于项目团队从挫折中更快地恢复过来,还有助于项目团队的持续学习和改进,并在项目交付价值方面持续取得进展。

下面通过例题来体会适应性调整的魅力所在。

【例3.44】 人力资源副总裁要求为机械车间工人制定一个新的计时项目,这个项目的商业价值是提高工资的准确性。工人们威胁要罢工,因为现在实行的是过时的制度。目前的系统是很少正常工作的老式计时钟,导致工人重新恢复使用纸质考勤卡,这就造成了加班费和班次差别工资的多重错误。关于这种情况,下列哪些项是正确的?(共有三个可选答案) (　　)

A. 项目发起人是负责交付项目商业价值的人
B. 紧迫性是由项目发起人设定的目标
C. 交付这个项目的紧迫性是即将发生罢工的可能
D. 项目的目标必须在项目计划概述的时间框架内实现,以实现商业价值
E. 项目经理应该检查商业价值的创造,并将其与项目管理文件(如项目章程)进行比较,以确保项目目标得到满足、商业价值得到实现

参考答案:CDE。A选项:项目经理负责理解并主导交付项目的商业价值。B选项:项目发起人定义了其紧迫性,而项目经理负责根据项目的紧迫性驱动交付项目商业价值。紧迫性是主观的,是由项目发起人定义的,但是紧迫性不是项目目标的一部分。C、D和E选项的描述都是对的。

【例 3.45】 项目经理加入一个复杂项目,该项目的需求不稳定且交付周期长。客户希望多个可交付成果能更快地进入市场,并且需要一些功能来提高盈利能力。项目经理应该为这个项目推荐什么方法? ( )

A. 瀑布式

B. 增量

C. 迭代

D. 敏捷

参考答案:D。此题在考开发生命周期的不同方法。该项目的需求不稳定且交付周期长,所以应该把长周期分解成短迭代,即应用敏捷方法。敏捷方法是一种迭代周期较短的迭代加增量的方法,以利于项目的适应性调整和敏捷韧性的锻造。

3.12 为实现预期的未来状态而驱动变革

《PMBOK® 指南》第七版第三章的第十二个指导原则是为实现预期的未来状态而驱动变革。《PMBOK® 指南》第七版明确指出项目的一个特性是驱动组织变革。

在数字化时代,很多组织都面临转型的抉择,都在考虑如何走出适合本组织的数字化转型之路。其实数字化转型就是待转型的组织需要考虑如何走与竞争对手不同的路,抑或相同的路但是应用不同的方法。

《PMBOK® 指南》第七版特别强调组织的变革可能源自内部或外部。变革的内部动因可以是需要具备新的能力或应对当下组织绩效的问题。变革的外部动因通常与技术更新换代、市场需求更迭、经济或行业发展放缓等有关。任何类型的变革都需要经历待变革的群体及其所在行业某种程度的适应或接受,这是不太容易做好的事情。

目前,组织变革已经作为咨询项目的一个方向,负责组织变革的咨询所投入的是一种以商业利益为置换的项目行为,是更加成熟的组织变革方法论。业界对如何开展组织内的变革已经有很多成熟的观点和方法论。比如荷兰银行的首席信息官(CIO)曾经断言:"任何的组织变革都可能让人不舒服,那么我们凡事从小处着手开展这项事业。"所谓"润物细无声",以小步和迭代的方式,在潜移默化中实现这个变革。领导力专家约翰·科特在《领导变革》一书中创造性地提出极具可操作性的组织变革八步法,具体如下:

第一步:制造强烈的紧迫感

让组织中有足够的人在工作中保持一定的紧迫感,是组织开始变革的基础。紧迫感会使人们意识到进行变革的必要性和重要性,并且开始为变革采取行动;可以消除组织中存在的不良情绪,减少不良情绪对变革活动的破坏。

第二步:建立一支强有力的指导团队

这个团队需要由一些有责任感、权威、可信任的人员组成,负责变革过程中的领导工作,这样更有利于变革的进行。否则,如果由某一个人单枪匹马领导变革,当这个人在工作中缺乏必要的能力和权威的时候,变革就会受到阻碍,可能有中道夭折的风险。

第三步:确立正确而鼓舞人心的变革愿景

变革愿景常与战略、规划和预算相联系,却不能与它们等同。详细的计划和预算仅仅是变革的必要条件,组织更需要符合实际情况的、能够得到组织认同的、清晰的变革愿景,它可以激发组织成员的干劲,让他们明确努力的方向,并给予其具体的行动指引。

第四步:沟通愿景,认同变革

将确立的变革愿景有效地传递给组织中的相关人员,使所有的相关人员都能对此达成共识。在这个阶段,实际的行动比言语更为有效,表率比指令更起作用,领导者需要用实际行动来影响其他相关人员。

第五步:更多的授权,能使成员采取行动

充分授权是组织进行成功变革的必要环节。具体执行变革措施的组织成员如果缺乏必要的权力,就难以在工作中施展能力,并且不得不为自己进行必要的辩护。这样很容易造成挫折情绪的蔓延,从而阻碍变革。

第六步:取得短期成效,以稳固变革的信心

变革通常是一个缓慢且逐步实现的过程,在具体某一阶段,其成效并不明显。这种情况持续太久,会给组织成员造成一定的心理压力,怀疑变革的结果。因此,变革的领导者需要适时地创造短期成效,帮助肯定变革成果,以鼓舞人心。

第七步:拒绝松懈,推动变革进一步向前

在取得短期成果之后,组织成员的信心被调动起来,变革行动获得支持,这个时候需要注意保持组织成员的情绪,并且继续推进组织的变革,否则一旦放松之后,士气就很难再次回升。

第八步:固化变革,形成企业文化

将变革作为一种新的行为规范和企业文化固定下来。变革取得成功后,组织需要通过建立一定的企业文化来巩固变革成果,以企业文化来培养组织成员共同的价值观,推进变革活动的深入。

下面通过例题来体会组织变革应该考虑的诸多因素。

【例3.46】 项目经理所拥有的权力与下列哪些项有关?(共有三个可选答案)(　　)

A. 组织结构

B. 关键干系人对项目拥有的权力和影响力

C. 与各级管理人员的互动

D. 组织的项目管理成熟度级别

E. 用来管理项目的项目管理方法

参考答案:ACD。项目经理的权力级别是由组织结构、与各个管理级别的交互以及组织的项目管理成熟度级别决定的。比如在弱矩阵组织结构中,项目经理是兼职的协调员,权力有限。项目经理可以通过与各个管理级别的交互来扩大其影响力,有效地利用参与权力。项目管理成熟度级别较高的组织或企业对项目经理的职权有明确的定义,故项目经理在这样的组织内部通常会拥有一定的权力,可以主导一定层级的组织变革,如可以负责主导组织内部关于特定部门或小组级别的变革项目。

【例3.47】 在应用组织变革管理时应该考虑什么?(共有两个可选答案)　　(　　)

A. 实现变革的框架

B. 项目变更管理的方法

C. 由敏捷教练(Scrum Master)推动的变更控制过程

D. 在项目、项目集和项目组合层级上应用变更管理

参考答案:AD。《组织变革管理:实践指南》等官方指导书籍中提到,在应用组织变革管理时应该考虑以下三个方面:①描述变化动态的模型。②实现变革的框架。③在项目、项目

集和项目组合层级上应用变更管理。

【例 3.48】 项目组合管理的主要目标是 （ ）

A. 正确地完成某个项目

B. 正确地完成一系列相互关联的项目

C. 选择一系列正确的且不一定相互关联的项目,并排定资源分配的优先顺序

D. 选择一系列正确的且相互关联的项目,并排定资源分配的优先顺序

参考答案:C。此题考项目组合管理的定义,项目组合与项目集的区别。A 选项:未能体现项目组合管理的内容和目标,项目组合管理是为实现特定的战略业务目标,对一个或多个项目组合进行的集中管理。B、D 选项:项目组合中的项目或项目集不一定相互关联。项目集中的项目则必然相互关联。C 选项:项目组合管理关注项目之间的优先顺序以及由此而形成的资源分配的优先顺序。

【例 3.49】 艾女士是 PMO 的领导,她对组织从使用预测到适应性交付模型的转变很感兴趣。与她共事的大多数关键干系人已经工作了 10 年以上,他们往往不愿意改变。在转向适应性方法时,艾女士可能采取什么方法？ （ ）

A. 采用 Scrum

B. 采用混合模式

C. 保持瀑布式方法

D. 转向看板

参考答案:B。此题在考项目开发生命周期。抵制变革的团队最好从预测性到适应性交付模型渐进过渡,这称为混合方法。

3.13 敏捷宣言与敏捷原则

《PMBOK® 指南》第七版的原则与敏捷联盟创造的敏捷原则有着内在本质的联系。下面从敏捷宣言和敏捷原则的解读入手,逐步建立两大管理体系的原则之间的映射关系。

推动敏捷原则落地的组织是在 2001 年成立的敏捷联盟,它构建了敏捷宣言和敏捷原则

等理论体系,敏捷宣言和敏捷原则共同打造了敏捷文化。我们比较熟知的是敏捷宣言,一共四条,具体解读如下:

敏捷宣言第一条:个体和互动高于流程和工具

个体和互动关联到面对面沟通和协作等敏捷实践所提倡的内容。敏捷强调自组织,通过每天的站会、针对阶段冲刺(迭代)完成的产品增量的评审会和冲刺(迭代)完成后的经验教训回顾会等形式优化之前无效的流程以及减少具体环节由于等待和角色不断切换而浪费时间和资源的可能性,这些都充分体现了敏捷强调沟通协作等特点。

敏捷宣言第二条:可工作软件高于详尽的文档

可工作软件关联价值的体验和提倡交付最小可行产品(MVP)等敏捷实践所提倡的内容。敏捷强调持续交付和尽早的用户体验,文档刚好够。所谓"刚好够",就是如果有没有文档,所交付的产品质量都一样,那就不需要撰写文档。杜绝瀑布式开发周期过长和拖到项目收尾阶段再交付产品所带来的不必要的风险。敏捷希望最好的需求、架构和设计应出自团队与客户的不断互动。团队成员应该是跨职能的,即每个人可以兼具需求分析、架构设计、开发和测试等能力。这样在文档不尽详细的情况下,团队成员可以通过自我的不断学习和技能突破来交付可工作的软件。

敏捷宣言第三条:客户合作高于合同谈判

客户合作关联到不对立、共赢、相关方参与和在一起共创价值等敏捷实践所提倡的内容。敏捷强调客户对产品开发工作的全程参与,通过与客户的紧密合作及时发现最有价值的产品特性,并做到优先开发客户真正想要的产品特性。在需求交付方面与客户达成协同和共赢的局面。有价值的需求也是客户实现商业价值的本质保证,所以要与客户合作持续交付最有价值的内容,而不是对立地通过合同条款来约束所谓的甲乙双方。

敏捷宣言第四条:响应变化高于遵循计划

响应变化关联实时捕捉市场价值热点、迭代、探针、冲刺、反馈和适应性计划的调整等敏捷实践所提倡的内容。敏捷强调动态适应业务战略或市场需求的变化,允许在合理的成本控制下的项目或阶段中后期的变更。敏捷原则承认利用变更可以为客户创造更多的竞争优势,即尽早实现客户的市场或商业价值。在市场上商业需求多变,需要更加重视市场中多样化的个体需求。敏捷需要有计划,但是不完全拘泥于计划。另外,敏捷强调有节奏地开发,

第3章 项目管理的指导原则

不鼓励加班。所以在迭代或冲刺开发过程中,如果想临时添加额外待开发的产品特性或用户故事(用户功能需求),一般选择把优先级比较低的等量工作从本次迭代中移除,做到在某次迭代或冲刺过程中工作量的同等置换和整体工作量上限不变。敏捷开发团队的管理者需要深刻认同团队在某次迭代或冲刺的速率是一定的,速率可以认为是团队在每次迭代或冲刺中可以交付的产品增量。敏捷开发团队可以基于以往迭代或冲刺的产出工作量来决定本轮迭代或冲刺的工作量上限。每次迭代或冲刺能够开发多少工作量是由团队自主决定的,这也体现了自组织团队的特点。

敏捷原则是针对敏捷宣言的进一步细化,细化为具体的十二条原则。为了使读者清楚理解和认同敏捷原则的要义,下面对敏捷的十二条原则进行关键要点提炼。

(1)敏捷原则第一条:我们最优先考虑的是尽早和持续不断地交付有价值的软件,从而使客户满意。

关键要点:交付价值。

(2)敏捷原则第二条:即使在开发后期也欢迎需求变更。敏捷过程利用变更可以为客户创造竞争优势。

关键要点:拥抱变化。

(3)敏捷原则第三条:采用较短的项目周期(从几周到几个月),不断地交付可工作软件。

关键要点:持续交付。

(4)敏捷原则第四条:业务人员和开发人员必须在整个项目期间每天一起工作。

关键要点:合作。

(5)敏捷原则第五条:围绕富有进取心的个体而创建项目,提供他们所需的环境和支持,信任他们所开展的工作。

关键要点:人本思想。

(6)敏捷原则第六条:不论团队内外,传递信息效果最好且效率最高的方式是面对面交谈。

关键要点:面对面沟通。

(7)敏捷原则第七条:可工作软件是度量进度的首要指标。

关键要点:成果导向。

(8) 敏捷原则第八条:敏捷过程倡导可持续开发。项目发起人、开发人员和客户要能够长期维持稳定的开发步伐。

关键要点:节奏。

(9) 敏捷原则第九条:坚持不懈地追求技术卓越和良好的设计,从而增强敏捷能力。

关键要点:精益。

(10) 敏捷原则第十条:以简洁为本,最大限度地减少工作量。

关键要点:简洁。

(11) 敏捷原则第十一条:最好的架构、需求和设计出自自组织团队。

关键要点:自组织。

(12) 敏捷原则第十二条:团队定期反思如何能提高成效,并相应地调整自身的行为。

关键要点:自省。

3.14 《PMBOK® 指南》第七版指导原则与敏捷原则的映射关系

《PMBOK® 指南》第七版指导原则与敏捷原则有着千丝万缕的联系,表3-1以更加直观的方式建立两个知识体系的原则之间的映射关系。通过表3-1的内容呈现,我们基本判定《PMBOK® 指南》第七版的指导原则与敏捷原则是"一对多"的映射关系。

表3-1 《PMBOK® 指南》第七版指导原则与敏捷原则映射关系

	《PMBOK® 指南》第七版指导原则	敏捷原则及关键概念	关联敏捷原则序号
1	成为勤勉、尊重和关心他人的管家	激励团队 以人为本 服务型领导	5
2	营造协作的项目团队环境	客户协作 共创共赢 面对面沟通	4、6
3	有效的干系人参与	业务参与 面对面沟通	4、6

续表 3-1

	《PMBOK® 指南》第七版指导原则	敏捷原则及关键概念	关联敏捷原则序号
4	聚焦于价值	客户满意 客户为先 迭代交付 成果导向	1、2、3、7
5	识别、评估和响应系统交互	定期反省 适应性计划 持续改进	9、12
6	展现领导力行为	激励团队 做正确的事 领导组织变革	5
7	根据环境进行裁剪	简洁务实 做出调整 适应性计划	9、10、12
8	将质量融入过程和可交付物中	客户满意 持续交付 成果导向 质量度量 稳定的步调	1、3、7、8、9
9	驾驭复杂性	持续交付 延迟成本(CoD) 自组织 做出调整 适应性计划 库尼芬模型	3、11、12

续表 3-1

	《PMBOK® 指南》第七版指导原则	敏捷原则及关键概念	关联敏捷原则序号
10	优化风险应对	自组织 拥抱变化 价值风险模型 风险管理 项目治理	2、11、12
11	拥抱适应性和韧性	自组织 适应性计划 项目韧性	9、11、12
12	为实现预期的未来状态而驱动变革	拥抱变化 帮助客户获得竞争优势 组织变革八步法模型	2、12

 # 第 4 章 项目管理的绩效域

项目管理的最佳实践从以往基于过程导向转变为基于反映价值交付的最终目的。《PMBOK®指南》第七版站在原则的制高点,强调有效的项目管理更多地关注最终的预期成果,而非中间可交付物。这些成果最终会将价值传递给目标组织及其相关干系人。另外,第七版从系统视角来诠释价值交付,即创造性地提出"价值交付系统"的概念。关于"价值交付系统"的阐述无疑改变了原有单个项目及产品交付的局部思维,从项目组合、项目集和项目治理等宏观视角来展现从业务市场需要到项目过程交付、再到产品运营的端到端的价值链,使项目切实成为实现组织战略和商业目标的一种手段。

这种系统价值交付视角又促成了将《PMBOK® 指南》第六版的"知识领域"转变为第七版的八个绩效域的必然结果。我们可以把绩效域理解为一组对有效地交付项目成果至关重要的相关活动的集合。具体来讲,绩效域所代表的是为实现所期望的项目成果的彼此交互、相互关联且相互依赖的一组管理能力的集合。随着各个绩效域彼此交互和相互作用,变化也随之发生。项目团队要具有整体和系统思维的意识,不断审查、讨论、适应并应对这些变化,而非只是关注发生变化的单个绩效域。根据《PMBOK® 指南》第七版中的"价值交付系统"这一概念,团队会通过以成果(价值)为中心的度量指标,而非单个过程或工件的输出来对各个绩效域中的有效绩效做出最终评价。换句话说,项目经理及其团队成员要具有全盘和整体的系统思维,充分联合各个绩效域来实现预期的价值交付。备考 PMP 的考生需要通过本章内容,透彻理解八个绩效域与价值交付的融合关系,这对全面理解最新的项目管理知识体系,并能够顺利通过 PMP 认证考试尤为重要。

图 4-1 是《PMBOK® 指南》第七版所列出的十二大指导原则与八个绩效域的关系图。

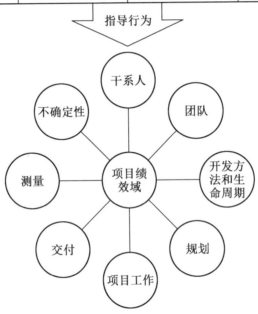

图 4-1 十二大指导原则与八个绩效域的关系

以上八个绩效域可以分为三组:规划、项目工作、测量、交付为一组,关联戴明环 PDCA (即先计划,再实施,然后检查和行动);干系人、团队为一组,强调对内外部干系人的管理和项目团队的建设,以提高项目成功的概率和项目价值交付的可能性。不确定性、开发方法和生命周期为一组,即针对 VUCA 时代的不确定性,混合式项目生命周期将是绝大多数项目的选择。

第4章 项目管理的绩效域

4.1 干系人(相关方)

《PMBOK® 指南》第七版第四章的第一个绩效域为干系人(相关方)。该绩效域涉及与相关方相关的职能活动。在整个项目管理期间,与相关方建立富有成效的工作关系可以确保项目成功,降低相关方反对或参与度不够而导致的项目失败的风险。通常项目经理需要在项目开踢会上确保相关方对项目目标有一致的理解和认同,并在项目执行过程中获得客户、项目发起人和关键相关方的支持。如果确实有相关方反对项目工作的正常开展,也需要制订相关方参与计划并采取必要的应对措施,即拟订对特定相关方的管理策略。通过具体的管理措施和必要的影响力把所需管理的相关方对本项目的负面影响降到可以接受的水平。

在越来越讲求价值交付的今天,干系人绩效域也变得尤为重要。因为只有准确地识别和管理好相关方,才可能真正交付价值。为客户创造价值,才是组织和产品不断创新之源泉,以及项目交付目的和实现项目自身价值之所在。另外,项目交付团队学会与价值链条上的诸多供应商一起快速成长,才可能交付更好的产品或服务。因此,相关方对于项目价值交付的成功起着至关重要的作用。

在许多科技公司,如腾讯或网易,通过项目开踢会来凝聚相关方对项目整体目标的认同。因为很多时候,一个项目组的成员来自不同的团队,大家有着不同的专业背景和个人经历,对项目的理解和认识也不尽相同,需要一个开踢会的环节,把大家聚集在一起来统一认识,明确方向和目标。说到开踢会,它可能并没有统一的流程——有时候还会一起切个蛋糕,聚个餐。关键是在项目开始前,大家凝心聚力,明确方向,拥有同一目标的项目团队成员才能肩并肩一路走下去。

本绩效域关联的《PMBOK® 指南》第六版的章节和项目管理过程见表4-1。

表4-1 干系人绩效域关联的《PMBOK® 指南》第六版的章节和项目管理过程汇总

章节名称	启动过程组	规划过程组	执行过程组	监控过程组	收尾过程组
项目整合管理	制定项目章程	制订项目管理计划			
项目沟通管理		规划沟通管理	管理沟通	监督沟通	
项目相关方管理	识别相关方	规划相关方参与	管理相关方参与	监督相关方参与	

在《PMBOK® 指南》第六版的制定章程过程中,明确列出引导、冲突管理和会议管理等诸多人际关系与团队技能,这些技能有助于关键相关方就项目目标、成功标准、高层级需求、初步预算、总体里程碑和其他内容达成一致意见。另外,项目开踢会是制订项目管理计划过程中的关键会议,通过开会使各方明确项目目标并寻求相关方对目标的理解和承诺。相关方分析是识别相关方过程和监督相关方参与过程的工具。相关方分析会产生相关方清单和关于相关方的各种属性信息,如相关方在组织内的地位、在项目中的角色、与本项目的利害关系、期望、态度,以及对项目信息的兴趣。相关方的期望、态度及其对项目本身的兴趣直接决定其对项目的支持程度。识别相关方过程的数据表现工具,如权力/利益象限和凸显模型等,有利于对相关方进行分类并确立需要重点管理和立即加以关注的相关方。规划相关方参与过程则根据具体相关方的需求、期望、利益和对项目的潜在影响,制订项目相关方参与策略,这个参与策略提供与相关方进行有效互动的可行计划,尤其是不太配合或不支持本项目的相关方,提前拟订针对此相关方的切实可行的计划尤为重要。为了确保与相关方的有效沟通,识别特定相关方的沟通风格评估的能力也是项目经理所应具备的必要软技能。沟通风格评估是规划沟通管理过程的工具。在规划沟通活动时,该工具用于评估相关方的沟通风格并识别其偏好的沟通方法、形式和内容。沟通风格评估的做法常用于不支持项目的相关方。项目经理可以先开展相关方参与度评估,再开展沟通风格评估。相关方参与度评估通常应用相关方参与度评估矩阵来实现。相关方参与度评估矩阵是规划相关方参与过程的工具,常用于将相关方当前参与水平与期望参与水平进行比较,找出相关方参与度的差距,比如相关方当前是反对项目的,项目经理需要其支持项目,就需要对此相关方拟订必要的管理策略。另外,为了进一步弥补相关方参与水平的差距,也需要特别注意具体沟通的方式和方法(互动沟通、推式沟通和拉式沟通)。互动沟通强调即时获取相关方的反馈,通常表现为开会。推式沟通采取的是发项目简报和邮件的形式,不能确保信息正确送达目标受众或被目标受众理解。拉式沟通适用于大量复杂信息或大量信息受众的情况,它要求接收方在遵守有关安全规定的前提下自行访问相关内容,这种方法包括相关方自行登入的门户网站、企业内网、电子在线课程、经验教训数据库或知识库等场景。由此可见,在日常项目管理过程中,相关方管理与沟通管理是相辅相成的。无论是管理相关方还是管理沟通,都需要项目经理具备必要的人际关系技能,如积极倾听、文化意识、政治意识和领导力等。而这些人际关系技能正是管理相关方参与过程和监督相关方参与过程的工具,关于这两个过程的区别详见本书第 7 章 7.12 节的相关论述。

下面通过例题来具体体会干系人(相关方)绩效域的要点。

【例 4.1】 项目的几个关键客户担心他们被排除在重大的决策和活动之外,项目经理可以通过实施以下哪项避免此种情况? （　　）

A. 相关方分析
B. 管理沟通
C. 项目管理计划
D. 质量管理计划

参考答案:A。此题在考相关方分析的定义。相关方分析是通过系统收集和分析各种定量与定性信息,来确定在整个项目中应该考虑哪些人的利益的一种方法。通过必要的相关方分析确保没有关键客户或相关方被遗漏。

【例 4.2】 项目经理与项目相关方难以保持一致的参与程度,确定适当参与度的最佳方式是什么? （　　）

A. 每周召开相关方信息报告会,并将此会议作为唯一沟通渠道
B. 为所有相关方制定一份综合性项目更新报告
C. 为每个相关方创建一份单独的沟通计划
D. 对相关方进行分类,制定相关方参与度评估矩阵

参考答案:D。相关方参与项目程度不合适,就需要考虑针对特定的相关方规划可能的管理策略。可以通过权力/利益象限对相关方进行分类,并通过相关方参与度评估矩阵确定相关方对项目的具体参与程度。

【例 4.3】 一名经验丰富的项目经理被任命管理一个可能无法实现目标的项目。若要降低这种情况发生的可能性,项目经理应该怎么做? （　　）

A. 管理相关方参与
B. 审查变更控制程序
C. 实施管理质量

D. 定期更新经验教训沟通

参考答案：A。在整个项目期间保持与相关方的互动，有利于降低风险、建立信任和尽早做出项目调整，从而节约成本，提高项目成功的可能性。这些都属于管理相关方参与过程的具体内容。

4.2 团　　队

《PMBOK® 指南》第七版第四章的第二个绩效域为团队。团队绩效域的主要职责是打造一个高绩效的团队，自组织（自管理）和高绩效团队是生成项目可交付物以实现商业价值和成果的必要条件。《PMBOK® 指南》原文指出："成功的自组织团队通常由通用的专才而不是主题专家组成，他们能够不断适应变化的环境并采纳建设性反馈。"敏捷项目管理中的研发团队基本就是这种自组织的小团队，团队成员由3～9人组成，每个人都具有跨职能的技能，比如一个人会做三种以上的工作，如设计、开发和测试等。在自组织团队中，一个特定的工作同时有三人以上会做，团队成员彼此做到充分的知识分享和能力技能备份。

那么，如何打造这样一个高绩效团队呢？《PMBOK® 指南》第六版第九章专门讲述了资源如何管理，资源管理的最直接方式是通过开会或面对面沟通。故本绩效域关联的《PMBOK® 指南》第六版的章节和项目管理过程见表4-2。

表4-2　团队绩效域关联的《PMBOK® 指南》第六版的章节和项目管理过程汇总

章节名称	启动过程组	规划过程组	执行过程组	监控过程组	收尾过程组
项目资源管理		规划资源管理 估算活动资源	获取资源 建设团队 管理团队	控制资源	
项目沟通管理		规划沟通管理	管理沟通	监督沟通	

高绩效团队离不开服务型（仆人式）领导的引导和激励。《PMBOK® 指南》中这样描述服务型领导："为团队创造环境、提供支持并信任团队可以完成工作。"这里对团队提供的支

持的职责优先于对团队实施领导的权力。服务型领导需要对其能够提供的支持服务做出承诺,做到处处先能为团队成员着想,关注团队成员的成长、学习、发展、自主性和福祉,关注团队成员的人际关系和协作意愿,促进团队成员的彼此合作。

《PMBOK® 指南》第六版中的资源管理章节的具体过程都是围绕打造高绩效团队展开的。比如,规划资源管理过程的输出是资源管理计划和团队章程。资源管理计划明确项目团队成员的选用育留,对技能有欠缺的项目团队成员需进行培训,此培训计划属于资源管理计划的一部分。通过团队章程明确团队的价值观以及对项目目标和项目可交付成果所带来的价值的共识。建设团队过程使用开放与有效的沟通,建立团队成员间的信任,创造团队建设机遇,以建设性的方式管理冲突。因此,项目经理应该在项目团队内部鼓励团队成员彼此进行知识分享,鼓励他们以合作的方式解决问题和制定决策方法。

《PMBOK® 指南》第七版把服务型领导力和高绩效团队进行了紧密关联,指出:"服务型领导力这种领导风格聚焦于了解并满足团队成员的需要及其发展情况,以便尽可能促成更高的项目团队绩效。服务型领导者强调通过聚焦于解决特定问题来培养项目团队成员,使其发挥最大潜能。"要想达到这样的效果,项目经理的领导力和管理活动都是必需的。领导力活动关注于人,通常的领导力活动包括影响、激励、倾听和通过正确的引导促成项目团队相关活动朝正确的方向或轨道来实现。管理活动更多的是确保以正确的流程或手段来实现既定的项目目标。比如,通过制定管理程序来提供有效度量的手段,持续地监督项目的进度或成本绩效,如果绩效有偏差就需要引起关注并采取必要的管理活动,通常是发起纠正措施的变更请求,并关联项目的变更管理流程。

服务型领导的具体做法表现为(但不限于)以下内容:

(1) 使每个项目团队成员都了解项目的愿景和目标。在整个项目期间,项目经理应与团队成员经常沟通项目的愿景和目标。为了促进团队成员对项目目标的理解,可以采取适度的参与式决策,让团队成员有主人翁意识,并通过引导技术来引导团队成员在解决问题时参考预期的项目目标。另外,项目的具体目标要符合 SMART 原则,即目标要具体、可量化和可达成。

(2) 确保项目团队成员了解在项目资源管理计划中的角色,并在项目执行过程中切实履行其职责。需要注意的是,资源管理计划也包括培训计划,项目经理能够识别团队成员在特定知识和技能方面的差距,通过培训、辅导或教练技术实际弥补这些差距。

(3) 形成和维护一个安全、尊重、无偏见环境的关键是项目团队成员能够在这样的环境中做到坦诚沟通。实现这一目标的方法是把符合组织价值观的行为树立为典范,即榜样的力量。另外,公开而透明也可以建立一种彼此坦诚和信任的文化,这种文化有助于促成共识和协作。项目经理可以通过以身作则,刻意打造这种良性的文化。比如,在做项目具体决策时,把思考和决策的依据透明化,始终保持公正和诚信的职业道德;要有勇气尽早发布项目的坏消息,确保项目的状态报告准确描述项目的当前绩效等实际场景。

(4)消除团队成员当下工作的可能障碍。通过消除项目进展中的障碍因素来最大化地交付商业价值,包括帮助团队成员解决问题和消除可能妨碍项目团队工作的实际问题。通过解决或缓解这些障碍,项目团队可以更快地向客户或项目产品的使用方交付价值。

(5)避免团队成员因与项目无关的事而分心。服务型领导者会使项目团队免受内部和外部分心之事的影响,这些分心之事会使项目团队偏离当前的目标。角色或任务的反复切换是精益思想中浪费的一种形式,会导致团队成员工作效率降低。因此,服务型领导者使项目团队免受非关键外部需求的影响,这种做法有助于项目团队高度聚焦于价值交付,从而实现工作的高效。

(6)提供团队成员更好发展的机会。服务型领导者可以提供必要的资源和工具。良好的个人成长机会符合赫茨伯格双因素激励理论,该理论指出良好的激励因素对项目团队成员有正向的激励作用,从而使团队成员持续保持高满意度且对当下工作能够做到富有成效的输出。而给团队成员成长机会就是最典型的激励因素。

项目经理要想拥有上述服务型领导的特质,必要的软技能和硬实力都是不可或缺的。关于项目经理能力的测评,详见本书第 5 章 5.3 节"项目经理能力三角模型"的论述。

在 VUCA 时代,随着项目交付的不确定性越来越大,参与复杂项目的团队规模也越来越大,项目管理团队无法仅仅依靠既定的项目管理计划达到预期的项目目标。因此现在许多企业为了提升项目团队的战斗力,都会提出"你从来不是一个人在战斗,也不能一个人战斗"。例如,在阿里巴巴的项目动员会上,资深的员工或企业高层会与项目组成员强调:"在黑夜里一个人走路时感觉很害怕,但如果是一群人手牵手,呐喊着往前冲,就什么都不怕了。只有我们一起走的时候,我们才走得久、走得长、走得远。要把我自己的梦想变成我们的理想,要做好长期奔袭的准备,为别人创造价值,为未来创造价值。"因为相信团队所迸发出的团结力量,项目团队成员不仅能斗志昂扬地提前完成项目目标,甚至创造了比预期更大的项目价值,最终项目所交付的产品能够在激烈的市场竞争中脱颖而出,实现应有的价值。

下面通过例题来具体体会团队绩效域的要点。

【例4.4】 一家公司准备在软件开发项目上使用敏捷实践,想让一位内部的候选人担任敏捷教练的角色。请问候选人应该具备什么技能? （ ）

A. 仆人式领导力

B. 冲突解决技能

C. 演讲技能

D. 项目管理技能

参考答案:A。敏捷方法强调仆人式领导。仆人式领导是一种为团队赋权的方法,通过对团队服务来领导团队的实践,注重理解和关注团队成员的需要和发展,旨在使团队尽可能达到最高绩效。项目经理的职责之一是仆人式领导,仆人式领导是当下所提倡的领导者的职业素养要求。

【例4.5】 在敏捷项目中,项目经理要当仆人式领导者,把向客户、组织、团队成员和干系人提供服务放在首位。这是哪种领导风格的体现? （ ）

A. 敏捷型

B. 服务型

C. 交易型

D. 交互型

参考答案:B。领导者需要具备时下流行的服务型领导风格。

【例4.6】 一个新的敏捷产品开发团队拥有同等数量的技术专家和非专家。对于一次项目迭代,大部分任务都需要专家。敏捷项目经理应该怎么做? （ ）

A. 确定非专家团队成员的培训并减少孤岛/竖井

B. 鼓励团队成员成为通才专家,创造高绩效团队,减少孤岛/竖井

C. 让团队成员决定如何为团队处理任务

D. 请一名专家与其他团队成员合作,开发培养一支通才专家团队

参考答案:B。项目团队强调自组织,而通用的专才是成为自组织团队的前提条件。

4.3 开发方法和生命周期

《PMBOK® 指南》第七版第四章的第三个绩效域为开发方法和生命周期。《PMBOK® 指南》第六版中提到了项目生命周期、阶段和开发生命周期之间的关系与区别。项目生命周期通常是由阶段组成,开发生命周期则是阶段的别名。也就是说,项目生命周期内通常有一个或多个阶段与产品、服务或成果的开发相关,这些阶段被称为开发生命周期。

我们可以把项目生命周期理解为从项目启动到完成所经历的一系列阶段(开发生命周期),它为项目管理提供了一个基本框架。不论项目涉及的具体工作是什么,这个基本框架都适用。也就是说,项目生命周期的概念适用于不同行业的项目,只是不同行业的项目阶段名称会有所不同。项目阶段是一组具有逻辑关系的项目活动的集合,通常以一个或多个可交付成果的完成为结束。在信息技术领域的项目中,项目阶段可以分为需求分析阶段、架构设计阶段和研发阶段等。在制造业的项目中,项目阶段可以分为产品可行性研究阶段、试产阶段和量产阶段等。从开发生命周期的角度理解,阶段也是一种开发生命周期的选择。开发生命周期可以是预测型、迭代型、增量型、适应型或混合型。预测型一般对应的是瀑布式开发。迭代型应用迭代方法,通过一系列重复的循环活动来开发产品。增量型应用增量方法,渐进地增加产品的功能。通常乙方为甲方进行产品演示或产品功能验证(proof of concept,POC)的方式就属于典型的迭代交付方式。适应型也称敏捷型,是一种短迭代增量的交付方式,对适应型生命周期的具体介绍,详见《PMP 项目管理方法论与敏捷实践》一书。混合型是预测型和适应型生命周期的组合。

项目生命周期所包含的这些阶段(开发生命周期)之间的关系可以顺序、迭代或交叠进行。比如,敏捷开发项目通常表现为不同研发小团队同时以短迭代开发的方式执行某个复杂产品的不同特性的开发。且不同的项目阶段可以采取不同的开发方法,即混合型生命周期。将不同项目或阶段所处场景应选择的具体开发方法绘制成斯泰西图,如图 4-2 所示。

由图 4-2 我们可得出如下结论:如果项目的需求和技术解决方案确定,可以采取预测型生命周期和瀑布式开发方法。如果需求或技术解决方案有一处不确定,可以考虑敏捷适应型生命周期和敏捷开发方法。如果需求和技术解决方案都不确定,可以考虑敏捷所提倡的试错或探针方法。如果项目处于需求和技术解决方案严重混乱的状态,为了规避项目风险,可以选择暂时放弃此项目。

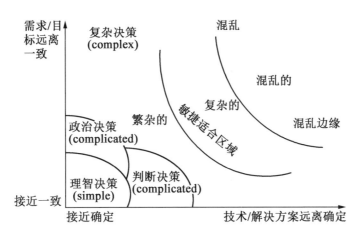

图 4-2 斯泰西图

在 PMP 考试中,更多的是根据需求变更的频率和变更的程度来选择不同的开发方法,通常敏捷开发方法更加适应 VUCA 时代,是时下主流的选择。而在项目的实际操作过程中,我们往往借助斯泰西图,通常在尽可能早的阶段,确定最适合项目的开发方法。对于内部项目而言,在项目立项或前期准备阶段,就应该根据项目的实际情况决定具体的项目开发方法。比如,对于需求多变的产品开发,项目的执行组织会采用敏捷方法来做项目的实际交付。由于不同的开发方法对项目的成本、时间、范围和采购的高阶规划等都存在很大程度的影响,通常组织的 PMO 或项目经理可以根据组织的最佳实践和经验给出相应的意见。

当项目获得批准并确定可以正式开始时,项目经理要根据项目的具体情况对开发方法进行相应的裁剪。项目经理通常可以根据组织过程资产或在 PMO 的指引下从事项目开发方法的裁剪,在裁剪时往往需要根据项目的实际大小和复杂度进行思考,切忌一味地追求开发方法自身的翔实程度,因为完整、细致的管理办法未必会使项目取得成功。我们需要遵循"刚好够"的原则,找到管理的最佳平衡点,对项目的开发方法进行量身定制,即裁剪。裁剪的输出既包括项目管理流程和工具,也包括项目交付的特定工件和项目可能使用的具体模板等。以 IBM 公司为例子,当项目刚确立着手审批时,项目管理委员会或 PMO 会要求项目经理尽快进行方法论裁剪的评审工作会议,项目经理需要根据项目的实际情况对具体的项目开发方法进行思考和设计,PMO 及资深项目总监和架构师也是这个重要评审工作会议的参与者。对于复杂且比较大型的项目,可能还会要求每个季度或每个月进行周期性的阶段评审,根据项目具体情况进行纠偏和对项目开发方法的再次裁剪。

由此可见,正确的开发方法的选择对项目成功起着至关重要的作用。对于外部项目来说,甲乙双方都必须对所要求的开发方法有相似的理解。甲方往往在招标阶段,就会把关于此项目的开发方法的要求写到招标书里,甚至此项要求可以作为未来评估供应商绩效的指标之一。比如,在招标文件中要求供应商必须有实际的敏捷项目经验或有一定数量的项目经理具有敏捷开发类的管理证书等。基于不同的合同类型,开发方法的选取也会不同。以互联网公司为例,其产品往往都是采用敏捷开发方法来交付的,如果互联网公司要投类似政府或央企的招标项目,必须采用预见性或瀑布式开发方法进行交付,否则可能在竞标过程中处于劣势。由此可见,不论甲方还是乙方,在项目的早期都需将项目的开发方法早早确定下来。

项目生命周期的每个阶段都可以选择不同的开发方法。如果项目的需求和技术解决方案都很明确,项目执行组织就可以选取预测型生命周期的开发方法。预测型生命周期所涉及的管理过程通常是《PMBOK® 指南》第六版中的五大过程组和十大知识领域的 49 个管理过程。涉及开发方法选择的管理过程来自《PMBOK® 指南》第六版第四章的整合管理知识领域,见表 4-3。

表 4-3 开发方法和生命周期绩效域关联的《PMBOK® 指南》第六版的章节和项目管理过程汇总

章节名称	启动过程组	规划过程组	执行过程组	监控过程组	收尾过程组
项目整合管理	制定项目章程	制订项目管理计划	指导与管理项目工作 管理项目知识	监控项目工作 实施整体变更控制	结束项目或阶段

企业或组织的业务有稳态和敏态之分。稳态类的项目需求在项目之初基本可以确定,如 ERP 实施类项目。敏态类的项目包括现在比较流行的智慧城市、数据中台和业务中台类的软件开发类项目。由于项目需求和新技术选型的不确定性,此类项目所涉及的应用开发过程通常采取的是敏捷或短迭代的开发方法。所以,企业或组织的项目往往是预测型生命

周期和敏捷适应型生命周期共存的,即《PMBOK® 指南》第七版提出的混合型生命周期。混合型生命周期是预测型生命周期和适应型生命周期的组合。充分了解或有确定需求的项目要素遵循预测型生命周期,而仍在发展中的要素遵循适应型生命周期。由于促进企业或组织的稳健发展和其对商业市场适应能力的提高都是长期行为,所以在相当长的一段时间周期内,基于混合型生命周期的项目管理将是常态。

下面通过例题来具体体会开发方法和生命周期绩效域的要点。

【例4.7】 作为大项目的项目经理,你聘请项目协调员来维护项目管理计划和项目文件。在项目计划阶段,项目协调员对预测、迭代、敏捷或混合模式的方法感到困惑,你的建议是 （ ）

A. 确定开发方法或开发生命周期,包括预测、迭代、敏捷或混合模式
B. 确定项目生命周期方法,包括预测、迭代、敏捷或混合模式
C. 确定管理方法,包括预测、迭代、敏捷或混合模式
D. 确定配置方法,包括预测、迭代、敏捷或混合模式

参考答案:A。项目生命周期内通常有一个或多个阶段与产品、服务或成果的开发相关,这些阶段称为开发生命周期。开发生命周期可以是预测型、迭代型、增量型、适应型或混合型,故选 A。

【例4.8】 一家跨国公司的组织单位有大量的产品增强功能待办事项,这些产品增强功能暂时保留为用户故事。待批准的预算申请在上周获得批准,作为项目初始程序的一部分,项目接下来需要做的是什么？ （ ）

A. 记录项目生命周期和方法,并讨论需求
B. 为所有用户故事制订一份进度计划
C. 对所有用户故事执行风险评估
D. 根据以前相同产品的项目分配资源

参考答案:A。此题考察项目初始阶段,即项目的启动阶段。在项目立项之初需要考虑选取正确的项目开发生命周期或项目开发方法,比如是选择预测型生命周期还是敏捷适应型生命周期,是选择瀑布式开发方法还是敏捷开发方法。

【例4.9】 项目经理加入一个复杂的项目,该项目的需求不稳定且交付周期长。客户希望多个可交付成果能更快地进入市场,并且需要一些功能来提高盈利能力。项目经理应该为这个项目推荐什么方法? ( )

　　A. 瀑布式

　　B. 增量

　　C. 迭代

　　D. 敏捷

参考答案:D。此题在考开发生命周期的不同方法。敏捷方法是一种迭代周期较短的迭代加增量的方法,一般每次迭代为1~2周时间,交付一个最小可行产品(MVP)。

关于敏捷项目管理更加详尽的内容介绍,可以参考笔者的《PMP项目管理方法论与敏捷实践》一书。针对敏捷开发所产生的产品增量可以通过开发运维一体化DevOps工具链的方式部署到生产环境,获得用户对产品增量的即时反馈,从而使产品价值最终得以实现。关于DevOps和持续交付更加详尽的内容介绍,可以参考笔者的《ITIL 4 与 DevOps 服务管理认证指南》和《ITIL 与 DevOps 服务管理案例实践》两本书。

4.4　规　　划

《PMBOK® 指南》第七版第四章的第四个绩效域为规划。为了更好地使用有限资源来满足项目目标的实现,需要有效地组织项目活动、协调项目团队,并根据不断变化的市场环境做出相应的调整。要想实现这一点,需要规划绩效域的相关内容。

在项目管理全生命周期中,好的规划过程为成功地执行项目工作、创造商业价值和交付项目成果提供了必要的指导、方针和方向。在《PMBOK® 指南》第六版的十大知识领域中,每个知识领域基本上都存在与规划相关的过程,最为典型的是对范围、进度、成本进行规划,关联范围管理计划、进度管理计划和成本管理计划等相关内容。这些管理计划为后期项目执行、监控及变更控制提供了最原始的指南和方针,并为具体的项目推进工作指明了确定性的方向。先规划、再执行和监控,采取类似于戴明环的PDCA做法,对于绝大部分的项目来说,按照此方式推进项目管理工作是没有问题的。在项目执行过程中不断监控项目绩效和收集项目执行过程中的反馈,必要时对之前规划好的内容进行适应性调整,在这个类似于闭环的不断循环往复过程中最终达成项目目标。对规划工作的强调,《PMBOK® 指南》第六版和第七版都是相通的,它们都认为项目的规划工作要符合渐进明细的特点,这种渐进明细具体体现在项目被划分为不同阶段或不同迭代/冲刺周期,针对某个具体的阶段和迭代/冲刺周期,采取滚动式规划的方式把大范围工作进行细化,最终实现小版本的产品增量的持续交付。比如,在敏捷开发所涉及的某个迭代/冲刺需完成的每个用户故事大概是 2~5 d 的工作量,用户故事所关联的每个开发任务大概是 0.5~2 d 的工作量。把产品特性逐渐拆解成用户故事和开发任务就是这种项目范围渐进明细拆解的例子。

本绩效域关联的《PMBOK® 指南》第六版的章节和项目管理过程见表 4-4。

表 4-4 规划绩效域关联的《PMBOK® 指南》第六版的章节和项目管理过程汇总

章节名称	启动过程组	规划过程组	执行过程组	监控过程组	收尾过程组
项目整合管理		制订项目管理计划	指导与管理项目工作		
项目范围管理		规划范围管理 收集需求 定义范围 创建工作分解结构（WBS）		确认范围 控制范围	
项目进度管理		规划进度管理 估算活动持续时间		控制进度	
项目成本管理		规划成本管理 估算成本		控制成本	
项目质量管理		规划质量管理		控制质量	
项目资源管理		规划资源管理 估算活动资源		控制资源	
项目沟通管理		规划沟通管理		监督沟通	
项目风险管理		规划风险管理		监督风险	

续表 4-4

章节名称	启动过程组	规划过程组	执行过程组	监控过程组	收尾过程组
项目采购管理		规划采购管理		控制采购	
项目相关方管理		规划相关方参与		监督相关方参与	

与《PMBOK® 指南》第六版不同的是,第七版中的规划绩效域不仅包括项目规划过程组的规划过程,还包括规划落地过程中的具体组织和协调等相关过程。项目前期规划的目的是对项目目标的实现做到切实可行的保障。对于任何种类的项目来讲,项目目标都需要非常清晰。项目目标前期可以体现在与客户签署的合同中,也可以在确定项目立项的项目章程中,但最终要体现在项目管理计划或敏捷开发的冲刺/迭代计划中。因此对于项目的具体规划工作,我们需要采取严谨的方式来组织和进行。采用规划绩效域所描述的标准做法,可以避免由于项目失控和混乱对项目价值交付所产生的负面影响。项目规划工作也包括对项目绩效指标的设置,在测量绩效域通过收集项目实际的绩效信息与规划绩效域最初制定的指标进行对比来综合评估项目可能的实际绩效偏差。

关于规划绩效域,我们需要关注以下几个要点:

(1)在项目生命周期内始终关注价值交付。

(2)对项目进行主动式的管理。

(3)在项目初期规划可以是高层级的规划。

(4)随着项目时间的推移,项目规划工作逐渐清晰,这也符合项目渐进明细的特点。

(5)秉承敏捷的简单设计原则和精益思想,用于规划的时间需要合适,不能花太多时间,也不能由于用时太少使规划太过粗略。

每个项目都有其独特的地方和不同的需求,项目执行的环境变量也称为事业环境因素,它会影响具体的规划工作。比如,我们需要基于项目所处的实际环境来决定项目应该采取何种规划办法、规划到什么程度和什么时候规划等诸多具体问题。最常见的影响规划工作的主要变量包括:

(1)开发模式。

项目可能采用可预见式的开发模式,如瀑布式开发;也可能采用适应式的模式,如敏捷开发。类似这样的模式还有很多,这会在很大程度上影响项目的规划方式。通常互联网项目和建筑项目会采用截然不同的开发模式。

(2)交付物。

每个交付物都会有独特的需求。为了能够按照项目整体目标来交付项目所要求的交付物,我们需要采用合适的规划风格来进行交付。比如,建筑项目需要进行大量的前期规划,以便对设计、审批、材料采购、物流和交付做出说明;产品开发或高技术项目可以采用持续性和适应性的规划,以便根据干系人的反馈和技术进步进行演变和发起变更。

(3)组织结构。

不同组织有不同的文化,有的组织层级比较多,而有的则比较扁平化,这也会影响项目如何进行规划。比如,生产新能源汽车和制造芯片的高科技公司的组织架构会比劳动密集型企业扁平许多。

(4)市场条件。

不同行业千差万别,有的行业环境非常多变。比如互联网行业,可能需要适应性更强的项目规划方式,如敏捷开发适应性的迭代/冲刺计划。

(5)法律和合规。

项目规划也需要根据法律和合规的要求进行调整。对于容易踩红线的项目,需要从项目前期就对法律和合规进行比较严谨的分析与规划,从而减轻或规避项目所交付的产品由于不合规导致的风险。比如,银行、能源和交通等涉及国家安全的企业,必须保证合法合规;而对于一些新兴的行业,如直播电商和新媒体,可能由于相应的监管政策还未清晰,因此相对灵活一些,但合规风险也比较大。

规划绩效域的内容主要涵盖以下几个方面:

(1)交付规划。

规划通常始于业务分析,需要明确干系人需求以及项目或产品的范围。这与《PMBOK®指南》第六版所阐述的内容类似,项目的范围可以通过创建 WBS 的方式自上向下进行拆分,把大块且抽象的需求逐步拆分至小块且具体的需求。在敏捷开发的项目中,对优先级越高的需求,会定义得更细致;对优先级越低的需求,一般只有大概的描述,让团队更关注于对业务更加有价值的事情。

（2）估算。

规划都离不开估算，包括对项目范围、交付时间、成本和资源的估算等等。估算通常都伴随着项目规划的合理性，因此对项目非常重要。估算是否合理对项目的成败起着至关重要的作用。估算可能会在项目的不同阶段动态地变化，因此需要用不同的方法，从不同的维度来估算。

在做项目规划时，与估算相关的有以下几个非常有用的基本概念：

①偏差范围：当在信息还不是很充分的时候做估算，给出成本、时间或资源的大小，为了防止过于乐观或悲观而影响了项目交付，我们必须要考虑偏差范围。比如给出成本估算，需要强调随着估算的假设是否成立有 -15% ~ 30% 的偏差。因此在做预算的时候，需要预留相应的风险储备金来应对最坏的情况出现。

②准确度：这个概念反映了估算是否准确，在项目初期，能够掌握的信息往往不够充分，对成本、时间和资源等估算的准确度可能不够准确。而随着项目的推进，可以及时纠偏，不断提升估算的准确度，最终达到与真实值只差 -5% ~ 10% 的准确度。

③精确度：关联计量单位的大小，比如按人时的进度估算会比按人天的进度估算更加精确。精确度与准确度的概念也有相似性。偏差范围越小，精确度越高；偏差范围越大，则精确度越低。比如在项目初期，我们可能对某个事情判断是下个月的某个时间区间能完成，这个时候精确度并不高。但随着项目推进，我们可以预测具体几月几日完成，那么这个时候估算的精确度就算比较高了。

④置信水平：当我们之前做过类似项目，那么对估算的信心是比较大的，因此置信水平会比较高；而当做新领域的项目，由于缺乏经验，估算的信心不足，因此置信水平会比较低。比如做一些创新型的科研项目，很难保证项目的高成功率，因此置信水平会比较低，这时候需要采取必要的行动来帮助项目提升成功率，如做一些原型概念验证（POC），并预留相对多一些的风险储备金等。

⑤确定性估算和概率估算：确定性估算通常可以给出一个或一组数据，如项目工期计划两年完成、某个风险可能产生 10 万元的负面影响等。通常确定性估算出来的值相对真实值的偏差在 -5% ~ 10%。而概率估算则会给出概率或统计算法，如给出权重模型、给出不同权重得出的概率估算，在项目初期进行成本和时间的估算可能会采用这种概率估算方式进行估算。

⑥绝对估算和相对估算：以时间估算为例，我们给出开发的工期需要 180 d，那么这就是绝对估算。而如果我们的估算是建立在一些前置条件，比如当合同签订后，且资源到位后二十周内交付项目可交付成果，那么这就是相对估算。在实际项目中必须考虑动态的上下文，因此绝大多数情况都会使用相对估算，当前置条件或假设条件都非常清晰了，可以给出绝对估算。

⑦基于工作流的估算：在敏捷项目中，通常一个迭代周期内产出的产品增量是大致固定的。基于这个前提，我们可以对需要交付的内容计算得出需要多少个迭代周期。比如研发一个新产品，在不考虑增加项目资源来调整产出的时候，需要十个迭代周期，而一个迭代周期需要两周，因此一共需要二十周来完成新产品研发。

⑧为不确定性调整估算：估算是对还未发生的事情的估计，客观上存在不确定性，而不确定性意味着风险。因此不论对于成本还是时间等估算，估算本身都需要根据不确定的范围大小，而预留缓冲或风险储备金。

（3）进度规划。

类似于《PMBOK® 指南》第六版中进度管理过程组的相关内容，在进度规划时，需要关注工期、依赖等关键要素，并且根据规定项目范围逐步拆分到活动，根据项目资源进行活动排序等，最终形成计划。

敏捷项目管理的进度规划则非常强调自上向下的分层次的规划。规划的层次从上到下分别是愿景、产品路线图、发布、迭代和每天的站会，详见发布与迭代计划图（图4-3）。

通常每个迭代都会在固定的时间盒子（即时间周期）进行，如两周。而发布计划由产品经理确定发布的内容，这样就能算出需要多少个迭代来完成发布，假设需要五个迭代，那么整体发布的周期时间则为十周。

（4）预算规划。

《PMBOK® 指南》第六版中成本管理的相关流程在第七版依然适用。需要注意风险储备金和管理储备金的概念，二者都是为了应对未知的风险，也就是无法预期的风险。风险储备金通常是根据对风险的分析估算而来；而管理储备金则根据 PMO 或项目集、项目组合的相关规定来设置。目的都是使项目更具备"抗打击性"，从而提升项目的成功率。

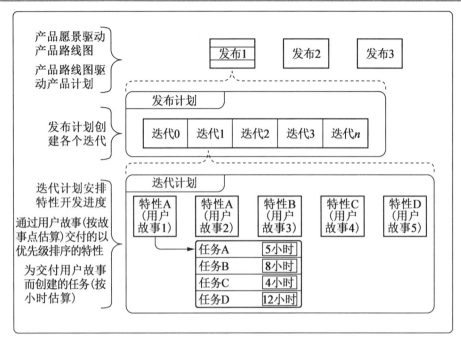

图 4-3 发布与迭代计划图

(5)沟通规划。

与《PMBOK® 指南》第六版中的规划沟通管理类似,需要在规划中回答清楚以下几个问题:

①谁需要这些信息?

②干系人(相关方)各自需要哪些信息?

③为什么需要与干系人(相关方)分享这些信息?

④最佳的信息分享方式是什么?

⑤应该在什么时候、以什么样的频率分享信息?

⑥谁有这些信息?

根据项目,可能还需要对信息进行分类,如内部还是外部信息、不可公开还是可公开信息等。

(6)物理资源规划。

物理资源指的是除了人以外的项目资源。如何有效地管理物理资源,尤其是一些稀缺的物理资源,对于许多大型项目的成功起着至关重要的作用,如高性能的服务器、海量的存储、软件采购等。

(7)采购规划。

采购相关活动会在项目的任何阶段发生,采购规划有助于项目的平稳推进。比如,当项目初步设定好之后,就需要对是否采购进行规划。规划的内容包括决定采购通过内包还是外包的方式进行,通过什么样的方式与外部资源合作,通过什么样的管理方式保证其能产出为项目带来价值的贡献等。

(8)变更规划。

变更在项目过程中无处不在,可能是因为项目的潜在风险变成了目前亟待解决的问题,或者是由于项目环境的变化,也可能是因为对项目需求有了更深入的理解,还可能是因为客户基于某种原因有了新的想法。不论如何,项目都必须有一套能快速适应变化的变更流程,能够根据最新的优先级进行工作顺序和内容的调整,只有有了体系化的变更流程,才可能在多变的环境中保持项目健康有序地推进。

(9)指标规划。

指标是用来串起规划、交付和衡量交付物的天然连接。清晰的指标可以帮助我们判断交付物是否符合项目的规划。因此在规划的时候,要清楚到底什么指标能定义项目的成败,尽量避免提出过多而缺乏实际意义的指标。需要注意的是,一些大企业往往指标设置过多,反而让项目团队更加关注指标而没有真正关注项目该交付的价值,项目经理可以给项目团队提出类似这样的问题引发思考:"增加一个指标的同时,是否可以去掉没那么重要的三个指标?"

(10)对齐(一致性)规划。

规划的活动和交付物在项目生命周期内必须自始至终方向一致,这意味着包括范围和质量的规划要与所交付的目标、预算、干系人的需求对齐。另外,对于多个关联项目的管理,还包括项目与项目之间的对齐、项目集与项目集之间的对齐。比如在互联网行业,"拉通"和"卷入"等作为项目管理者非常重要的能力,本质上也就是对齐。项目经理应当起到承上启下的作用,即承接战略并以此来推动项目落地。

对于不确定性较高的业务,以阿里巴巴公司为例,他们始终强调在以往大家共同做出的决定里,这些决定不一定每一个都是正确的,但只要在正式的场合经过充分和公正的讨论,并做出一个共同的决定,哪怕决定不完美甚至有待进一步商榷,员工也会对已经做出的决议认真执行到位。在正式的决议还没有出台前,与会的人员可以争吵甚至拍桌子,但是在会议上经过讨论并确定的决定需要每个与会人员严格执行。这种"君子和而不同"的做法俨然已经成为很多互联网公司的企业文化的一部分。

总之,在项目管理的全生命周期,我们始终需要统一不变的是变化的思想,必须做到拥抱变化和顺应潮流趋势。组织使用有限的资源,根据不断变化的市场环境做出相应的调整。项目所在组织要有"敢为天下先"的精神,拥抱变化的核心不是等到变化来临才想到改变,拥抱变化的最好方式就是能够主动地创造变化,从而更快地适应变化。

下面通过例题来具体体会规划绩效域的要点。

【例4.10】 在审查项目商业论证时,项目经理发现文档制作得很差,且未提供项目论证,项目经理应该怎么做?   (   )

　　A.启动实施整体变更控制过程

　　B.咨询变更管理计划

　　C.通知项目发起人

　　D.审查干系人管理计划

参考答案:C。商业论证是制定项目章程的输入,项目章程是由项目发起人提供给项目经理的,对于这部分内容有需要澄清的,都要找项目发起人。商业文件不是项目文件,项目经理不能改,但可以提出建议。

【例4.11】 在项目的初始阶段通过了一项新法规,这项法规有可能会影响项目的进度和预算。开始规划阶段之前,项目经理应该做什么?   (   )

　　A.执行定性风险分析

　　B.将该风险包含在项目章程中

　　C.更新风险应对计划

　　D.请求变更进度计划和预算

参考答案:B。制定项目章程属于项目的初始启动阶段,即在开始规划阶段之前。题干中提到"开始规划阶段之前"还在启动阶段,识别到外部高层级的风险,应包含在项目章程中。A、C 选项都属于规划过程组的过程,不属于初始阶段。可以理解 D 选项也在初始阶段,而项目章程内容包括总体预算,故优先选 B,次选为 D。

【例 4.12】 在新产品设计项目即将进入执行阶段时,项目经理请求高级管理层召集项目主要干系人举行一次会议,以便使各方都了解项目计划和项目目标。这个会议是下列哪项会议?   (   )

A. 项目干系人会(project stakeholder meeting)
B. 项目启动会(project initiating meeting)
C. 项目开踢会(project kick-off meeting)
D. 项目状态评审会(project status review meeting)

参考答案:C。A 选项:没有"项目干系人会议"这个很笼统的说法,虽然在启动阶段需要召开会议来识别干系人(相关方),在其他阶段也需要与干系人(相关方)召开必要的会议。B 选项:项目启动会是在启动阶段结束时召开的会议。C 选项:项目开踢会是在规划阶段结束时召开的会议,以便主要干系人(相关方)一起了解项目计划,承诺为实现项目目标而努力。D 选项:项目状态评审会是在项目执行和监控阶段召开的会议,是控制风险过程的工具。

【例 4.13】 新产品的成功取决于产品的快速交付。项目章程和范围说明书已经创建。高级管理层要求项目经理在两周内提供准确的估算。项目经理希望创建 WBS,而这项工作需要 8 d 时间,再加上两周时间才能提交估算。高级管理层建议不做 WBS,认为项目范围说明书和项目章程中包含估算所需的足够信息。若要按时提供估算,项目经理应该怎么做?
                                                                                        (   )

A. 不做 WBS 并使用历史记录,向其他经理咨询并参考专业文献
B. 向 PMO 咨询,是否允许不做 WBS
C. 使用范围说明书,因为其包含项目范围描述、项目可交付成果和制约因素
D. 创建 WBS,因为它是规划、成本、预算估算和风险分析的框架

参考答案:D。此题需关注"项目章程和范围说明书已经创建",说明项目范围已经定

义，后续工作就是分解 WBS。即便项目的进度再紧张、项目工作再简单，也要分解 WBS。因为创建 WBS 是项目范围基准的核心内容，如果项目范围基准不完整或不明确，是无法有效开展后续相应的项目执行与监控等工作的。

4.5 项目工作

《PMBOK® 指南》第七版第四章的第五个绩效域为项目工作。在项目规划绩效域中规划好的工作，可以根据项目工作绩效的内容去执行。为了能够达成项目的最终目标，在项目规划期间我们通常会根据项目所处的环境对项目所应用的具体流程、模型、方法和工件进行裁剪。即在项目的规划绩效域，项目执行组织需要根据项目所处的内部和外部环境如何影响项目及其可交付物，组织现存的成本估算和预算，以及有关的正式或非正式政策、程序和指南等来对规划工作进行裁剪。在项目工作绩效域也同样面临裁剪的可能，比如，考虑到项目执行组织的现有文化、项目自身的复杂性以及其他影响项目的因素，决定哪些管理过程在项目中最为有效，包括如何打造实用有效的知识管理流程和复杂度适中的知识管理数据库，以利于当下项目的经验的收集和整理，以及组织其他项目的检索和引用。诸如此类的常规项目工作的详细程度需要由项目经理、项目团队成员及干系人（相关方）一起根据项目所面临的具体情况进行裁剪，从而以最为适合的方式切入时下的项目工作。项目工作绩效域为促使采取积极的管理方式来管理项目资源和开展行之有效的项目工作提供了必要的指南。

项目工作绩效域所涉及的主要范畴如下：
（1）确定项目所使用的项目管理信息系统（PMIS）。
（2）建立有效的流程，并依据流程对项目进行实际管理。
（3）流程管理的范畴包括（但不限于）管理项目团队和实物资源，管理采购和合同，管理干系人（相关方）及沟通。
（4）建立学习型组织并鼓励知识分享。

以上项目工作绩效所涉及的内容主要与《PMBOK® 指南》第六版中的执行过程组和监控过程组的相关过程关联。

本绩效域关联的《PMBOK® 指南》第六版的章节和项目管理过程见表 4-5。

第4章 项目管理的绩效域

表4-5 项目工作绩效域关联的《PMBOK® 指南》第六版的章节和项目管理过程汇总

章节名称	启动过程组	规划过程组	执行过程组	监控过程组	收尾过程组
项目整合管理			管理项目知识	监控项目工作 实施整体变更控制	
项目资源管理			获取资源 建设团队 管理团队	控制资源	
项目沟通管理			管理沟通	监督沟通	
项目采购管理				控制采购	
项目相关方管理				监督相关方参与	

项目工作绩效域的工作主要关联执行过程组和监控过程组的内容,但是项目工作绩效不止作用在以上两个过程组内,其应该贯穿于项目全生命周期的始终。

针对项目工作绩效域,我们重点对以下几个关键点进行具体说明:

(1)项目流程建立。

为达到项目目标,项目经理和项目团队需要建立相应的项目流程。根据项目的特点,对标准的流程和方法进行裁剪,匹配项目的实际情况。除了建立项目流程和方法,还需要在项目生命周期内管理这些流程和方法的执行效果和效率。

流程的裁剪也非一蹴而就,通常项目完成一个里程碑,或完成一次迭代,项目经理应该组织回顾会进行复盘,与团队一起思考有哪些地方做得好,哪些地方还可以提升。通过这些反馈来持续裁剪或调整项目流程,确保针对项目团队资源的投入都能转化为项目价值。

(2)平衡项目约束。

不同的干系人会从不同的角度看问题,对项目目标的不一致也会产生制约因素。比如,有些甲方干系人认为项目所交付的范围越大越好,乙方的高层需要考虑项目给组织带来的实际收益。不同的干系人对项目目标的理解不同,导致项目存在各种各样的制约。如何在项目周期内持续地平衡好这些制约因素,对干系人的满意度能否达成至关重要。

(3)维护项目团队关注度。

为了创造出项目的价值,项目经理需要在项目周期内让项目团队保持一定的关注度,也需要以仆人式领导的方式对团队成员进行激励。项目经理作为承接战略非常重要的一环，也是对接项目关键干系人的沟通桥梁，是可以通过影响项目团队关注度来最大化项目价值交付并让项目关键干系人充分了解需要提供的支持。比如有的公司，项目经理每个月或每个季度会组织项目冲刺，通过这种手段来提振所有项目干系人的士气，并聚焦于两三个小目标，这样能够大大提升项目的成功率。

(4)项目沟通和参与。

沟通在任何项目中都是非常关键的，项目经理可以使用一些标准流程和方法进行有效的沟通，并保证干系人合理地参与项目。对项目信息的分析和对干系人的分析，以及这二者之间的匹配，对于建立起良好的沟通都是十分关键的。

(5)管理项目资源。

一般项目需要大量的资源，如何有效使用和减少资源的浪费，对于项目的成功起着举足轻重的作用。基于精益生产，有以下四个需要关注的重点：

①减少或消除不必要的物料库存。

②消除物料的等待时间。

③最小化资源的浪费。

④确保安全的工作环境。

这与管理一家企业是非常类似的。在当下竞争激烈的环境中，供应链做得高效，成本又比较低的，往往在市场上能够击败竞争者。低效运作的企业或项目是不会得到市场和资本青睐的。对于项目管理这点起着举足轻重的作用。

(6)采购项目工作。

如何更加敏捷地管理采购也是项目经理需要持续思考的重点之一。在精细化分工的今天，构建健康的合作生态，良好的供应商数量和质量是非常重要的。从项目管理来看，合理合规的招投标流程，公平可执行可衡量的采购工作说明书(SOW)，对于知识密集型的项目交付的可持续发展起着关键作用。

(7)监控新的工作和变更。

根据项目所采用的开发方法，对新的工作和变更进行管理。对于敏捷项目而言，可以通过待办事项列表来管理需求的变更，并根据业务的重要程度对纳入列表中的待办事项进行优先级排序。而对于以瀑布式开发方式推进的项目，则需要采取比较严谨的变更控制流程来保证项目处于可控的范围。

(8) 在项目过程中持续学习。

项目团队需要持续地在项目过程中不断学习,并且思考如何让自己在未来变得更好和更专业,最终让项目交付的结果更有价值。对于高科技公司或互联网公司,PMO 或项目管理部门往往还背负着建设学习型组织的使命,通过分享会、复盘会、回顾会、知识维基百科等各种各样的方式,鼓励项目团队各个角色不断学习,包括从项目复盘中学习,也包括学习新的方法和行业的新知识。在学习型组织,项目实践是最能帮团队成长的非常宝贵的机会。

项目工作绩效域的核心思想是项目要做正确的事和秉承把事情做正确的原则。做正确的事是指要始终坚持价值交付。组织和流程可能会有各种关键绩效指标(KPI)的绩效压力,但如果只是为了满足 KPI 而做事,就会有流于形式之嫌,很难真正确保项目的价值交付。项目工作的核心要点是找到正确的做事方法,通过不断地快速学习和正向的影响,共同促成项目达成预期的结果。

下面通过例题来具体体会项目工作绩效域的要点。

【例 4.14】 在一个综合系统部署两周后,一份报告揭露了团队达成绩效目标的问题,这个问题貌似已经解决。但是项目经理知道这个问题将在未来继续发生,除非团队立即采取措施,项目经理应该提出哪类变更请求? ( )

A. 预防措施

B. 纠正措施

C. 缺陷补救

D. 更新

参考答案:B。题干中说问题当前已经存在,虽然表面上看是解决了,但是未来还会发生,说明问题并没有从根本上解决,所以需要纠正措施从现在开始解决问题。

【例 4.15】 项目经理正在执行项目管理,他考虑使用最有效的工具来分享知识。团队中的知识管理专家表示,并非所有提议的工具都符合分享的目的,以下哪项描述是适合的? ( )

A. 信息管理适用于简单明确的知识分享

B. 知识管理适用于简单明确的知识分享

C. 专家判断适用于简单明确的知识分享

D. 信息管理和知识管理都不适用于简单明确的知识分享

参考答案：A。知识管理工具和技术将员工联系起来，使他们能够合作生成新知识、分享隐性知识，以及集成不同团队成员所拥有的知识。信息管理工具和技术用于创建人们与知识之间的联系，可以有效促进简单、明确的显性知识的分享。

【例4.16】 质量部门提交一个变更请求，请求引入新的测试结果跟踪系统，该变更请求已经被变更过程控制流程拒绝，项目经理下一步应该怎么做？ （　　）

A. 将其记录在变更日志中

B. 评审其对项目进度和成本的影响

C. 要求质量部门经理取消该变更请求

D. 通知相关干系人

参考答案：A。变更日志是记录变更审批情况的项目文件。变更请求无论最终审批与否，都需要把最终的申请状态更新到变更日志中。

【例4.17】 公司即将进行一个项目的招标工作。该项目的范围定义很不清晰，公司又想尽量降低财务风险，应该选用哪种合同类型？ （　　）

A. 工料合同

B. 成本加固定费用合同

C. 固定价格合同

D. 成本加激励费用合同

参考答案：D。此题关联项目各个合同类型的区别，成本加激励费用合同通过分摊比例、必要的奖励和惩罚来促进甲方和乙方利益的一致性，促使乙方帮助甲方省钱。

【例4.18】 项目经理正在规划一个大型采购活动，希望在提交建议书之前与所有潜在供应商沟通。项目经理使用什么工具或技术？ （　　）

A. 投标人会议

B. 卖方投标分析
C. 自制或外购分析
D. 采购审计

答案:A。此题描述的过程属于实施采购过程,要与所有潜在卖方沟通澄清信息是工具投标人会议完成的。投标人会议(又称承包商会议、供应商会议或投标前会议)是在卖方提交建议书之前,在买方和潜在卖方之间召开的会议,其目的是确保所有潜在投标人对采购要求都有清楚且一致的理解,并确保没有任何投标人会得到特别优待。

4.6 交　　付

《PMBOK® 指南》第七版第四章的第六个绩效域为交付。当下,无论是项目管理还是服务管理,都从原先注重过程合规性和过程输出转向基于产品或项目最终可交付成果的价值交付和价值的最终达成。第七版中也创造性地提出价值交付系统这一全新的理念,即从系统层面的顶层设计来建立、维持和推进项目所带来的价值交付。

项目交付绩效域涉及与交付项目要实现的范围和质量知识领域相关的活动,所以本绩效域关联的《PMBOK® 指南》第六版的章节主要集中在项目范围管理和项目质量管理,具体的项目管理过程见表4-6。

表4-6　交付绩效域关联的《PMBOK® 指南》第六版的章节和项目管理过程汇总

章节名称	启动过程组	规划过程组	执行过程组	监控过程组	收尾过程组
项目范围管理		规划范围管理 收集需求 定义范围 创建WBS		确认范围 控制范围	
项目质量管理		规划质量管理	管理质量	控制质量	

项目是战略落地的手段,这也预示着项目目标要与项目所在的执行组织的战略目标相

一致。项目具体支持战略落地和战略所关联的商业目标的达成。项目交付则聚焦于满足业务和用户需求,项目范围的交付符合质量的预期,产生预期的可交付物,以推动项目可交付成果的价值达成。

谈到项目需求,我们首先会想到在《PMBOK® 指南》第六版的范围管理中收集需求过程产生的需求文件,也就是需求规格说明书。在需求文件中会列出可能的业务需求、相关方需求和解决方案需求等。项目团队成员一般对解决方案需求的把握比较充分。解决方案需求是为满足业务需求和相关方需求,产品、服务或成果必须具备的特性和功能等。解决方案需求又进一步分为功能需求和非功能需求。功能需求用以描述产品应具备的功能,如产品应该执行的行动、流程、数据和交互等。非功能需求是对功能需求的补充,是项目所交付产品正常运行时所需的环境条件或质量要求,如产品需满足多国语言和多个网页浏览器的支持以及产品的可用性、可靠性、性能和安全性等。对于诸多非功能性需求指标的要求,往往会写入针对产品在生产环境运行的服务级别(水平)需求,最终写入对应产品运维的服务级别协议(SLA)文档中。服务级别协议可以认为是产品交付的乙方驻场到甲方现场实施产品运维时与甲方签署的运维外包合同。

业务需求是项目需要满足项目执行组织的高层级需要。比如,解决业务问题或抓住业务机会,以及实现商业论证的投资回报(ROI)和效益管理(收益实现)计划所提到的预期收益。项目的商业论证是指文档化的经济可行性研究报告,用来对所选项目的收益进行有效性论证,是组织具体启动项目的依据。项目的收益实现计划是为了描述项目实现效益的方式和时间,具体明确效益责任人和实现效益的时限。我们通过效益管理计划来制定项目交付所带来的经济效益的可能衡量机制和完成时限。

谈到项目交付的完成就不得不提到验收标准,验收标准不仅体现在项目范围说明书中,经创建 WBS 过程分解的工作包也包含具体的验收标准。《PMBOK® 指南》第七版提及针对工作包的分解程度应该恰当,即符合 SMART 原则——目标要具体不可抽象模糊,并且目标要可量化、可衡量和可达成。在敏捷项目管理中更加强调定义完成(DoD)的概念。我们可以把 DoD 理解为在整个项目价值交付过程中一个环节转到下一个环节的准出标准。比如,软件研发人员需要符合什么样的 DoD 标准才可以把已经完成的开发代码交付给测试人员去做测试。答案是研发人员在针对其所交付的产品增量代码执行完充分的单元测试和回归测试之后,在没有发现明显代码错误的情况下才可以转给测试人员继续完成代码的组合和系

第4章 项目管理的绩效域

统测试。DoD还可以表现为敏捷开发针对某次冲刺或迭代的准出标准。

迭代准出标准所对应的DoD的样例如下：

（1）产品待办事项列表（product backlog）或产品需求文档（PRD）及界面原型已经准备就绪，并提前同步给相关团队全员。

（2）已经完成内部的代码评审（code review），即所有新增代码得到人工评审。

（3）所有完成的用户故事都有对应的测试用例。

（4）内建质量，开发人员需要充分做单元测试，或基于持续集成软件，在开发人员每天提交增量代码时触发自动化的单元测试和回归测试。确保测试通过后再转给测试团队进行组合测试和系统测试。

（5）已经完成针对用户界面和用户交互场景在内的所有功能性需求的开发和测试。

（6）针对每个用户故事，已经全面执行针对具体功能的非功能性需求（包括系统可用性、性能、容量和安全性）的测试。

（7）所有完成的用户故事得到产品负责人的验证。

项目交付不仅是范围和需求的内容，还包括质量内容。范围和需求更多地聚焦于需要交付的内容，而质量则聚焦于需要达到的绩效水平。质量需求可能会反映在完成标准、完成的定义、范围工作说明书或需求文件中，也就是DoD的相关内容。质量管理的基本思想是质量是规划出来的而不是检查出来的，即预防胜于检查。需要基于质量成本（COQ）的管理思想，在有限地增加一致性成本的情况下大量地降低非一致性成本。一致性成本包括预防成本和评估成本，非一致性成本包括内部失败成本和外部失败成本。预防成本的产生是为了防止产品出现缺陷和失败，即预防成本的应用有时可避免质量问题。预防成本与质量管理体系的设计、实施和维护相关。最典型的预防成本是质量规划的成本，以有效制订符合质量要求的生产和运营的计划。另外，管理质量或实施质量保证的相关评估活动也属于一致性成本即评估成本。评估成本是为了确定对质量要求的符合程度所做的工作而引发的成本。评估成本主要关联与质量有关的测量和监督活动，评估的范围可以是拟采购的材料和当前正在执行的流程活动及相关产出物，如对现有供应商的采购管理流程的评估，以确保它们符合既定的质量规范，并关联质量审计对不合规的内容开具质量缺陷的整改单（data sheet）。

预防胜于检查，发现缺陷的时间越晚，纠正缺陷的成本就越高。这是因为设计和开发工作通常已经基于有缺陷的组件进行。此外，随着生命周期的进展，项目活动的调整成本有所增加,因为更多的干系人会受到影响。变更成本曲线可以描述这种现象,如图4-4所示。

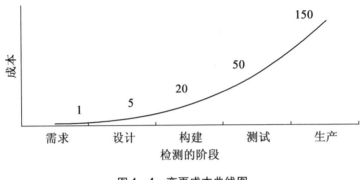

图4-4 变更成本曲线图

图4-4的变更成本曲线图来自软件工程教授贝姆的《软件工程经济学》一书,相关论述如下:"平均而言,如果在需求阶段修正一个错误的代价是1,那么在设计阶段发现并修正该错误的代价将是3~6倍,在编程阶段才发现该错误的代价是10倍,在内部测试阶段则会变为20~40倍,在外部测试阶段则是30~70倍,而到了产品发布出去时,这个数字就会高达40~1 000倍。"

以上论述充分体现了精益思想的内建质量(build in quality),这与敏捷开发的DoD思想具有高度一致性。也就是在整个软件开发的价值流交付过程中,在一个环节活动(如需求分析)符合DoD标准后才可以转到下一个环节活动(如软件架构设计)。每个环节活动都需要关联可能的测量和验收标准,或者DoD标准。

项目活动的完成标准关联项目测量绩效域的相关指标设置。项目需要考虑测量绩效的达成才可以度量项目的交付价值是否最终达成。故而项目交付绩效域与项目测量绩效域有着紧密的联系。我们通过对合理测量指标的度量来确保项目价值最终得以实现。

第4章 项目管理的绩效域

4.7 测　　量

《PMBOK® 指南》第七版第四章的第七个绩效域为测量。测量有时也称为度量。测量或度量的价值不在于简单地收集和传播数据，而在于项目经理与团队成员如何使用这些数据，并指导在日常的项目管理过程中依据测量而采取的必要和正确的项目行动。虽然测量绩效域的大部分内容涉及的是如何捕获各种类型的项目测量指标的成功达成或绩效偏差情况，但是对这些测量绩效指标的使用却是在其他的绩效域中才会深刻发生的。比如，项目经理和团队成员以及关键干系人针对项目工作绩效域的相关工作内容会结合当下项目测量绩效指标的偏差来进一步讨论和后期协调修订具体的项目工作。项目测量绩效指标也称为测量基准，这些基准是在规划绩效域确定的，在测量绩效域去度量基准的执行偏差，在交付绩效域去度量所交付的工作与最初计划的符合度。也就是说，测量绩效域的测量结果被用来评估交付绩效域所完成的工作在多大程度上符合规划绩效域确定的质量目标。如果交付绩效域所完成的可交付成果不符合规划绩效域确定的质量目标，那么测量绩效域就可能发起针对此绩效偏差的纠正措施，并配合必要的变更管理的流程操作。针对项目交付绩效域所产生的偏差情况，项目工作绩效域也会有产生类似绩效偏差的场景。由此可知，在项目的日常管理过程中，项目测量绩效域、项目交付绩效域和项目工作绩效域是相互配合和紧密协作的关系。比如，拥有关于项目工作绩效域的及时和准确信息，可使项目团队能够了解并确定采取哪些措施来解决与预期绩效相比的偏差，从而更加精准地执行项目工作绩效域的相关工作。另外，规划绩效域、项目工作绩效域、交付绩效域和测量绩效域也是彼此紧密关联的，在实际项目中如何把各个绩效域进行有序的关联也体现出项目经理的整合能力。整合能力是项目经理的岗位核心能力，这种整合能力从以前对《PMBOK® 指南》第六版的十大知识领域的整合，转变为对《PMBOK® 指南》第七版的八大绩效域的整合。在十大知识领域中我们所熟知的是范围知识领域、进度知识领域、成本知识领域和质量知识领域。而测量绩效域也会引用《PMBOK® 指南》第六版的成本管理中挣值管理（EVM）的很多绩效指标，如进度偏差（SV）、成本偏差（CV）、进度绩效指数（SPI）和成本绩效指数（CPI），以及针对项目可交付成果的技术绩效测量指标。技术绩效测量指标一般包括重量、处理时间、缺陷数量和储存容量等。

项目测量绩效域涉及项目进度管理的适应型生命周期指标(如前置时间)、项目成本管理的挣值管理、项目质量管理的质量度量指标和项目风险管理的技术绩效分析的相关活动等。所以本绩效域关联的《PMBOK® 指南》第六版的章节主要集中在项目进度管理、项目成本管理、项目质量管理和项目风险管理,具体的项目管理过程见表4-7。

表4-7　测量绩效域关联的《PMBOK® 指南》第六版的章节和项目管理过程汇总

章节名称	启动过程组	规划过程组	执行过程组	监控过程组	收尾过程组
项目进度管理		规划进度管理 定义活动 排列活动顺序 估算活动持续时间 制订进度计划		控制进度	
项目成本管理		规划成本管理 估算成本 制定预算		控制成本	
项目质量管理		规划质量管理	管理质量	控制质量	
项目风险管理		规划风险管理 识别风险 实施定性风险分析 实施定量风险分析 规划风险应对	实施风险应对	监督风险	

"现代管理学之父"德鲁克指出:"凡事不能度量它,就不能有效的管理它。"有效的衡量指标,也符合项目目标的SMART原则中可衡量的范畴。《PMBOK® 指南》第七版在测量绩效域对SMART原则进行进一步诠释如下:

SMART这个首字母缩略词中各个字母所代表的含义可以有所不同。SMART中的S被解读为目标要具体(specific),不可抽象模糊。M解读为"可测量"(measurable)或"有意义"

（meaningful）。A 解读为"同意"（agreed to）或"可实现"（achievable）。R 解读为"切合实际"（realistic）、"合理"（reasonable）或"具有相关性"（relevant）。T 解读为"有时限"（time-bound）或"及时"（timely）。

（1）具体的：针对要测量的内容，测量指标是具体的。示例包括缺陷数量、已修复的缺陷占当月发生缺陷的比例或修复缺陷平均花费的时间，即平均故障恢复时间（MTTR）。

（2）有意义的：测量指标应与衡量项目是否成功的商业论证所列出的具体成功标准相吻合。与项目成功标准无关的测试目标对项目绩效的评价没有任何指导意见。在商业论证中用于评价项目成功标准的科学计算公式通常包括投资回报率（ROI）、净现值（NPV）和内部报酬率（IRR）等，这些公式所得出的测量结果对项目的绩效评价颇有指导意义。

（3）可实现的：在人员、技术和环境既定的情况下，目标是可以实现的。

（4）具有相关性：测量指标应该具有相关性。测量指标提供的信息应能带来价值，并考虑到具有实际价值的信息。比如，在项目效益管理（收益实现）计划中明确效益责任人和实现效益的时限，可以基于项目效益管理（收益实现）计划来度量价值是否真正实现。

（5）及时的：有用的测量指标具有及时性。旧信息不如新信息有用，业务市场的前瞻性信息的捕获（如新兴趋势）可以帮助项目团队改变方向并做出更好的决策。

通过以上对 SMART 原则的全新诠释，我们可以看到项目测量的关注点不仅仅是项目交付的过程质量（如实地按之前确定好的范围、进度和成本基准交付），也不仅仅关注项目所交付产品本身的质量，测量绩效域更加关注项目所交付产品是否真正给项目执行组织带来应有的商业价值。项目执行组织的高层如项目组合经理更加希望在测量绩效域包含涉及项目完成后如何测试项目成功的测量指标，比如项目是否交付了预期成果和收益；项目成果是否提高了客户满意度或降低了组织所产出的单个产品的单位成本；项目所交付的产品或成果对组织的商业价值指标，如市场份额增加和利润增加等。

对于新兴的科技公司或互联网公司，甚至连团队的价值观都纳入项目测量的关注点。以阿里巴巴为例，他们认为价值观不应该只挂在墙上，也不只是喊出来的口号，而是应该印在心里。要想做到这一点，价值观的考核就是关键。价值观也要经过不断考核，不断纠偏，不断评审。从阿里巴巴诞生的第一天起，价值观考核就被纳入公司的绩效考核体系中。

每一次的测量都意味着一次全新的出发。要看做得好的地方，让它沉淀下来，帮助项目推进得更稳当；更要看不足的地方，有哪些教训是可以吸取的，有哪些经验是可复制的。每一次高质量的测量,都能帮助我们走得更远。

下面介绍一些典型的测量指标:

(1)前置时间(lead time)。

产出产品的单个开发任务从纳入需求到最终交付的整个流程所需的时间。

(2)周期时间(cycle time)。

表明项目团队从着手执行此开发任务到任务最终完成所需的时间量。周期时间越短,项目团队越富有成效。如果工作用时相对稳定,那么就可以更好地预测未来的工作速度。在敏捷开发过程中,前置时间通常是周期时间加上开发任务需要排队处理的等待时间。

(3)在制品(work in progress)。

表明任何特定时间正在处理的工作事项的数量,它用于帮助项目团队将正在进行的工作事项的数量限制在可管理的规模。在制品的应用在敏捷开发团队非常普遍,敏捷强调团队成员需要保持有节奏的工作状态,不鼓励团队加班完成任务,要限制在制品的数量。为了达成这一目标,每个冲刺或迭代所承诺的工作量由团队成员自行决定,而不是由产品经理或高层领导强制分派的。因为如果某一时间点同时有大量的工作涌入,超出团队整体的处理速率,这只能表示任务的积压和延迟,而不是工作努力的表征。

限制在制品的具体做法通常是应用看板或任务板得以实现。一般在看板上列出研发团队成员的特定任务,如开发、测试和系统上线等,每个任务为一列。为了限制在制品,看板会标出每列同时开展的最大工作量上限,即在制品的数量不能超过这个上限,每列并行工作都不能超过这个上限。比如开发那列在看板中的上限是5,在开发那列同时最多只能允许有5个开发任务并行处理。

【例4.19】 项目经理收到开发流程进展不顺利的更新。有些团队成员不能开始他们的工作,因为开发交付延迟。开发的看板显示如下内容:

第4章 项目管理的绩效域

新需求	选定的任务	开发	测试	写文档	已完成状态
□	□	□	□	□	□
□	□	□	□		□
□	□	□	2		
□	□	□			
	4	5	5		

当项目经理查看看板和在制品时，发现了一个瓶颈。在看板中哪列标题需要额外的资源来缓解当下的瓶颈？ （　　）

A. 新需求

B. 选定的任务

C. 开发

D. 测试

E. 写文档

F. 已完成状态

参考答案：D。此题在考敏捷限制在制品的概念。通过看板可以看到，只有标题为测试的列是在制品数量限制为2，当前正在执行的测试数量也为2。其他列中同时并发的数量都小于在制品数量限制要求，说明目前测试工作是一个瓶颈，项目经理考虑需要额外的资源来缓解测试可能造成的瓶颈。

(4) 利特尔法则。

关于开发产品的前置时间与在制品关系的简单数学公式，由麻省理工学院斯隆管理学院的利特尔教授于1961年提出。具体的数学公式表达如下：

$$平均吞吐量 = 在制品/前置时间$$

在敏捷开发领域，平均吞吐量为稳定的研发团队每次冲刺或迭代中的固定工作产出。在工作量产出一定的情况下，在制品和前置时间是呈正比的关系，所以要想缩小产品交付的前置时间，就需要限制在制品。限制在制品的思想来自敏捷开发的12条原则之一——有节奏的开发。敏捷项目管理强调工作不是做得越多越好，要停止启动，聚焦完成。

(5) 净推荐值（NPS）。

用以测量干系人（通常是客户）愿意向他人推荐产品或服务的程度。它的测量区间为 -100~100。高净推荐值不仅测量对品牌、产品或服务的满意度，还是客户忠诚度的指标。

(6) 平衡计分卡（balanced scorecard）。

建立实现基于战略导向的组织级的绩效管理系统，从而保证组织战略得到有效执行。平衡计分卡中的平衡是指对战略执行的绩效可以从财务、客户、内部流程运营、学习与成长等四个维度的衡量指标去度量。《PMBOK® 指南》第七版特别强调把项目团队成员的学习与成长作为测量指标，因为高绩效的团队是为组织创造商业价值并实现项目目标和绩效目标的资源和能力保障。

下面对平衡记分卡进行进一步解读。

①在财务方面。财务绩效指标是一般企业常用于绩效评估的传统指标，它显示出企业的战略及其实施和执行是否正在为最终经营结果（如利润）的改善做出贡献。财务目标通常与获利能力有关，如快速的销货成长量或产生现金流量等，而衡量标准往往是营业收入、资本运用报酬率、成本节约和附加经济价值（economic value added, EVA）等。但是，不是所有的长期策略都能很快产生短期的财务盈利。非财务性绩效指标（如质量、生产时间、生产率和新产品等）的改善和提高可以看成是财务绩效指标达成的一种手段。

②在客户方面。客户是企业获利的主要来源。因此，满足客户的需求便成为企业追求的目标。企业的使命或战略需要被诠释为与客户相关的具体目标和要点。企业应以目标客户和目标市场为导向，专注于是否满足核心客户需求，而不是企图满足所有客户的偏好。客户最关心的有五个方面：时间、质量、性能、服务和成本。企业要树立自身清晰的价值主张，力图在这五个方面达成客户的期望，具体的绩效指标包括市场份额、客户满意度、顾客延续率、老客户挽留率、新客户获得率（新顾客争取率）和顾客获利率等。

③在内部流程运营方面。衡量那些与股东和客户目标息息相关的流程。内部运营绩效考核应以对客户满意度和实现财务目标影响最大的业务流程为核心。企业自身应当做价值链分析，改善已有的旧的运营流程以达到满足财务及客户方面的目标，一般包括创新、运营及售后服务三部分。企业需要以创造性的产品或服务满足客户需求，并且通过不断优化运营和售后服务流程以持续满足客户和股东的期望，具体的绩效指标包括短期的现有业务流程的改善、长远的产品或服务的革新等。丰田的精益生产、摩托罗拉的六西格玛和IT治理

第4章 项目管理的绩效域

框架COBIT为企业不断地精益改进提供了全面的理论支撑。

④在学习与成长方面。主要着重于企业员工绩效的衡量,员工成长相当于企业的无形资产,有助于企业的长远发展。学习与成长方面是平衡计分卡其他三个方面的支撑,是企业获得卓越成果的动力。面对激烈的全球竞争,企业今天的技术和能力已无法确保其实现未来的业务目标。削减对企业学习与成长能力的投资虽然能在短期内增加财务收入,但由此造成的不利影响将在未来对企业带来沉重打击。具体的绩效指标包括员工满意度、员工离职率、员工的技能水平、信息系统的管理能力和培训预算等。

除了以上典型指标,测量指标还包括延迟成本(CoD)、完工尚需绩效指数(TCPI)和完工估算(EAC)等。在选择合理的测量指标同时需要考虑所谓的测试陷阱,如霍桑效应(Hawthorne Effect)和虚荣指标(vanity metric)等。霍桑效应指出,测量某种事物的行动会对行为产生影响。因此在制定度量指标时要慎重。比如仅测量项目团队可交付物的输出,会鼓励项目团队专注于创建更多数量的可交付物,而不是专注于提供更高客户满意度的可交付物。最典型的是在软件研发领域,如果我们用每天产生的代码行数来做测量指标,开发人员就会有意无意地多提交不精练的冗余代码。虚荣指标是指那些似乎会显示某些结果但不提供决策所需的有用信息的测量指标。比如,测量网站的页面访问量不如测量新访问者的数量更有用。

显示有关度量指标的大量信息的常见方法是仪表盘。仪表盘通常以电子方式收集信息并生成描述状态的图表。仪表盘提供高层级数据概要,并允许对起作用的数据进行深入分析。仪表盘通常包括以信号灯图、横道图、饼状图和控制图显示的信息。对于超出既定临界值的任何测量指标,都可以使用文本解释。图4-5是《PMBOK®指南》第七版中的仪表盘图例。

《PMBOK®指南》第七版指出:"当不可预测的事件发生时(无论是积极事件还是消极事件),它们会影响项目绩效,从而影响项目的度量指标。……可以根据绩效度量结果启动不确定性绩效域中的活动。"即不确定的事件引发项目绩效的波动,项目经理需要有效地利用仪表盘工具对项目的实际情况进行"防微杜渐"。

· 119 ·

组织项目名称				
项目名称和高层级描述				
高管发起人			项目经理	
开始日期		结束日期	报告期间	
状态	进度	资源	预算	
关键活动	最近的成就	即将取得的关键可交付物		状态
活动1				有顾虑
活动2				在正轨
活动3				有问题
在正轨 已完成 有顾虑 有问题 已暂停 已取消 未开始				
当前的关键风险——威胁和机会；减轻		当前的关键问题——描述		

图4-5 仪表盘图例

4.8 不 确 定 性

《PMBOK® 指南》第七版第四章的第八个绩效域为不确定性。不确定性即视为一种风险,风险的标准定义是:"一旦发生,会对一个或多个项目目标产生积极或消极影响的不确定事件或条件。"不确定性也是 VUCA 时代的表征之一。

在《PMBOK® 指南》第七版中,不确定性绩效域特别强调项目所涉及的与风险和不确定性相关的活动的管控能力。这里的风险和不确定性相关的活动可以关联《PMBOK® 指南》第六版的风险管理具体过程,如规划风险管理、识别风险、实施定性风险分析、实施定量风险分析、规划风险应对、实施风险应对和监督风险过程。对这些风险管理过程的执行和管控能力,也决定了项目对特定风险的管理韧性。

本绩效域关联的《PMBOK® 指南》第六版的章节和项目管理过程见表 4-8。

表 4-8 不确定性绩效域关联的《PMBOK® 指南》第六版的章节和项目管理过程汇总

章节名称	启动过程组	规划过程组	执行过程组	监控过程组	收尾过程组
项目风险管理		规划风险管理 识别风险 实施定性风险分析 实施定量风险分析 规划风险应对	实施风险应对	监督风险	

不同的项目存在于具有不同程度的不确定性的环境中。项目经理和团队成员需要投入一定的精力去了解项目的运行环境,这里的环境包括(但不限于)技术、社会、政治、市场和经济环境等;了解在项目中多个环境变量之间的相互依赖性,采取积极探索的心态来应对项目的诸多不确定性。凡事不一定都是坏事,项目所处环境的不确定性可以具体表现为威胁和机会两个方面,项目团队可以尝试针对具体的单个风险来评估其发生的可能性和影响范围,从而对其设置合理的优先级和规划具体的应对方案。由于单个风险的优先级别在整个项目

生命周期内并不是一成不变的,项目经理和团队成员应该发起对已经识别风险的持续监督,通过风险审查会的形式对风险应对方案或措施的有效性进行持续评估、论证,并采取必要的修订。如果预测到某个风险发生的概率或影响特别大,即风险一旦发生会对项目产生难以估量的后果,项目执行组织需要规划好必要的成本和进度储备,即通过预留更多的金钱或时间来应对可能的不测发生。《PMBOK® 指南》第七版中也把"储备"定义为应对风险而预留的时间或预算。储备一般分为应急储备和管理储备。应急储备用于应对可能发生的已识别风险。管理储备是针对未知事件(如未计划的、未在范围内的工作)的预算类别,即未知-未知风险。未知-未知风险可以理解为此类风险很难识别,并且对风险发生的概率和影响也难以估量的情况,属于类似天灾人祸的范畴。

项目经理和团队成员针对这种未知-未知风险,即模糊性风险,需要保持一定的韧性。模糊性风险与 VUCA 的模糊(ambiguity)属性相关,预示着在这个时代背景下项目的不确定已经成为常态。项目所实现的目标通常是一种理想化的存在,项目经理不要过于理想地认为目标的实现会是一帆风顺的,而需要增加必要的韧性。这种韧性具体表现为对意外变化的快速适应和应对能力。当然这种韧性既适用于项目管理团队,也适用于项目所在的组织。比如在敏捷开发类项目中,如果在本轮迭代/冲刺中已经证明对产品设计的初始方法或原型是无效的,则需要项目所属成员和项目所在组织能够快速学习、适应性调整和采取必要的应对措施。

以下是针对项目风险管理,用以提高项目韧性的一些良好实践:

(1)项目风险管理的目标在于努力提高不确定性中针对机会发生的概率和(或)正向影响,降低负面威胁发生的概率和(或)负面影响,从而提高项目成功的可能性。

(2)强调尽早尽全面地识别风险,并把已经识别的风险记录到风险登记册上进行必要的跟踪,通过风险报告来阶段性地呈现风险管理的绩效状态。

(3)在风险被有效识别后,需要针对风险进行定性和定量分析。定性分析评估单个项目风险可能发生的概率和影响,定量分析是对已经识别的优先级比较高的风险或整体项目风险(关联风险敞口水平)进行量化分析。整体项目风险是不确定性对项目整体的影响,是可能面临的项目结果的正面和负面变异区间,它包括单个风险在内的所有不确定性,也就是整体项目风险是单个项目风险之和。项目经理和团队成员可以通过定量评估工具量化整体风险一旦发生可能对项目目标的影响偏差量,定量评估工具有蒙特卡罗分析、敏感性分析、决策树分析和影响图等。关于这些评估工具的具体描述,详见《PMBOK®指南》第六版的项目风险管理章节。

(4)为已经识别的单个风险和整体项目风险制订可行的应对方案,并按照既定的应对方案严格执行。如果所拟订应对方案的执行活动还没有纳入已审批通过的项目范围基准,则需在执行风险应对前提出正式书面的变更请求,走严格的变更管理流程。只有在经变更流程审批通过后才可以执行具体的应对措施。

(5)采取针对威胁和机会的正确应对措施。《PMBOK®指南》第六版和第七版针对威胁和机会的应对措施的论述基本是一致的。第七版中提到主动接受风险除了预留一定的时间或成本之外,还可以包括提前制订的在典型事件发生时触发的应急计划,如银行针对机房停电的预案和容灾系统切换的应急预案等。

(6)持续地监督风险管理过程的有效性和具体风险应对的有效性。《PMBOK®指南》第六版第十一章的监督风险过程就是通过项目监控期间生成的绩效信息,以确定:

①实施的风险应对是否有效。
②整体项目风险级别是否已改变。
③已识别单个项目风险的状态是否已改变。
④是否出现新的单个项目风险。
⑤风险管理方法是否仍然适用。
⑥项目假设条件是否仍然成立。
⑦风险管理政策和程序是否已得到遵守。
⑧成本或进度应急储备是否需要修改。
⑨项目策略是否仍然有效。

(7)在风险识别过程中还需有效地区分变异性风险和模糊性风险。变异性风险是对既定项目指标存在变异性影响的情况,比如测试发生的程序错误数多于既定阈值。模糊性是知识不足对未来把握不够导致的,比如不太了解需求或技术解决方案的要素,对项目内在的复杂性估计不足。变异性风险可通过蒙特卡罗分析加以处理,用概率分布表示偏差的可能区间。管理模糊风险可以通过专家意见、标杆对照、增量开发(敏捷方法)、原型搭建等方法来应对,关联项目韧性。

(8)除了为已知风险留出具体应对风险的成本,还要为可能的突发性风险预留合理的成本和时间。经常留意早期预警信号,以尽早识别突发性风险。针对突然发生的风险,可以通过提前预留合理的组织级管理储备、强有力的变更管理、授权明确和高绩效的团队等方式来解决。

(9)关联其他项目绩效域的协同作用。从产品或可交付物的角度看,不确定性绩效域与规划绩效域、项目工作绩效域、交付绩效域和测量绩效域相互作用。随着规划的进行,可将减少不确定性和风险的工作或活动纳入计划。这些工作或活动是在交付绩效域被有效执行的。测量绩效域可以表明随着时间的推移风险级别是否有所变化。

(10)正确的生命周期和开发方法的选择。生命周期和开发方法的选择将影响不确定性的应对方式。在范围相对稳定的预测型项目中,可以使用进度和成本中的储备来应对风险。在采用适应型方法的项目中,需求可能会演变,在系统如何互动或干系人如何反应等方面可能存在模糊性,项目团队可以调整计划,以体现对不断演变的情况的理解,如果有必要还可以使用组织级的管理储备来抵消已发生的风险的影响。

当下,很多成功的企业都秉承着"弄潮儿向涛头立,手把红旗旗不湿"的不懈奋斗原则。今天一些战略很成功的互联网公司,其实无论是他们的大部门还是小团队,都提倡正确的战略是打出来的,不是写出来的,因为他们做的事情往往是前人没有做过的事。项目只要做出了市场,满足了客户以前未曾满足的需求,做出了价值,赢得了成本效益,就实现了组织战略的预期价值。在实际工作中,这些公司在开始时只是对业务战略有大概的判断,然后不断尝试验证它,再沉淀为经验,把经验教训纳入知识库最终成为组织过程资产的一部分。企业与个人一样在其整个生命周期内不断地迎接大考,逐渐找到适合自己安身立命的价值主张。世上本没有路,勇敢尝试的企业或个人走得多了,就有了路。

 第 5 章 项目管理的典型模型

以下是针对《PMBOK® 指南》第七版第六章所提到的典型模型的案例解读。PMP 考试题目中往往涉及模型的代入,深入了解模型有助于较好地把握与项目管理体系框架相关的场景题。

5.1 组织级项目管理成熟度模型

组织级项目管理(organizational project management,OPM)是一种战略执行框架,通过应用项目管理、项目集管理、项目组合管理以及组织驱动实践,不断地以可预见的方式取得更好的绩效、更好的结果及可持续的竞争优势,从而实现组织战略。比如,组织中可以设置组织级的指导委员会、项目指导委员会和 PMO 来驱动组织的最佳实践。所以,OPM 不能简单地理解为 PMO,PMO 只是 OPM 框架中的一部分职能,即 PMO 是组织针对项目治理落地的一个职能管控部门。

项目指导委员会包括项目主管(代表业务战略的高层)、高级用户(代表产品使用方的高层)和高级供应商(代表项目实施方的高层)。项目指导委员会是确保项目成功而设置的指导和决策组织。它通过把项目管理、项目集管理和项目组合管理的原则和实践与组织驱动因素(如组织结构、组织文化、组织技术、人力资源实践)联系起来,提升组织能力,从而支持战略目标。

企业或组织的 OPM 成熟度一般分为五级,如图 5-1 所示。

成熟度在三级(第三个层次)及以上的组织一般有 PMO 这样的职能部门。PMO 主导项目管理方法论在组织中的落地,并持续不断地优化项目管理方法论和相关模板,以达到业界或行业的最优。换句话说,PMO 是通过对与项目治理相关的过程进行标准化,促进资源、方法论、工具和技术共享的一个组织的职能部门。PMP 考试所关联的项目所在的组织或企业一般都有 PMO,即在 PMP 考试场景中的项目所在组织的 OPM 级别通常是三级及以上。

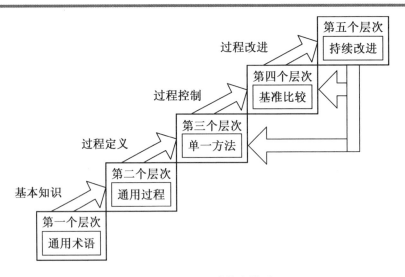

图 5-1　OPM 成熟度模型

5.2　项目优先级选择模型

在项目的初始选择时可以利用比较利益的项目优先级选择模型进行多个项目之间的横向比对。

如果项目实施组织涉及多个项目的选择计分不相伯仲,还可以通过比较利益模型,即 Q-排序(Q-sort)模型来进一步比较。比较利益模型就是根据项目的相对优点进行排序,最终决定哪个项目为首选项目。Q-排序的具体步骤如下:

第一步:为项目选择评估的参与者准备一副卡片,每张卡片上写上待选项目的名称和内容简述。

第二步:让参与者把卡片分成两堆,一堆代表优势项目,另一堆代表劣势项目。优势项目和劣势项目的数量不用相同。

第三步:让参与者从每堆卡片中抽出一些放在一堆,代表中等优势项目。

第四步:让参与者从优势卡片中抽出一些放在一堆,代表最有优势的项目;再在劣势卡片中抽出一些放在一堆,代表最劣势的项目。

第五步:让参与者考虑自己的选择,权衡每张卡片的摆放位置,直到满意为止。

5.3 项目经理能力三角模型

图5-2为适用于《PMBOK® 指南》第七版的项目经理能力三角模型。

图5-2 项目经理能力三角模型

由图5-2可以看出,项目经理除了具备基本的适用于项目管理标准过程的工作方式,还需要更多地锻炼自己的软技能和行业业务知识的把控能力。项目经理的技能要求有越来越向产品经理的技能要求转变的趋势。

项目经理通常具有的软技能统称为领导力,领导力包括影响技能。具体的领导力风格包括:放任型领导(甩手型,适用于初次担当经理、不了解管理与技术的区别的IT技术专家)、服务型领导(关注他人学习与成长,如敏捷教练)、魅力型领导(能够激励他人,说服力强)。

项目经理通常具有的权力或影响力类型包括:合法(正式)权力、奖励(奖赏)权力、强制(惩罚)权力、专家权力(不需要依靠外在力量,最高效的权力类型)、参照(潜示)权力。其中参照权力是能够获得他人的尊重、赞赏和信任的能力。参照权力也称为潜示权力,即能够借助外力的能力。

项目经理通常所需的软技能和技术实力要求见表 5-1。

表 5-1 项目经理的软技能和技术实力参照表

技能评估项	关联《PMBOK® 指南》第七版的知识内容
熟识具体实施项目的组织的业务战略、业务发展计划和业务流程的能力	1. 商业论证 2. 项目章程
持续的商业论证,使项目与战略保持一致,即项目能够使业务增加价值的能力	
洞悉影响项目的事业环境因素,体察不利的因素对项目造成风险的能力	风险登记册
制订项目计划与建设项目组织的能力	1. 项目管理计划 2. 冲突管理 3. 结构化面谈 4. 性格测评 5. 自我意识 6. 自我管理 7. 社交意识
获得相关职能经理和技术小组支持的能力	
应用沟通技巧,显示出良好的口头和书面沟通的能力	
同时具备向上(高层领导)和向下沟通(技术专家)的能力	
倾听不同的声音(积极倾听),探究并客观地评价事情的能力。积极倾听包括告知已收到、澄清与确认信息、理解,以及消除妨碍理解的障碍	
进行现实的自我评估的能力,包括了解自己的情绪、目标、动机、优势和劣势,即自我意识的能力	
控制破坏性感受和冲动并使它们改变方向的能力,即自我管理的能力。它是在采取行动之前进行思考以及暂缓仓促判断和冲动决策的能力	
体现同理心以及理解并考虑他人的感受,包括读懂非语言暗示和肢体语言的能力,即社交意识的能力	
主动责任担当的能力,尤其是项目团队成员直接犯错的时候	
为获得成功而百折不挠的个性和坚定决心的能力	
在必要时大胆尝试,有试错尝试,并具备为此付出代价的心理准备的能力	

第5章 项目管理的典型模型

续表 5-1

技能评估项	关联《PMBOK® 指南》第七版的知识内容
领导团队和针对不同团队成员的情况做到动态情景管理的能力	1. 问题日志 2. 问题解决方法论
在项目开始采取强有力的领导,随着项目的进展愿意把责任和权力委派给别人的能力	
谈判的能力,对谈判进程得心应手的能力	
解决问题的能力,愿意参与问题发现、问题解决和决策制定的能力	
成熟的判断力和现场决策的能力	
客户关系管理的能力	干系人登记册
在项目范围发生变更时,及时进行预算和进度影响分析的能力	1. 进度预测 2. 成本预测 3. 挣值分析
应用以前同类项目交付的产品或组织过程资产的能力	1. 需求文件 2. 产品分析 3. 备选方案分析 4. 面向 X 的设计
凡事考虑多种备选方案的能力	
辅助执行技术方案评估的能力	
辅助架构师设计解决方案的能力	

为了使项目经理的技能评估具有可操作性,针对以上技能要求按照以下评定标准去打分,即每项技能按照 1~5 打分,1 表示没有掌握此技能,2 表示部分掌握此技能,3 表示基本掌握此技能,4 表示在过去的一年内有明显具备此技能的实例,5 表示已经被业界或所在组织官方认为具备此技能。项目经理的技能评估需要持续测评,最少一年重新打分一次,评估各项技能是否有不同程度的提高,并根据薄弱环节制订切实可行的职业技能提升计划,做到持续精进。

5.4 塔克曼阶梯理论模型

团队协作是项目成功的关键因素,建设高效的项目团队是项目经理的主要职责之一。关于团队建设的一个重要模型是塔克曼阶梯理论,该理论把团队建设划分为五个阶段:形成、震荡、规范、成熟和解散。通常这五个阶段是按顺序递进的,如果团队成员曾经共事过,项目团队建设也可跳过某个阶段到更高阶段。然而,项目团队也可能会有停滞在某个阶段或退回到较早阶段的情况,这是项目团队常有的现象,故而项目经理要花费必要的精力在团队建设上。

形成阶段一般发生在项目团队刚刚成立,团队成员相互认识和了解,尚未开展正式工作的场景。震荡阶段一般发生在团队成员在使用有别于他人的工作方式方法时产生冲突,并影响当下工作氛围的场景。规范阶段往往发生在团队成员开始彼此适应,为此调整自己的工作习惯,并开始信任同事和相互配合的场景。成熟阶段的团队一般表现为像一个有序的团队。解散阶段一般发生在团队完成项目交付,宣告团队解散,项目团队成员被项目经理遣送回职能部门的场景。在 PMP 考试中会有题目场景选择具体的阶段,比如题目中出现"争吵"字样,选择震荡阶段;"开始协同工作,并建立信任",选择规范阶段;"像一个有序的单位",选择成熟阶段。

项目团队处在不同阶段,项目经理要采取不同的领导风格,即《PMBOK® 指南》第七版所提到的情景管理的领导能力。所谓情景管理,就是根据团队所处的阶段不同,项目经理要采取不同的领导风格。领导风格一般包括命令式领导风格(direct)、教练式领导风格(coach)、参与式(支持式)领导风格(participant)和授权式领导风格(delegation)。图 5-3 是团队建设所处的不同阶段与领导风格的映射图。

形成阶段:命令式领导风格。

震荡阶段:教练式领导风格。

规范阶段:参与式(支持式)领导风格。

成熟阶段:授权式领导风格。

解散阶段:命令式领导风格。

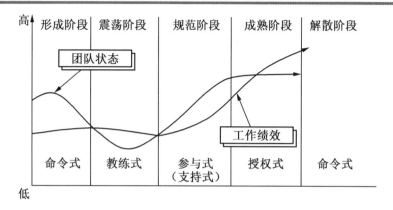

图 5-3　团队建设所处阶段与领导风格映射图

需要注意的是,如果当前项目团队属于成熟阶段,那么加入一名新团队成员,项目团队应该重新进入形成阶段。如果新团队成员参与到项目的具体工作中,并采取有别于其他团队成员的工作方式,从而造成团队的冲突,则团队进入震荡阶段。

5.5　需求排序的 KANO 模型

一般来讲,对需求的取舍可以参考一些理论依据,如著名的 KANO 模型图(图 5-4)。

KANO 模型是日本质量管理大师、东京理工大学教授狩野纪昭(Noriaki Kano)受赫茨伯格双因素理论的启发,提出的用于分析质量与用户满意度的工具。KANO 模型定义了三种类型的需求:基本型、兴奋型和期望型,并揭示了三种类型需求的实现程度与用户满意度的关系。

1. 基本型需求

在图 5-4 中最下面的一条曲线叫"基本型需求",用户认为产品必须具备这个属性或者功能。当用户的需求实现率低,即不满足用户此类需求的时候,用户非常不满意,对产品无法接受;当此类需求实现率高,即满足了用户此类需求的时候,用户会认为理所应当。类比双因素理论中的保健因素,只能消除用户不满意的负面情绪,而不能带来正面的满意度的提高。在需求池里,这类需求付出多大努力也得做,就不用参与优先级的排列了。

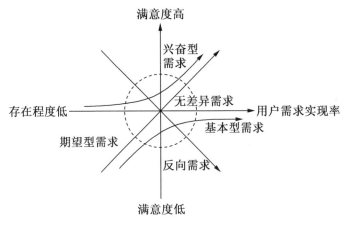

图 5-4　KANO 模型图

2. 兴奋型需求

在图 5-4 中最上面的曲线叫"兴奋型需求",也就是产品的全新功能,以前从未见过,或是一种新的机制、服务或政策等。没有的时候,用户想不到,有了以后,会给用户带来惊喜,用户忠诚度得到极大提高,这往往也会成为产品的竞争性元素,也就是所谓的卖点。比如某著名的移动营销整合平台里的"一键导入"功能,设计师使用一般的 HTML5 页面编辑器通常需要先设计和排版,再一个个图层导出到本地,然后上传至 HTML5 编辑器,进行排版和动画特效的添加。该软件创造性的"一键导入"功能可以让设计师将文件一键上传至编辑器,生成相应的 HTML5 页面,省去了一个个图层的导出、上传和重新排版的问题,节省了大约 90% 的制作时间。这类功能满足了用户的兴奋型需求,属于亮点功能。对于一般的亮点功能,通常是挑成本不太高的去实现,如果不是在大型企业的创新部门或技术研发部,花大量精力去实现一个亮点功能的成本是相当高的。此外,亮点能否真正点亮一波用户也是靠一定的运气。类比双因素理论中的"激励因素",有了这些功能用户满意度就会上升,没有这个功能,用户也不会产生不满意的负面情绪。

3. 期望型需求

处于图 5-4 中间的斜线表示期望型需求。期望型需求也叫"期望功能",这类需求属于锦上添花的需求。首先,这个产品或服务是相对比较优秀的,但不是"必须有"的。在用户调研中,用户反馈较多的也是此类需求,他们可能无法描述清楚,却是他们希望得到的,这也反映了用户调研的局限性,因为基础功能用户会觉得你肯定有,产品经理也心知肚明,亮点功能对于一般用户也很难想到,所以通过用户调研得来的这些需求通常是期望型需求。这类需求在产品中实现得越多,用户就越满意,当没有这些需求的时候,用户就不满意。

总之,基本型需求或功能一般需要产品经理的领域知识来弥补,而兴奋型需求或亮点就需要靠对用户需求、场景和人性的理解了,也就是所谓的"没有需求创造需求",探究到用户深层的需求,然后创造一个解决方案。基本型需求或功能只能消除不满,不能带来满意;兴奋型需求或亮点的重要性在于,有了亮点才有口碑,没有亮点的产品只会有人用,而不会造成口碑传播的轰动效果和用户的爆发式增长。另外,一个需求所属的类别随着生态系统的变化和行业的发展会逐渐演变,一般从亮点到期望再到基本。在如今互联网飞速发展的时代更是如此,亮点功能层出不穷,一个月前的亮点现在已没有人再提起,产品经理在评估产品机会时要做到与时俱进。

5.6　需求排序的 MoSCoW 模型

针对需求优先级排序的模型工具有很多,其中有一种叫 MoSCoW 模型。MoSCoW 模型常用于敏捷项目管理中用户故事优先级排序,它是由以下四个单词组合而成:

M——must have,即必须有的,强制实现的需求。
S——should have,即应该有的,在资源或条件允许的情况下建议实现的需求。
C——could have,即可能有的,在不影响其他功能的情况下可能实现的需求。
W——won't have this time,即希望有的,这次不会有,可以在后期考虑实现的需求。
MoSCoW 模型图如图 5-5 所示。

必须有的
must have

需求分析

可能有的
could have

应该有的
should have

希望有的
won't have this time

图 5-5 MoSCoW 模型图

另外,敏捷项目管理通常优先开发价值大、交付周期短的用户故事,这符合敏捷提到的延迟成本的概念,即同时具备价值大和交付周期短的用户的延迟成本更大,需要考虑优先交付。其实延迟成本的公式就是以用户故事所对应的价值为分子,以用户故事的交付周期为分母,所得的值就是延迟成本。敏捷项目管理优先交付延迟成本大的用户故事或特性功能。

5.7 冲突管理模型

在项目环境中,冲突是不可避免的。冲突的具体来源包括资源稀缺与资源争抢、进度优先级排序的理解不一致、工作风格的迥异等。在项目的早期,冲突通常表现为对组织内部不同项目优先级的认知不同而触发的组织内部的关键资源争夺。项目中后期的冲突则来自项目进度或成本等制约引发的冲突。项目经理要深刻地认知冲突不一定都是坏事,适当的冲突可以为项目团队成员带来新视角,如果管理得当,意见分歧还有利于提高项目团队的创造力并创造改进项目决策的契机。

应对冲突的办法可以是提前制定团队章程和基本的团队行为规范,拟订切实可行的沟通计划和岗位职责设置,从而减少冲突甚至是避免冲突。当然,项目经理也不要惧怕冲突的产生,因为成功的冲突管理可提高生产力,改进工作关系,甚至达到项目经理在项目团队内部立信和立威的目的。

冲突管理和冲突解决可以参考以下方法。

1. 合作/解决问题/面对

默认最好的选择,双赢思维。当面对具体问题和冲突时,能够做到换位思考,考虑各方的观点和意见,最后达成共识,一起致力于项目问题的最终解决。

2. 妥协/调解

双方各让一步,在一定程度上满意,有时会导致双输的局面。在发生争执之后双方各让一步,采取折中的方式,冲突双方都让步了,冲突获得了部分解决,只是双方都觉得自己亏了和输了。此解决方法属于暂时或部分解决问题。

3. 强制/强迫/命令

推行一方否决一方,赢输模式。通常出现在紧急情况,如果不尽快做出决策会造成重大损失时使用。形成一方赢一方输的局面属于强制,此方法使用后会导致团队的状态受到影响。

4. 缓和/缓解/包容

强调一致而非差异,求同存异。因为强调一致性所以并未解决冲突,只是缓和了冲突的紧张气氛。比如在发生争执后,项目经理强调冲突观点的一致性而非差异,为了注重关系和缓解矛盾,必要时做出一定的让步。

5. 撤退/避免/回避

当前不具备解决问题的条件,考虑在未来的某个时间点解决。属于暂时不解决,条件不充分或不想解决等情况。常用的做法有下次开会再讨论,等信息更明朗时再讨论和决策等。

图5-6是冲突解决与冲突当事人所处视角的对比说明的冲突管理模型图。

影响冲突解决方法选择的因素有很多,项目经理需要对解决当下冲突的紧迫性,冲突的激烈程度,涉及冲突的人员的相对权力,抑或是维持良好关系的重要性等多重因素进行综合考虑,最终确定冲突解决的恰当方法。

除此之外,项目经理在处理冲突和进行冲突升级时应该按照一定的顺序。冲突处理是可以按照标准的步骤执行的,即所谓的冲突处理模型。

(1)当发生冲突时,首先要求当事人自行解决,项目经理可以不在第一时间参与。

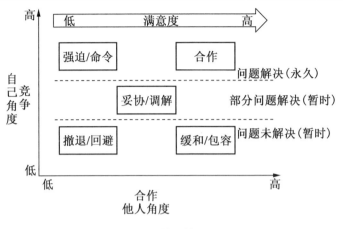

图 5-6 冲突管理模型图

(2)当冲突升级,冲突双方无法自行解决时,项目经理应尽快介入,采取协助和配合的手段、非正式口头的沟通方式。

(3)当项目经理介入后仍然无法解决,可以考虑引入相关职能经理,做到必要的升级,共同协商解决。

(4)当上述手段都不能解决问题时,采用必要的惩罚措施。

在 PMP 考题中也会有类似的题目,如团队成员之间发生冲突,项目经理应首先做什么?理论上应该由冲突双方自行解决,无法自行解决时,项目经理出面解决。先单独会见每个涉及冲突的团队成员,以非正式口头的方式了解冲突原因,再试图约双方一起会谈解决冲突。如果仍然无法解决,则引入双方的上级即职能经理去解决。

5.8 推论阶梯模型

在日常工作或生活中,之所以有那么多冲突,是因为很多人基于过去既有的经验和知识去判断是非,并且出于对自我认知的保护,很难认同别人的观点。

推论阶梯模型清楚地阐述了项目所涉及的干系人对同一件事情的认知局限性。该模型通常用一个影响力梯子来表述,图 5-7 就是推论阶梯模型图。

这个模型描述了一个人为什么会选择性地看到自己想看到的,并对自己选择看到的内容赋予更多的含义和假设,说明有选择地相信某事物是很多人认知的局限性。这也是为什么人们对同一件事情会持有不同观点的了。

图 5-7 推论阶梯模型图

人们会下意识、不自觉地根据自己固有的经验和认知,选择性地看到一些事实,再给这些事实赋予某种意义,并给出解释。基于相应的解释给出自己的猜想,并得出结论。再根据得出的结论,进一步加持原本的认知与信念,从而采取他们认为正确的行动。而不同人由于以往经验和认知的差距,会抱有不同的信念,其采取的行动也大相径庭。

人们在交流的过程中,由于不同的认知和信念,彼此发生冲突的场景将会是常态。这时我们要暂悬假设。思想家伯姆在其著作《论对话》中指出:"暂悬假设,你既不会用它们(假设),也不会抑制它们。你不相信它们,也没有不相信它们;你不会说它们是好是坏……你也可能会认为它悬在你面前,你可以看到它——就像镜子在反射一样。通过这种方式,你可以看到一些原本不会看到的事情。"

暂悬可以理解为去看到自己的假设,不要去评判它,停止基于假设会去做的判断、决定、行动。暂悬好比是人们在"推论阶梯模型"中按了暂停键,保证自己不会向上爬梯太快,即快速地得出错误的结论。还有一种"下梯子"的方法就是探询(图 5-8)。通过探询去看到自己或者别人背后的假设、信念是什么,帮助自己不要立刻做出反应,从而回到"暂悬"的初衷。

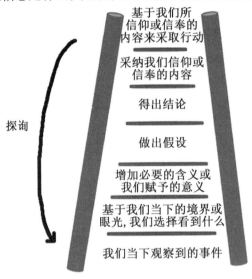

图 5-8 有探询标注的推论阶梯模型图

管理者要认识到这种推论阶梯模型,并以伯姆提到的正确方式处理自己固有的认知,不要轻易地假设和做出匆忙而不理智的判断。当然,管理者也是普通人,要想冲破个人的固有认知,学会真正地换位思考还是有一定难度的。我们可以通过推论阶梯模型图不断修订向下探询的能力,在每一级阶梯上记录自我内耗点,再不断地探究其内在原因,这就属于心理学的范畴了。推荐一本心理学的优秀著作——《非暴力沟通》,其中提到不要预设恶意的推测,该书可以作为本节论述内容的拓展读物。

5.9 激励模型

基于一直以来对国内外互联网等新兴行业的趋势追踪,以及对目前创新企业能够快速成长的历程研究,我们发现这些行业或企业之所以能够在激烈的市场竞争中时有佳绩,很大程度上取决于它们能够持续通过自身企业文化的塑造以及针对多数员工的股权激励措施的持续推广,激励员工在企业日常运营和项目交付中发挥出更大的作用。通过充分调动员工的主观能动性和内驱力,使目前在组织内部开展的项目工作能够更好地快速应对多变的市场环境,并及时交付对客户或业务有更大价值的项目产出物或产品。

由于每个个体和团队的组成形式往往具有多样性和复杂性等特点,针对项目团队成员的激励做法或可参考的激励模型也不是一成不变的。下面介绍四种常用的项目激励模型。

1. 双因素理论(保健因素和激励因素)

双因素理论来自心理学大师赫茨伯格对激励因素的研究,他认为工作的满意和不满意都取决于个人对激励因素的满足。激励因素包括工作上的成就感、工作中得到认可和赞赏、工作本身的挑战性和兴趣、工作职务上的责任感、工作的发展前途、个人成长和晋升的机会等。赫茨伯格认为不充足的激励因素会增加员工的不满意度;反之,充足的激励因素会增加员工的满意度。

相对于激励因素的另一种因素,即保健因素,其包括公司制度,与上级、同级和下属之间的人事关系,工作环境或条件,个人薪资,职务和地位等。不充足的保健因素会增加员工的不满意度,但是充足的保健因素也不一定会增加员工的满意度。

所以我们可以看到许多快速发展的企业,尤其是互联网企业,通常都比较擅长讲文化和情怀,让员工为自己做的事情感到骄傲。国内的互联网企业的保健因素也是可以基本保障员工满意度的。

2. 内在动机和外在动机

趋势专家丹尼尔·平克在其关于激励管理的著作中多次提及包括收入在内的外在激励(动机),当外在激励(动机)提升到一定程度的时候,激励本身对被激励个体的效果会逐渐减弱,尤其针对复杂和具有挑战性的工作。比如,参与复杂且工作量巨大的项目,内在激励(动机)比外在激励(动机)会更持久且有效。

针对这个问题,平克总结出了三类内在激励(动机)的关键点,即自主、专精和目的。

(1)自主是一个人对主导自己生活的渴望,自己可以决定如何、在哪里和什么时候完成工作。具体来说可能包括灵活地上下班,在家工作,自主选择项目,以及自我管理项目团队。在新冠肺炎疫情的背景下,不少公司找到了保证员工工作效率的方式,比如谷歌 CEO 皮查伊宣布公司引入一种新的"混合型"工作模式,因为他发现让员工自主选择如何上班,工作效率不降反升。

(2) 专精是关于个人提升和精益求精的内在诉求,是对追求更卓越的工作、学习和达成目标的渴望。通常要求员工每周有学习时间,同时还会奖励他们到各个峰会及论坛进行主题分享。这不仅能让员工持续精进,而且还能让员工得到更大的激励,即业界对该员工所具有的专家权力的认可。

(3) 目的是关于想做出不一样的事情的渴望。项目经理通过帮助员工了解项目的愿景,设想如何成为整体价值链创造的一部分,让员工觉得自己在做一个与众不同的项目或事业。员工会为那些更容易令自己感到骄傲的项目或事业而努力。

3. 需求理论

美国社会心理学家麦克利兰认为,所有人都会受三种需求而激励,分别是成就、权力和归属感。这三种需求根据不同人的经历和文化背景,对其影响程度或有不同。

(1) 成就:人们通常会被达成项目目标之类的成就感所激励,他们目前从事的项目往往具有一定的挑战性。这也是为什么许多高速发展的公司会设置较高的月度或季度目标,并设立月度或季度专项奖励,让项目团队进行短期冲刺,团队的士气往往也能得到很大程度的提升。

(2) 权力:人们还会因为能够组织、驱动和领导其他人而得到激励,也就是因他们得到权力的提升而被激励。一些组织内部会借助项目专项,通过任命"项目一号位"或"项目带头人"来激励项目经理或产品经理,激发项目带头者的动力。

(3) 归属感:还有的人会因为他人认同而被激励。这体现在敏捷项目组织中,往往更加关注团队共同的贡献而非个人的表现,多数人都会因为自己身处一个优秀的团队而感到自豪。

4. X 理论、Y 理论和 Z 理论

由于人是非常多样复杂的,美国行为科学家麦格雷戈通过研究总结了著名的 X 理论和 Y 理论假设。不同类型的人会表现为不同的假设场景。

X 理论:对于 X 类人群,假设他们从事工作的目的仅仅是为了收入。他们并不是被所谓的使命或目标驱动的。与之相应的管理风格是通过手把手灌输和自上而下的方式来驱动。我们称其为萝卜加大棒的管理,这种管理方式常见于劳动密集型行业或多层级的管理组织。

Y 理论:对于 Y 类人群,假设他们具备完成出色工作的内在驱动力。与之相应的管理风

格应该是更加围绕人员激励,管理者会鼓励他们创新和彼此交流讨论。这种管理风格常见于创作型和知识型行业。美国社会心理学家马斯洛认为这个理论适用于更高境界的人群,他们会因个人价值的具体实现而被激励。

著名学者威廉·大内博士提出 Z 理论,他认为人们会因为工作可以为个人及其家人带来更好的生活而被激励。与之相应的管理风格是追求更高的生产力、士气及满意度。Z 理论告诉我们,组织员工表现为 X 理论或 Y 理论的假设,完全取决于一个组织是否有"以人为本"的文化。"高大上"文化是打造具备 Z 理论假设的团队的催化剂。现在越来越多的科技公司(如阿里巴巴)为了平衡高强度工作和员工满意度,鼓励员工"快乐工作,认真生活",既要领会工作的乐趣,也要使家人生活得更好,从而使员工得到持续而有效的激励。

5.10 变 革 模 型

在 VUCA 时代复杂多变的内外部环境下,项目成功与否在很大程度上取决于如何处理可能的变革和主动变革的能力。在大自然进化中,能够存活下来的物种既不是那些最强壮的,也不是那些智力最高的,而是那些最能适应环境变化的。围绕这一理念,我们有必要学习一些得到广泛认可的变更或变革模型。

1. 组织变革管理

组织变革管理模型框架包含了五个互相关联和闭环的元素,分别是:

(1)构想变革。这个元素主要关注形成变革的核心逻辑,帮助项目团队成员了解为什么需要变革,以及为什么变革之后未来变得更好。

(2)计划变革。识别变革需要进行的活动,来帮助项目团队成员做好必要的准备。

(3)实施变革。这是一个循序渐进的元素,关注于展示未来的能力,检查确保能力具备设想的影响,并且相应地形成必要的提升和适配。

(4)管理过渡。这个元素考虑如何解决在实现未来目标时可能出现的新问题。

(5)维持变革。这个元素关注于确保变革效果能继续,并且之前旧有的流程和行为将得到终止。

2. ADKAR 模型

这个模型是由杰夫·希亚特创建的,它关注于项目适应变化过程中,项目团队必须经历的五个过程。

（1）认知(awareness)：让项目团队成员理解为什么要变革。

（2）渴望(desire)：当项目团队成员理解变革的必要性后，项目团队渴望成为参与变革的一部分，并且支持变革。

（3）知识(knowledge)：项目团队成员需要理解如何变革。这包含新的流程、系统、角色和分工。知识可以通过培训和分享来开展。

（4）能力(ability)：在这个步骤，上手实践所需知识，可以触达专业和需要的帮助。

（5）巩固(reinforcement)：巩固会支持变革的可持续性，包括奖励、认可和反馈。

3. 领导变革八步法

哈佛大学教授、领导力专家约翰·科特通过研究总结了引领组织变革的八个关键步骤。它适用于多层组织结构，需要通过自上向下的方式进行变革。

第1步：创造紧迫感。识别可以驱动变革需求的潜在的威胁和机会。

第2步：形成强大的指导团队。识别变革的领导者，不一定基于行政级别来定，但是应该可以从不同的角色、专业、社会以及政治影响力的角度来选择。

第3步：创建变革的愿景。识别变革的核心价值，然后创建可以概括变革的简短的愿景描述，进而识别实现愿景的战略。

第4步：沟通变革的愿景。通过变革流程在组织的不同层级进行愿景的沟通。高层管理和变革的指导团队应该清晰地沟通愿景和表达出变革的急迫性以及能带来的好处。

第5步：移除障碍。所有的变革都会有障碍。有时障碍来自过时的流程，有时则来自组织架构，有时甚至来自人们不愿意接受变化。不管是哪种，障碍都需要解决。

第6步：创造短期速赢(速胜)。识别快速而简单的速赢(速胜)方式来构建关键点，使高层管理者对变革存有信心，并能持续支撑变革。

第7步：在变革基础上构建。当短期速赢(速胜)完成后，组织需要指定持续优化的目标。

第8步：固化变革到组织文化中。确保变革成为组织文化的一部分。变革所在组织应该持续沟通愿景，讲述成功的故事，认可在组织中推动变革的成员，并且持续支持变革指导团队。

第5章 项目管理的典型模型

5.11 复杂性模型

现在的项目变得越来越模糊,而且需要与多个不同的系统进行交互,通常会面临诸多不确定的结果和复杂问题,这些都是项目需要面临的挑战。下面介绍两种模型,帮助我们理解复杂问题和在复杂环境中做出决策。

1. 库尼芬(Cynefin)框架

大卫·斯诺登建立了这个用来诊断因果关系的概念框架模型,来辅助决策者决策。库尼芬框架提供了五个问题和决策场景。

(1)简单:问题具备明显的因果关系或因果关系显而易见。对于这种场景,毫无疑问利用以往的最佳实践来决策是最好的选择。类似于在 Windows 操作系统上进行复制和粘贴的场景。

(2)繁杂:因果关系需要分析,或者需要一些其他形式的调查或专业知识的应用,对问题的答案有诸多不确定的情况。对于这种场景,最好的方式是分析客观事实,分析场景,并且运用实践经验来决策。

(3)复杂:当复杂问题包含了许多未知的问题,这些问题之间没有明显的因果关系,也没有明显的应对答案。在这种复杂场景下,我们需要在这个环境中探索,感知当下的环境,并且实施一些行动。这个风格使用了一些新的实践方法,就是重复探索、感知和行动。因为这种复杂场景可能会受到不同的外在因素的影响而改变,即这次行得通的实践,在下次不一定行得通。

(4)混乱:在混乱的局面中,因果关系也是不明确的。太多模糊的情况让我们无法了解情况。面对这种局面,第一步需要做出一些行动来稳定局面,然后发现可以稳定下来的地方,对这个地方实施一些行动,让混乱的局面变成复杂的局面。

(5)无序:缺少清晰度,而且需要将其分解为多个更小的能对应以上四种场景的问题。如果项目处在此决策场景,比较好的做法是规避此项目风险,在公司或组织层级选择放弃执行此类项目。

项目经理利用库尼芬模型在具体项目管理过程中针对复杂情况的可能行为模式:

(1)针对因果关系显而易见的简单决策场景,可以采取感知—分类—响应(sense - categorise – respond)的系统方法。比如,在收集项目需求的过程中可以采用访谈和问卷调查等方法来感知客户的真实需要。

（2）针对因果关系需要分析的繁杂决策场景,可以采取感知—分析—响应（sense – analyze – respond）的系统方法。比如,在收集项目需求的过程中可以通过旁站式和工作跟随等观察方法来分析不可直接感知到的需求。

（3）针对因果关系仅能够从事后感知,不能提前感知的复杂决策场景,可以采取探索—感知—响应（probe – sense – respond）的系统方法。比如,项目可以通过探针和试错等方法来尝试探索可能的正确做法。

（4）针对没有系统级别的因果关系的混乱决策场景,可以采取行动—感知—响应（act – sense – respond）的系统方法。互联网的全新产品往往就是通过原型法和符合精益创业的新颖实践来应对这种混乱的决策场景。

（5）针对无序的场景,应果断选择放弃此项目的尝试。

2. 斯泰西（Stacey）矩阵

著名的敏捷大师斯泰西开发了一个敏捷项目管理可以适用的区域矩阵,该矩阵本质上和库尼芬模型很类似。这个矩阵从两个维度分析项目的复杂性：一个维度是从交付物的相对不确定的需求,另一个维度是用来交付成果的相对不确定性的技术。

基于这两个相对不确定性维度,来判断一个项目是简单、繁杂、复杂抑或是混乱的。复杂程度是影响项目裁剪方法和实践的重要因素之一。

通过斯泰西图（图4-2）,我们看到敏捷项目管理适用于复杂的项目环境,可以认为关于繁杂和复杂的定义在斯泰西图和库尼芬模型中是一致的。

5.12 谈 判 模 型

谈判是指在项目管理过程中与利益相同或相反的人进行会谈,以期达成妥协或签订协议。项目经理在获取资源并开始组建团队时,需要考虑从项目执行组织的职能部门或其他项目管理团队,甚至从外部组织或供应商处获取必要人力资源。一般建议项目经理优先从执行组织内部获取资源,因为这样不会触发额外的采购流程和不必要的成本花费,使更多的内部资源有机会参与到项目工作中。

在获取项目资源的谈判中,项目经理能够影响他人的能力很重要。所以项目经理需要在组织内部具备必要的文化意识,通过优秀的谈判技巧说服职能经理,让他看到项目具有良好的前景,从而影响他把最佳资源分配给这个项目而不是其他竞争项目。

项目经理经常采用的一些谈判策略或谈判战术如下:

(1)最后期限(deadline):为达成协议强加一个最后期限。

(2)吃惊(surprise):提出新的信息,让谈判对手感到吃惊。

(3)权力有限(limited authority):宣称无权对刚才的谈判结果拍板。

(4)关键人物不在场(key stakeholder not available):宣称有最终批准权限的人不在场。

(5)战略拖延(strategic delay)或拖延:以各种方式拖延谈判或其中某一个问题的讨论,转移对目前问题的关注,以便重新讨论。比如请求休会。

(6)既成事实(faitaccompli):坚持某个问题已有的既定解决方案,不需要再讨论。

(7)一个唱红脸,一个唱白脸。

(8)撤退:故意表现出自己对某个事物没有什么兴趣,以便以退为进。

(9)公平合理:以各种方式证明自己是公平合理的。

《PMBOK®指南》第七版强调在谈判过程中,谈判双方都应该秉持双赢理念。这与项目冲突管理模型中提倡的通过合作/解决问题/面对的方式解决冲突的观点不谋而合。在项目立项和执行过程中,由于利益相关方所秉持的观点和态度的不同,冲突是很难避免的。有些冲突的解决要用到谈判模型所提到的具体技巧或方法。无论是具体的冲突管理还是商务谈判,PMP的理论都呼吁涉事的双方或多方能够做到换位思考,设身处地地考虑各方的观点和诉求,针对项目问题达成共识和一致。

《PMBOK®指南》第七版建议的良好谈判展开的前提条件如下:

(1)参与的各方都应该表现出正直的价值观,并且认为每个人对目前所做的项目工作都可以带来足够的价值。

(2)双方或多方应该建立相互信任的基础,就接下来的项目运作达成一致意见。如果有阶段的项目决议,需要勇于承担之前承诺完成的责任,即勇于担责、践行履约。

(3)谈判各方都愿意从对方的角度看待当前情形。各方共同努力识别关键的问题和顾虑,确定可接受的解决方案,并确定实现可接受解决方案的选项。

关于谈判的典型例题如下:

【例5.1】 在合同谈判过程中，对方坚持不肯降价，并称："如果你不是我们集团下的子公司，我们是不会给你这样优惠的价格的，我们报给外部公司的价格都比这要高至少5%。"对方是在采用哪种谈判策略？ （　　）

A. 撤退

B. 既成事实

C. 公平合理

D. 拖延

参考答案：C。符合此谈判的场景，以各种方式证明自己是公平合理的。

5.13　情境领导力模型

《PMBOK® 指南》第七版提到布兰查德的情境领导力模型。布兰查德是美国著名的商业领袖、富有洞察力和同情心的学者，又是当代管理大师和情境领导理论的创始人之一。他曾帮助许多公司成功晋级世界500强。

提到模型，就需要考虑模型内可能关联的变量，布兰查德的情境领导力模型有两个主要变量：一个是团队成员当下的客观胜任力，另一个是团队成员针对项目工作的主观承诺。我们可以把这种客观胜任力看成是团队成员当下的能力、所拥有的知识和技能的总和。而针对项目工作的主观承诺则关联个人对工作履行的良好意愿、达成既定工作目标的信心和符合团队成员自身特质的主观能动性等。胜任力高的团队成员有足够的知识、能力和经验去完成他们手头的工作而不需要他人的指导，那些主观承诺意愿强的团队成员一般具备很强的内驱力，他们更多的是赋予工作以目标感，通过工作本身的成就感来实现自我激励。

随着个人的胜任力和承诺不断演变，领导风格会经历从指导到教练到支持再到授权的变化，以满足个人的需要。

我们可以基于胜任力和承诺的高下把团队成员划分为四个象限，并以 D1、D2、D3 和 D4 分别命名。D1 关联低胜任力 - 低承诺象限；D2 关联低胜任力 - 高承诺象限；D3 关联高胜任力 - 低承诺象限；D4 关联高胜任力 - 高承诺象限。

对于身处不同象限的团队成员，管理者的领导风格应该是不同的，即情境管理。针对处在 D1 象限的团队成员，管理者更多的是采取命令型或指令型的领导风格；针对处在 D2 象限的团队成员,管理者更多的是采取教练型或说服型的领导风格;针对处在 D3 象限的团队成员,管理者更多的是采取参与型的领导风格;针对处在 D4 象限的团队成员,管理者更多的是采取授权型的领导风格。

命令型领导风格更多的是告诉下属应该干什么、怎么干以及何时何地去干。教练型领导风格提供指导性的行为和支持性的行为。参与型领导风格是领导者与下属共同决策,领导者的主要职责是提供完成工作的便利条件与协助跨部门的沟通协调。授权型领导风格是充分放权,信任员工可以完成其工作,领导者只是提供极少的指导或支持。

关于情境领导力模型,德鲁克也有类似的经验总结。他认为,企业管理的目的是不断激发员工的善意,并做到对其所辖员工的精准管理。所谓精准管理,就是管理者把一件工作任务具体分配给某员工时,需要确保员工能够按期并保质保量地完成此工作。管理的本质是从别人身上获得结果,所以管理者可以基于不同员工的具体情况,通过适度的情境管理来不断激发员工的高胜任力和高意愿的承诺。

德鲁克提出,由于不同的人在不同时间点上处理工作的能力和信心是动态变化的,管理者需要动态地把握其所辖员工的工作状态和可能的态度转变,做到动态地情境管理。游刃有余地管理日常的琐碎工作并真正做到享受这种管理的过程,这是职业经理人需要不断修炼的主要素养之一。

德鲁克认为,拥有高超管理素养的管理者应该清楚认识到:任何一件工作对某个员工来讲可能有以下四种情况,统称为四种级别(level)的人:

Level 1:对所分配的工作既有能力,也有信心(自组织团队的特点)。
Level 2:对所分配的工作有能力,但没有信心。
Level 3:对所分配的工作没有能力,但有信心。
Level 4:对所分配的工作既没有能力,也没有信心。

对以上四种级别的人的有效情境管理办法如下:

对于 Level 4 的人,由于既没有能力也没有信心,管理者需要采取的方法应该是指导(direction),即提供操作手册(SOP)和操作指导。

对于 Level 3 的人,由于是有信心但是没有能力的,管理者需要采取的方法应该是教练(coach),即提供必要的辅导和纠偏,这是一种监控并不断修正的过程。但是,如果被监控的人能力太差,经过几次失败的尝试后他可能会变成 Level 4 的人。所以需要动态地观察和更加紧密地监控,这就和对待 Level 4 的人的处理办法是一样的了。

对于 Level 2 的人,由于是有能力但是没有信心的,管理者需要采取的方法应该是参与(participate),即在事情开始之初参与其中,参与的主要目的是主动推动事情的良性起步和激发相关人员的主观能动性。管理者要对 Level 2 的人施加一定的外力,破坏其原先的惯性思维或舒适区域。

对于 Level 1 的人,由于是既有能力又有信心的,管理者需要采取的方法应该是委派(delegation),即要进行充分授权,并告知其目标及可以使用的资源等情况。敏捷项目经理或敏捷教练其实就是要引导项目成员成为这种自组织的 Level 1 的人员。

当然,虽然老马识途,Level 1 的人也可能遇到新的问题。如果新的或棘手的事情处理不当,Level 1 的人可能很快会变成 Level 2、Level 3 甚至是 Level 4 的人,所以管理者需要动态观察其工作的进展情况,以及相关人员处理工作的能力或态度的转变,而适时调整应对方案,这是一种情境管理的佐证。另外,管理者需要发挥自己的领导力和应用引导技术的能力,逐渐培养员工的自组织能力,使员工完成从 Level 4 到 Level 1 的蜕变过程。

5.14 领导权变模型

当代著名心理学家和管理专家菲德勒在伊利诺伊大学进行大量研究的基础上,于 1951 年提出了有效领导的权变理论,这是一种行之有效的领导权变模型。菲德勒认为,不存在一种"普遍适用"的领导方式,任何形式的领导方式都可能有效,其有效性取决于领导方式与环境是否适应。换句话说,领导者是某种既定环境的产物。

菲德勒列出了领导者在实施领导的过程中可能遇到的复杂环境,评价领导者所处环境的维度包括上下级关系、任务(组织)结构、职位权力和情境有利性等。表 5-2 就是一个领导者所处环境晴雨表的示例。

第5章 项目管理的典型模型

表5-2 领导者所处环境晴雨表

上下级关系	好	好	好	好	差	差	差	差
任务(组织)结构	明确	明确	不明确	不明确	明确	明确	不明确	不明确
职位权力	强	弱	强	弱	弱	弱	强	弱
情景有利性	有利	有利	有利	适中	适中	适中	适中	不利

菲德勒经过多方研究,给领导者的建议是,如果领导者所处环境各方面都很好或都很差,应该以做事为主;如果领导者所处环境好坏参半,则以做人为主。由此可见,领导者表现的领导或管理的方式是根据环境的变化而动态调整的,这就是领导权变模型。

第 6 章 项目管理的典型工具

以下是针对《PMBOK® 指南》第七版第六章所提到的典型方法和工件的案例分析。所谓方法,即运用项目管理的工具或手段来获得必要的项目可交付成果或项目可交付物的方式。在项目的日常管理过程中,我们通常选择运用合适的项目管理工具或方法来产出特定的工件。所谓工件,是一种模板、文件、输出或项目可交付物。由于很多工件本身就具有模板和文件的属性,故很多项目管理专业人士也会在项目管理过程中把类似于这样的工件当作项目管理工具来使用。PMP 考试中会把具体的方法和工具作为选项呈现,考生需要深刻认知典型的工具,才能做出正确的判断和选择。

本章将介绍一些典型的项目管理工具,并基于每个工具的特质与第 4 章项目管理的八个绩效域进行合理匹配,确保备考 PMP 的考生能够建立工具与项目交付场景的对应关系。表 6-1 是针对典型项目管理工具与绩效域的映射。

表 6-1 典型项目管理工具与绩效域的映射

工具名称	项目管理的绩效域							
	干系人	团队	开发方法和生命周期	规划	项目工作	交付	测量	不确定性
战略工件	V		V	V				
日志和登记册	V			V	V	V		V
计划工件	V			V	V	V		V
访谈	V							
三点估算（多点估算）				V				
蒙特卡罗分析						V		
控制图							V	
帕累托图							V	

第 6 章　项目管理的典型工具

续表 6－1

工具名称	项目管理的绩效域							
	干系人	团队	开发方法和生命周期	规划	项目工作	交付	测量	不确定性
散点图					V	V	V	
矩阵图				V		V	V	
亲和图				V	V			
流程图				V	V	V		
因果图					V	V		V
风险燃尽图					V		V	
会议和事件	V	V		V	V	V	V	V
日志和登记册	V			V	V	V		V
计划工件	V			V	V	V		V

6.1　战 略 工 件

在项目正式开始之前,一般会先有关于战略、商业或者顶层设计的相关文档。通常这类文档不会变化得太频繁,但在项目执行过程中也会根据内外部环境发生变化。比如,基于市场的变化进行评审和调整。这种针对商业文件的调整一般发生在项目某个阶段的结束点上,这个结束点被称为阶段关口或阶段门。

1. 商业论证

商业论证是一种典型的商业文件。商业论证一般包含从商业角度的可行性分析结论,从价值的角度分析项目可以带来的收益。商业论证是业务目标和项目目标之间的桥梁,项目则是实施战略的具体手段。有的组织业务目标比较多,有可能会有多个商业论证来支撑。审批通过的商业论证则是制定项目章程过程的重要输入之一。一些企业会通过年度或季度的业务共创会,让各业务部门的负责人拿出自己的商业论证,"晒"出自己对明年或下一个季度的战略方案,企业高管会提出意见并可能展开激烈的讨论,最终得出符合企业发展方向的商业论证和方案,则可以批准并允许投入资源启动相应的项目。

2. 项目章程

项目章程是《PMBOK® 指南》第七版中反复提到的概念,有不少项目因为轻视了项目章程的作用,而导致项目的失败。项目章程通常是由项目发起人或者投资方通过正式的方式批准项目的启动,并且赋予项目经理适当的权力批准使用组织资源以进行项目的活动。项目章程还会描述一些对项目具有指导性的信息,通常包括:

(1)项目目标。

(2)可衡量的项目成功标准。

(3)高层级的需求描述。

(4)项目描述、项目边界以及关键的交付物。

(5)整体的项目风险。

(6)关键里程碑概要。

(7)预先申请并批准好的与财务相关的资源。

(8)关键干系人列表。

(9)项目批准流程概述,比如谁来决定项目的成功、谁来审批项目的交付物等。

(10)项目退出的标准,比如在什么条件下,项目会考虑关闭或终止。

(11)指派的项目经理,其职责和权力。

(12)项目发起人(投资方)和其他授权项目章程的名字以及在企业担任的角色。

项目章程确保干系人对关键产出物、里程碑、所有参与项目的角色和职责有清晰且一致的理解。做好项目章程,项目成功率能够得到很大的提升。

3. 产品路线图

产品路线图一般会呈现出项目交付内容的顶层视角,而且从时间维度展现了里程碑式的产品内容交付的先后顺序。比如,腾讯的微信在2012年加入朋友圈特性,2013年加入游戏中心特性,2015年加入微信公众号特性,2018年加入小程序特性。产品路线图是与干系人沟通产品演进的最合适的工件,它通过可视化的方式,展现产品在其生命周期内如何一步步接近和实现产品愿景的。另外,产品路线图还可以分析单个产品特性的变更可能给其他产品特性或产品整体目标所带来的影响,因为产品路线图会展示不同产品特性之间的依赖关系。

6.2 访　　谈

访谈通常是"一对一"或"一对多"，访谈工具可用于识别项目可交付成果的特征和功能。访谈要特别注意机密性，即保护访谈对象的个人隐私，不要在不经人授权的情况下录音或录像。另外，访谈切记要多听少说，在访谈前需要把访谈提纲发给访谈对象，在访谈过程中可以针对提纲的具体内容进行发问。如果想让访谈对象多说一些细节内容，可以问一些开放的问题，比如"您怎么看？"。如果只想让访谈对象确定回复一些问题，可以问一些封闭的问题，比如"是或否"的提问。访谈之后，需要以邮件或其他更加正式的方式发送访谈的文档纪要给访谈对象进行再次确认，并进一步表示感谢。

访谈是 PMP 考试中的一个重要考点，该工具除了在收集需求过程中适用，还在识别风险（技术）和定量分析过程中使用。识别风险用访谈工具进行信息收集，相关专家对项目具体活动的原始估算数据，比如通过访谈的方式了解某个行业专家对一个项目特定工作的最悲观、最乐观和最可能的完成时间或成本的估算反馈。通过访谈获得的原始估算数据可以通过三点估算工具进行进一步计算，并把计算的结果作为定量分析工具蒙特卡罗分析的输入，蒙特卡罗分析的输出就是针对项目完成的合理进度或成本区间的概率分布图。

6.3 三点估算

三点估算的方法来自计划评审技术，即 PERT（program evaluation review technique）技术。PERT 技术是 20 世纪 50 年代末美国海军部开发北极星潜艇系统时为协调 3 000 多个外包商和研究机构而开发的。其理论基础是假设项目持续时间和整个项目完成时间是随机的，且服从某种概率分布，PERT 技术可以用来估计整个项目在某段时间内完成的概率，具体举例如下：

《PMBOK® 指南》第六版中提到按照贝塔（β）分布的三点估算的公式为

$$t = (O + 4M + P)/6$$

其中：t 是项目活动的期望工期；O 表示最乐观时间（optimistic time），任何事情都顺利的情况下完成某项工作的时间；M 表示最可能时间（most likely time），正常情况下完成某项工作的时间；P 表示最悲观时间（pessimistic time），最不利的情况下完成某项工作的时间。

另外,贝塔(β)分布还有一个方差计算的公式,单个项目活动的持续时间方差为

$$\sigma^2 = (P - O)^2/36$$

我们以一个按照预测型生命周期进行的软件开发项目为例,该项目有需求分析、设计编码、测试和安装部署等四个活动,每个活动顺次进行,没有时间上的重叠,每个活动的完成时间估计见表6-2。

表6-2 项目活动完成时间估计表

活动名称	完成的最乐观时间	完成的最可能时间	完成的最悲观时间
需求分析	7 d	11 d	15 d
设计编码	14 d	20 d	32 d
测试	5 d	7 d	9 d
安装部署	5 d	13 d	15 d

通过三点估算的计算公式可以得出项目各个活动的期望工期和对应的方差如下:

$$t(需求分析) = (7 + 4 \times 11 + 15)/6 = 11(d)$$
$$\sigma^2(需求分析) = (15 - 7)^2/36 \approx 1.778$$
$$t(设计编码) = (14 + 4 \times 20 + 32)/6 = 21(d)$$
$$\sigma^2(设计编码) = (32 - 14)^2/36 = 9$$
$$t(测试) = (5 + 4 \times 7 + 9)/6 = 7(d)$$
$$\sigma^2(测试) = (9 - 5)^2/36 \approx 0.445$$
$$t(安装部署) = (5 + 4 \times 13 + 15)/6 = 12(d)$$
$$\sigma^2(安装部署) = (15 - 5)^2/36 \approx 2.778$$

从而可以得出整个项目的完成时间是各个活动完成时间之和,项目的期望完成工期 T 和 σ^2 分别等于:

$$T = \sum t = 11 + 21 + 7 + 12 = 51(d)$$
$$\sigma^2 = \sum \sigma^2 = 1.778 + 9 + 0.445 + 2.778 = 14.001$$

整个项目的标准差 $\sigma = 3.742$,如果项目的进度区间符合正态分布,项目的可能进度区

间呈现的形式如图 6-1 所示。

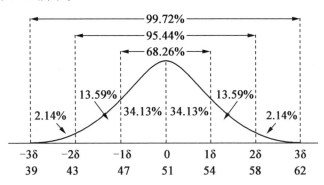

图 6-1 项目进度区间的正态分布图

在 PMP 考试中,标准正态分布曲线下正负 1 倍标准差所对应的面积是整个正态分布图面积的 68.26%,正负 2 倍标准差的面积是 95.44%,正负 3 倍标准差的面积是 99.72%。这三个百分比通常是常量,在 PMP 考试中需要预先记下。

本项目案例的正态分布计算结果如下:

$\pm\sigma$ 范围为(47.258 ~ 54.742 d),概率为 68.26%

$(51 - 3.742 = 47.258, 51 + 3.742 = 54.742)$

$\pm 2\sigma$ 范围为(43.516 ~ 58.484 d),概率为 95.44%

$(51 - 3.742 \times 2 = 43.516, 51 + 3.742 \times 2 = 58.484)$

$\pm 3\sigma$ 范围为(39.774 ~ 62.226 d),概率为 99.72%

$(51 - 3.742 \times 3 = 39.774, 51 + 3.742 \times 3 = 62.226)$

通过以上基于 PERT 技术的三点估算,我们可以基本了解此项目工期完成的区间概率。如果项目的交付周期符合正态分布,那么项目在 47~54 d 的周期时间内完成的概率为 68.26%,在 43~58 d 的周期时间内完成的概率为 95.44%,在 39~62 d 的周期时间内完成的概率为 99.72%。也就是说,如果客户希望在 39 d 内完成以上项目,其概率几乎为 0,因为项目存在不可压缩的最小周期,这是客观规律。项目的成本估算同样可以应用 PERT 技术,计算方法是一样的。销售、售前和项目经理不能不顾客观规律而对客户盲目承诺,否则会受到客观规律的惩罚,导致项目提前取消或最终失败。

6.4 蒙特卡罗分析

如果项目活动的持续时间、成本或资源需求是不确定的,可以通过模型技术来模拟出可能的概率分布来表示其可能的数值区间。概率分布可能有多种形式,最常用的有三角分布、正态分布、对数正态分布、贝塔分布、均匀分布或离散分布等。模拟技术通常采用蒙特卡罗分析,该分析技术往往是把与专家访谈得出的三点估算的值作为输入。对成本风险进行蒙特卡罗分析时,使用特定项目工作成本的三点估算作为模拟的输入。对进度风险进行蒙特卡罗分析时,使用进度网络图和特定项目工作持续时间的三点估算作为模拟的输入。

蒙特卡罗分析通常得到特定结果次数的直方图,或表示获得等于或小于特定数值的结果的累积概率分布曲线(S 曲线),如图 6-2 所示。

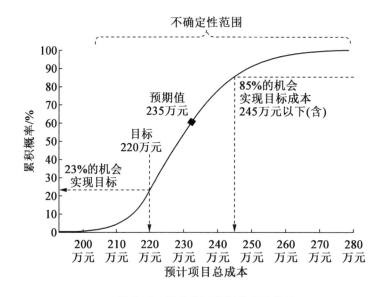

图 6-2 蒙特卡罗分析的 S 曲线图

从图 6-2 可以看出,如果把项目预计总成本从之前的 220 万元追加到 245 万元,此项目会从原先 23% 的实现目标机会上升到 85% 的成功概率。

6.5 控 制 图

控制图用来监控过程或流程是否稳定,是否具有可预测的绩效。我们需要关注控制图中的平均值、控制界限、规格界限。控制界限一般设为 ±3 个标准差,规格界限一般设为 ±5 个标准差。过程失控的情况包括实际绩效点在控制界限外,以及七点规则,即连续七点在平均值上方或下方,或七点呈同方向变动(越来越高或越来越低),则表示过程失控。绩效点在规格界限外为质量不合格,需要返工或重做。即超过规格界限,表示产品质量有问题,需要提出变更请求对存在质量问题的产品进行重做,变更请求的类型通常是缺陷补救;超过控制界限但未超过规格界限,产品质量没有问题,但是表示过程已失控,需要提出变更请求进行绩效纠偏,变更请求的类型通常是纠正措施。从 PMP 考试的角度看,控制图的作用有以下几种情况:

(1)在问题尚未发生前,找出潜在的隐患。
(2)消除干系人对质量的担心,给客户以信心。
(3)监控过程,持续监控实施纠正措施或缺陷补救之后的状态。

图 6-3 是项目指标控制图的样例。

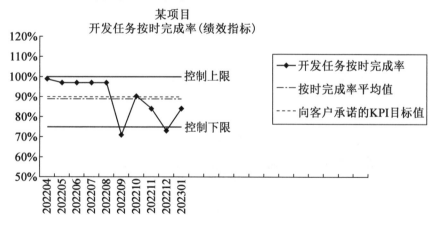

图 6-3 项目指标控制图

6.6 帕累托图

帕累托图是以意大利经济学家帕累托的名字命名的图例工具。帕累托图关联二八原则，即80%的问题是由20%的原因造成的，所以从数量的比较可以发现主要问题或矛盾点。帕累托图的呈现形式有点类似于直方图，可以把出现问题或导致问题的原因的数量作为纵坐标，问题或原因类型作为横坐标，类型按频率或数量排序，优先列出发生频率或数量高的类型。由于项目所处的时间或资源有限，不能一时解决所有问题，可以通过帕累托图找到项目的关键问题并解决。帕累托图就是用来从数量上发现主要矛盾，发现产生大多数数量缺陷的主要原因，即识别造成大多数问题的重要原因。在PMP考试中，如果考试题目出现关键词如"排序""优先""首要"和"最重要"，可以选择帕累托图。

图6-4是以PMP学员做题的错题所对应章节的帕累托图样例，从中我们可以知道该学员的薄弱章节是第4章整合管理、第9章资源管理、第11章风险管理和第8章质量管理，因为这四章所对应帕累托图的抛物线上的点都在80%的虚线之下，即这四章的错题加在一起基本占所有错题的80%。

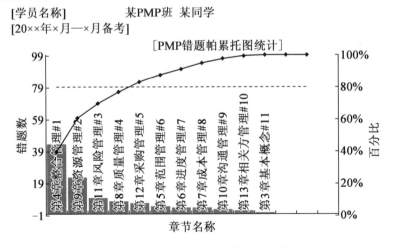

图6-4　PMP学员错题统计帕累托图样例

6.7 散 点 图

应用散点图是看图上两个变量之间的关联关系,这两个变量一个是自变量(X),另一个是因变量(Y)。通过散点图上散点的规律,我们可以估算自变量(X)的变化将如何影响因变量(Y)的值。自变量和因变量通常在二维象限上,即 X 为横坐标的变量、Y 为纵坐标的变量。通常两个变量的关联关系有正相关、负相关或非线性相关。其中非线性相关一般表现为一条回归曲线,即回归线。

图 6-5 是关于中国电动汽车和国际电动汽车的价格和续航里程对比的散点图样例。

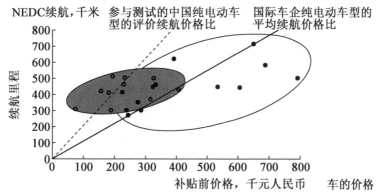

图 6-5 中国电动汽车和国际电动汽车的价格和续航里程对比散点图

由图 6-5 可知,中国电动汽车的续航价格比约为 21 千米/1 万元人民币,而国际电动汽车的续航价格比约为 11 千米/1 万元人民币。

6.8 矩阵图

矩阵图常用于制造业,在图例的行列交叉的位置展示因素、原因和目标之间的关系强弱,可以用来判断质量测量与特定产品功能的匹配关系,即特定产品功能可以应用哪个指标来度量其质量的好坏。在《PMBOK® 指南》第六版中,规划质量管理过程的一个关键输出是质量测量指标,该指标的得出得益于矩阵图。

图 6-6 是某制造零件的产品特性与指标的矩阵图样例。图中有三个指标由于其对应的产品特性的关联指数都是两个圆圈,故被选为用来测试此制造零件的质量测量指标,它们是"缸孔密封槽加工""检查""防护"指标。

产品型号		SB540-A02		零件名称		缸体		零件图号		SB02540-1		顾客名称		
序号	描述 产品特性	符号	公差	过程号/过程名称										
				过程 项目	10/原材料检查	20/入库	30/下料	40/下料检验	50/铣面	60/铣外形	70/缸孔密封槽加工	80/铣平面钻孔	90/螺纹孔加工	100/检查	110/防护	120/涂装
				重要度	重要	一般	一般	一般	一般	一般	关键	一般	一般	重要	重要	一般
				控制方法	进料检验报告	进料检验报告	检验报告	检验报告	检验报告	检验报告	控制图	检验报告	检验报告	检验报告	检验报告	检验报告
1	密封槽直径	▽	0~0.063	控制图	○		○	○	○	○	◎	○	○	◎	◎	○
2	密封槽宽度	▽	0~0.1	控制图	○		○	○	○	○	◎	○	○	◎	◎	○
3	缸孔直径	▽			○		○	○	○	○	◎	○	○	◎	◎	○
4	槽底圆角	▽	R0.2		○		○	○	○	○	◎	○	○	◎	◎	○
5	粗糙度	▽	Ra1.6		○		○	○	○	○	◎	○	○	◎	◎	○
6	钢背容槽尺寸	▽	138×420 (+0.1)	控制图	○		○	○	○	○	◎	○	○	◎	◎	○

备注:"○"表示一般关系,"◎"表示密切关系,"▽"表示产品与安全无关的特殊特性符号。

图 6-6 某制造零件的产品特性与指标的矩阵图

6.9 亲 和 图

在项目管理中,亲和图既是项目范围管理收集需求过程的工具,也是质量管理的工具。针对项目的范围管理,亲和图工具一般关联头脑风暴法,即在收集需求时先利用头脑风暴工具通过集体的智慧发散出更多的创新思维,再应用亲和图把这些思维或观点进行分组和分类。在项目的质量管理领域,应用亲和图可以对潜在缺陷或问题的成因进行分类,从而展示项目最应关注的缺陷类型或问题成因。

图6-7是某招聘网站反映用户角色的亲和图样例。

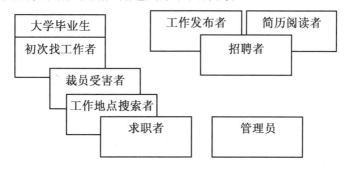

图6-7 某招聘网站反映用户角色的亲和图

6.10 流 程 图

以下是流程图的关键元素所对应的图例说明:

▭ = 子流程/活动　　　◇ = 判断

▱ = 开始或结束　　　▭ = 其他流程

▽ = 文档

流程图通常是按泳道图的形式绘制,泳道图的横方向表示流程活动所对应的角色。如果流程图比较复杂,可以采取总分的呈现形式,即分为总图和子图,总图的一个活动可以在子图中呈现为更加详细的泳道图。图6-8是某项目的问题管理流程总图。

针对图6-8的一个活动"问题识别、记录和分类",特绘制一个子图(图6-9)。

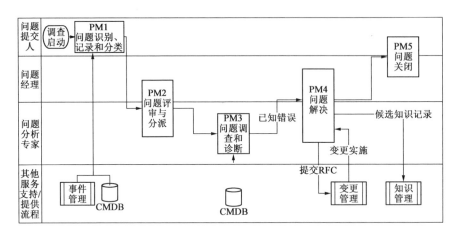

图6-8 某项目的问题管理流程总图

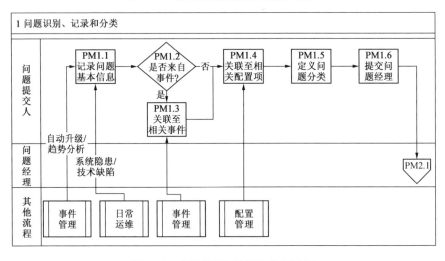

图6-9 问题识别、记录和分类子图

第6章 项目管理的典型工具

在项目管理过程中,可以通过流程分析项目所面临问题的原因或出处,通过工作流的逻辑分支及其相对频率来估算质量成本。另外,流程图也可以用于识别风险过程,并基于识别的风险进一步分析风险的起因。

6.11 因 果 图

因果图也叫石川图,是由日本质量管理专家石川馨发明的。因果图还有更多的别名,如why-why分析图、鱼骨图。因果图可用于找出问题的根本原因。

图6-10是电话服务系统问题的因果图。一般把待分析的问题作为鱼头,把造成问题的可能原因按照鱼骨的形式进行分类和分层级呈现。在制造业一般分类的方式是按照"人机料法环"进行分类,即分别从人、机器、材料质量、是否采用适用性方法和周围系统环境等方面来找原因,最终定位问题的根本原因。

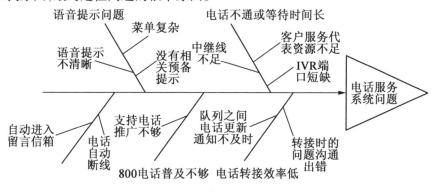

图6-10 电话服务系统问题的因果图

图6-11是针对项目交货延期的问题,以更加经典和美观的方式呈现的因果图。

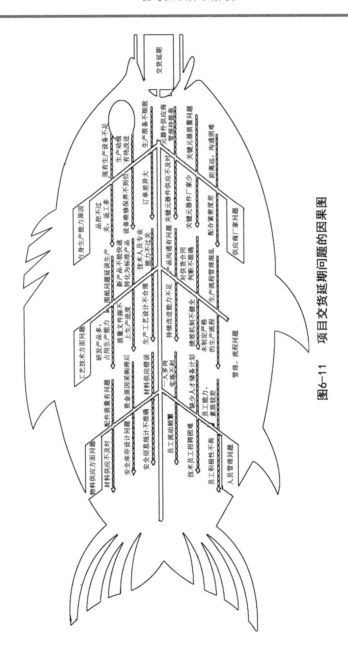

图6-11 项目交货延期问题的因果图

6.12 风险燃尽图

在《PMBOK® 指南》第七版中通常会提到项目生命周期的概念。项目经理要针对项目的整个生命周期进行管理。项目生命周期是指项目从启动到完成所经历的一系列阶段。在项目生命周期中,利益干系人的影响、风险和不确定性在项目开始时最大,然后随时间推移递减。变更和纠错的代价在项目接近完成时最高。所以项目的风险随着时间推移是在降低的,如图 6-12 所示。

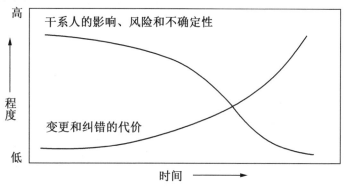

图 6-12　项目生命周期的变化曲线图

根据图 6-12,我们得出以下基本结论:
什么时候项目的干系人影响、风险和不确定性最大?开始。
什么时候项目的风险数量最多?开始。
什么时候变更的代价以及一旦发生风险的影响最大?最后。
项目范围的工作随着时间推移在减少,项目所关联的风险数量也相应呈降低的趋势,项目逐步对已经识别的风险采取了必要的应对措施,降低风险发生时的影响,在整个项目生命周期内风险就像蜡烛一样被燃尽了,故而在《PMBOK® 指南》第七版特意绘制一个风险燃尽图(图 6-13)。

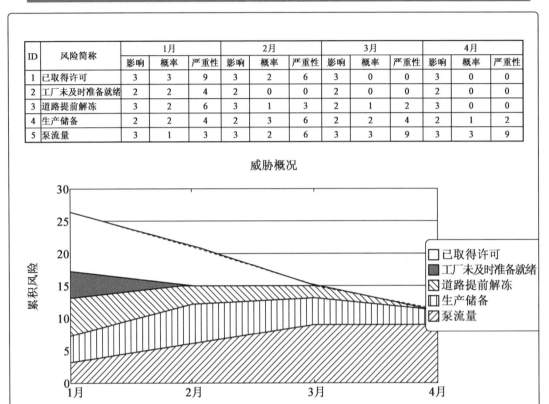

图 6-13 项目风险燃尽图

图 6-13 的纵坐标为累积风险,横坐标为项目生命周期的时间段。随着时间的推移,诸多特定风险的影响程度,即概率影响的值在逐步降低。图中项目施工已经获得必要的授权许可,那么因未获得正式许可而勒令停工的风险就会降低,甚至是被规避。

下面是与项目管理工具相关的一道典型例题:

【例 6.2】 项目团队成员识别项目的质量需求,并记录项目应该如何遵守这些需求。他们应该使用哪个工具和技术? (　　)

A. 流程图、控制图和因果图

B. 流程图、成本效益分析和趋势图

C. 流程图、成本效益分析和思维导图

D. 流程图、控制图和散点图

参考答案:C。此题在考项目的规划质量管理和收集需求的工具。C 选项中都是与规划质量管理过程相关的工具。另外,我们可以通过流程图和思维导图,共同收集质量需求。通过成本效益分析,确定流程分支和循环的质量成本。A 选项:控制图主要是识别质量指标的异常情况,与识别质量需求无关。B 选项:趋势图主要结合当下绩效看未来的趋势,与识别质量需求无关。D 选项:散点图主要是把质量缺陷分组分类,与识别质量需求无关。

6.13 会议和事件

在项目管理过程中,会议是一种非常重要且普遍的跟踪和协作的办法,比如在项目章程审批通过后,召集关键干系人一起召开项目启动会,通过这样的仪式会议来宣告项目经理管理项目的方法正确。在项目管理计划审批通过后,召集项目团队成员和项目所涉及的干系人召开项目开踢会来正式通告项目的目标和具体的执行计划,寻求项目团队成员和干系人对项目的共同理解和认同,以及对其所负责项目工作的承诺。

下面对项目所涉及的各种会议和事件进行更加详细的解读。

1. 项目开踢(开工)会(kick-off meeting)

在项目准备开始的时候,需要一场正式的仪式会议,起到对所有的项目团队成员和关键干系人的动员作用。在开踢会上,最重要的是对齐各方对项目整体背景的一致性理解,包括项目的目标和价值、关键里程碑、项目经理和关键成员的任命情况、项目所处的组织架构以及可动用的资源,等等。在会议最后宣布项目正式开工,即可进入项目的执行阶段或者敏捷开发的第一个迭代或冲刺周期。

2. 每日站会(stand-up meeting/daily Scrum)

在敏捷开发项目中,站会几乎是最广泛采用的敏捷活动。项目团队通过站会,以最为简洁和高效的方式对齐彼此工作的进展情况,同步当下发现的问题和风险等情况。每日站会通常在上班前 15 min 或上午的 10~11 点举行,项目团队成员齐聚在看板前,一般由项目经

理或敏捷教练来组织。通常每个人会轮流围绕以下三个问题或可切中的角度,用自己的沟通方式阐述:

(1)从上一次站会到现在我完成了哪些事情?

(2)到下次站会前我计划完成哪些事情?

(3)我遇到了哪些问题和风险?需要获得什么支持?

为什么开站会要齐聚在看板前呢?看板作为可视化的信息源列出当下团队的工作进展,团队在开站会的时候可以根据看板从左到右,即工作所带来的价值流的交付顺序进行沟通。看板从左到右一般存在 to do 泳道,即把将要做的工作项列入此泳道;on going,即把正在做的工作项列入此泳道;done 泳道,即列入已完成验收工作的泳道。看板的核心思想是展示出已经标识在纸条上的工作项以价值流的方式进行自左向右流动的场景,因为工作项在看板上越往右就越趋近完成,即价值最终得以实现。在站会期间项目团队成员可以围绕以下三种做法来阐述自己目前所存在的问题:

(1)我需要什么支持才能完成在这个泳道上的指定工作。

(2)我发现还缺少了另一个纸条来辅助我当前任务的完成。

(3)我发现有一些影响我完成此任务的障碍。

在每日站会上有一个常见的需要避免的问题,那就是在站会上讨论如何解决以上发现的具体问题。敏捷对站会设置了必要的时间盒子,即站会的时间窗口只有 15 分钟。站会可以用来发现问题,但不是用站会的时间来讨论或试图解决问题。一个比较好的做法是,如果在站会上发现问题,可以在团队看板的"停车场"区域加上这个问题相关的纸条,在站会后创建另一个专题来解决该问题。所谓"停车场"区域,就是在看板上绘制的一个独立区域,可以放入一些待处理或待后期关注的工作项。

对于敏捷教练或项目经理,从长远来说,应当鼓励团队成员轮流组织每日站会,这样可以避免站会变成一种汇报会,更为重要的是希望团队能够变得更加自组织或自管理,鼓励团队成员自己兑现自己做出的承诺。

3. 待办事项优化会/梳理会

这是所有敏捷开发的执行组织必备的一种会议,一般是在本轮迭代开发中期或下一个迭代开始前举行。对待办事项的有效梳理是捕捉复杂多变的市场商机的重要手段,因为它是承接市场的商业战略方向到产品实现交付之间最重要的桥梁之一。待办事项列表往往是

第6章 项目管理的典型工具

以特性或用户故事的形式呈现,产品经理通常会和研发团队一起准备下一个迭代/冲刺需要交付的用户故事。研发团队根据自身对用户故事的理解进行初步的工作量估算,同时在会上进行所有待办事项的优先级排序,最终产出在下一个迭代/冲刺需要完成的待办事项列表。

项目所需的待办事项列表会用列表或看板的方式呈现,确定需要在下一个迭代/冲刺期间交付的用户故事会从整体的产品待办事项列表中拿到看板的已选中/待处理泳道中。而这其中至关重要的工作是产品经理在会前做好充分的准备。比如,确保用户故事颗粒度适中,设计可能的办法来控制会议的节奏,重点提及与项目目标相关的马上需要明晰和澄清的用户故事。在敏捷开发项目中,对任何会议都有一个时间盒子的概念,即会议的时长要求。通常对于迭代周期为两周的敏捷开发项目,建议每次待办事项优化(梳理)会应控制在一小时以内,因为项目团队应该花更多的时间在执行交付而非详尽规划,这符合敏捷的简单设计原则。

4. 迭代/冲刺规划会

迭代/冲刺的做法是敏捷项目管理中非常重要的实践,它是帮助项目团队应付多变环境的核心利器。迭代/冲刺规划会通常由产品经理和研发团队从产品待办事项列表中挑选出将在接下来的迭代/冲刺中交付的用户故事。用户故事的挑选标准需要根据项目的实际情况来制定,但最基础的一点是需要从业务(商业)及对用户产生的价值出发,这种价值的定位需要获得研发团队的一致认可,以确保进入下一个迭代/冲刺的用户故事的优先级是最高的。由于迭代/冲刺周期是固定的,迭代/冲刺的资源也是有限的,因此需要产品经理注意把颗粒度大的特性或用户故事在会前做好适度的拆分,这样才能更好地把合适颗粒度的用户故事纳入本轮迭代/冲刺规划的内容范畴。

对于一些比较重要的项目或产品,迭代/冲刺规划会所需完成的产品增量直接影响短期的产品路线图,甚至影响即将到来的项目或产品发布会等。所以,产品经理需要利用好迭代/冲刺规划会,不断明确当下符合商业价值的重点工作是什么,欠缺商业依据的迭代/冲刺规划可能会影响产品按预期的里程碑进行交付。

5. 迭代/冲刺回顾会

如果说更快地学习和成长是保证所需交付的项目或产品持续发挥价值的关键要素,那么回顾会可以算是最能突出敏捷团队适应变化的活动。因为它能让团队更频繁地、周期性地在实际项目中不断学习和适应改变,并且总结可能的最佳实践,从而更好地融入团队文化和日常行为当中。

不论项目团队采用的是两周一次迭代/冲刺还是三周一次迭代/冲刺,一般都可以在迭代/冲刺结束时开展回顾会。也有不少研发团队坚持每周固定开一次回顾会,并不完全依赖迭代/冲刺的执行周期。开回顾会的频率取决于多种因素,比如项目所关联业务的复杂程度过高,或者研发团队对所在业务领域的了解程度不足,就需要更多地进行必要的回顾和改进事宜。我们也可以按照以下原则来触发迭代/冲刺回顾会的举办:

（1）当团队完成一次发布的时候,不论发布了多小的产品功能。

（2）自上次迭代/冲刺回顾会已经过了好几周,比如三周或四周时间。

（3）当团队卡在某件事情上,或者团队配合上出现问题的时候。

（4）当团队达到任一里程碑的时间点。

很重要的一点是,回顾会并不是对既有问题追责的会议,而是团队从过往的工作中一起学习,总结一些小而有效的改进事项,以利于未来做得更好。回顾会既需要关注定性的事物,比如每个团队成员的感受,也要关注定量的数据,比如利用历史数据可以帮助团队进行根本原因分析,设计相应的考量方法,并开发相应的应对措施,而且这些措施应该能够帮助现有团队移除一些障碍。

需要注意的是,团队不一定在下一个迭代/冲刺中留有充足的容量资源来解决在上一个回顾会上总结的所有改进措施。与其选择过多的改进点而都没能在短期取得效果,不如选择那些团队认为最重要的少数几个改进措施在下一个迭代/冲刺中实施改进。然后在下一个冲刺/迭代回顾会中总结改进的效果,看是否需要做进一步的执行改进。

6. 发布规划会

发布一般是基于产品愿景和产品路线图的一个周期动作,具体的产品愿景、产品路线图、发布规划和迭代规划的层级结构参考第 4 章项目管理的八个绩效域中的规划绩效域。一般产品的发布周期为 3~6 个月。发布规划还需要决定此次发布需要经历多少个迭代/冲刺,这就决定了产品经理和研发团队有多少时间、按什么节奏来达成业务目标,并在目标执行过程中解决可能遇到的问题。

结合第 4 章关于项目管理的规划绩效域的论述,我们可以总结出这样的层级关系:产品路线图通常包括多个发布,一个发布往往由多个迭代构成,一个迭代包含了多个用户故事,一个用户故事则包含了若干个更具体的工作项/活动,每个工作项/活动可以对应所需要的交付时间,往上汇总即可知道用户故事能否在本轮计划的迭代/冲刺中完成,这些迭代能否满足发布的计划。这样就能确定发布计划是否可以满足更为宏观的产品路线图。

7. 项目评审(审查)会

项目评审会一般是在项目的某个阶段,由关键干系人如客户和项目发起人来评审项目的状态,评估已经实现的价值,并决定项目是否可以进入下一个阶段。项目发起人或项目投资方根据项目表现及外部市场等情况来决定是否继续投入资源进行项目。

8. 变更管理委员会

由于变更是普遍存在于任何一个项目的,因此变更管理委员会是否能有效和高效地发挥作用对于项目起着非常关键的作用。对变更的处理不当,轻则项目无法按期交付,重则会导致项目失败。该委员会由具备决策权的成员组成,他们从战略的角度对项目的变更可能造成的各方面影响进行评审、批准、延期或拒绝。会议得出的决策需要通过正式的审批渠道,并且把审批的结果按照既定的沟通管理计划与相应的受变更影响的项目干系人进行沟通。

9. 风险评审(审查)会

能否主动地应对风险是评价一个项目团队战斗力的重要因素,因为风险无时无刻都存在,而且还会持续不断地变化。因此把风险评审会作为一种常态化的会议,建议从关键干系人中选取代表,周期性地进行风险评审。

风险的输入可能来自多个渠道。比如,在每日站会中由团队成员汇报的一些项目障碍触发的可能风险,如果不加干预任其发展,该风险一旦发生可能会变成导致项目延期的问题。当然风险不都是消极的,站会中也有可能收集到可能的机会,即积极风险。我们对机会的应对就是通过开拓或提高的方式来考虑有效地利用这个机会,通过追加有能力的资源来确保这个机会100%发生。

除了定期的风险评审会来识别风险之外,产品研发团队通过所开发产品增量的周期性演示,也可以帮助发现产品的威胁和机会。针对产品演示的负面反馈,可以提前发现可能会令关键干系人不满意的风险,如果不尽早应对这些风险,可能会对项目造成负面影响。而针对产品演示的积极正面的反馈,则可以帮助项目组得到关键干系人的确认,从而更加确信交付的产品是在正确的轨道上。

10. 投标人会议/竞标准备会

在准备竞标前,与潜在的供应商进行沟通,确保他们对采购的内容都具有清晰且一致的理解。需要注意的是,在这个阶段,项目经理要避免有偏向性的沟通,防止不公平竞标的情况出现。

11. 状态汇报会

这也是一个周期性安排的会议,用来交换和分析有关项目进展和项目情况的信息。一般可以通过项目管理信息系统来呈现状态,根据不同的参会者来制定汇报呈现方式。如果参会者是比较高层的干系人,可考虑采用仪表盘的方式来呈现项目状态,因为他们更关注项目给业务带来价值的进度,以及影响达成业务目标的风险及问题。

12. 项目结束会

一般会利用项目结束会从投资方、产品经理或客户那里收集意见并进行项目的最终验收,也会总结项目带来的业务或用户价值,表彰项目表现出色的团队或个人等,还会对项目的资产进行汇总并最终归档。会议结束通常标志着项目交付的完成。

6.14 日志和登记册

在项目管理的日常活动中,有的信息需要在项目周期内持续地更新,日志和登记册就是用来满足这一用途的工件。日志和登记册有时可以混用。比如,在项目启动之初用日志记录项目关联的假设条件和制约因素,在项目规划阶段可以用风险登记册来记录已经识别的项目风险。

1. 待办事项列表

这是一个用来维护项目或产品需要做但还未开始做的日志表格,通常这个日志包含需要交付的用户故事和产品需求,有时也会包含一些需要解决的项目或产品风险及问题。用待办事项列表来管理需求,可以很好地解决项目变化多和快的情况。我们可以用专门的工具管理待办事项列表,现在市面上已经有不少很成熟的待办事项列表管理软件。当然也可以用 Excel 表格管理,甚至可以在 PMO 的一面墙上用看板的方式管理待办事项列表。在待办事项列表里,需要交付的业务需求或产品问题可以通过对业务或用户价值的大小及需要立即关注的紧急程度来排序。

在产品交付周期内,会有更多的全新产品需求或任务不断地加到待办事项列表里,因此需要不断地进行待办事项列表的优化。优化需要秉承 DEEP 原则:

(1)细节恰到好处(detailed appropriately)。

需求的详细程度取决于其优先级,优先级越高的用户故事应该着手进行更加详细的分解和细化。细节恰到好处,可以让高优先级的用户故事达到编入下一个迭代的详细程度。

(2)工作量可预估(estimated)。

在待办事项列表中的用户故事应该有相应的工作量预估。优先级越高的用户故事,其预估应该越准确;低优先级的预估则允许有一定的误差,这也符合项目渐进明细的特点。工作量预估可以用用户故事点或完成所需时间,如人天或人时来表示。对用户故事工作量的预估可以在很大程度上决定对用户故事的合理的优先级排序。

(3)持续更新(emergent)。

在待办事项列表里的用户故事是动态更新的,随着市场环境的变化、更多信息的获取和业务优先级的变化等诸多情况,待办事项列表里的用户故事也会增加、调整、移除或重新排优先级。

(4)具有优先级(prioritized)。

在待办事项列表中的所有用户故事都应该具有优先级,优先级越高的显示在待办事项列表的顶部。随着外在因素的变化和团队内部资源的调整,用户故事的优先级也需要做出调整。当每次有新加入或移除的用户故事发生时,对现有用户故事的优先级排序也需要相应地做出调整。

2. 问题日志

在项目的生命周期里,项目经理通常会遇到各种预期之外的问题、项目执行的偏差以及团队成员之间的冲突,需要采取相应的行动来避免这些已经存在的问题对项目可能造成的负面影响。问题日志可以用来记录和跟踪这些已经发生的问题。问题日志一般会关注以下几点信息:

(1)问题类别。

(2)谁在什么时间提出了这个问题。

（3）问题描述。

（4）优先级。

（5）分派了谁处理这个问题。

（6）目标解决日期。

（7）问题解决的最终状态。

（8）最终解决的方案。

总之，问题日志可以帮助项目经理有效地跟踪和管理项目的常见问题，确保问题可以及时记录、分析和解决。项目经理在日常的项目监控过程中要利用问题日志，做到主动记录、及时更新和确保问题彻底解决。

3. 经验教训登记册

经验教训登记册通常包含经验教训的类别和适用场景的描述，可能还包含以前的教训所带来的不利影响和建议可以采取的应对措施等。这个登记册一般会记录所面临的项目挑战、问题、发现的风险和机会等内容，并对这些方面的可能应对方案提出合理化建议。

在项目的生命周期里，经验教训登记册有时会作为特定项目管理过程的输入或输出，比如在《PMBOK® 指南》第六版的指导与管理项目工作过程的输出就有经验教训登记册。除了以文本的方式书写经验教训登记册的条目，还可以通过视频、图片、音频等多种多样的方式来记录经验教训。在项目中每一个项目或阶段结束的时候，经验教训登记册便成为经验教训知识库，归档到组织过程资产里，成为组织过程资产的一部分，方便未来其他项目团队进行查询和借鉴。

4. 风险登记册

一般会根据项目的大小和复杂程度，决定记录在风险登记册里的风险的详细程度。记录在风险登记册里的风险需要周期性地进行评估。在评估后，通常以下风险相关信息需要进行更新。

（1）已识别的风险列表。

每个项目风险都应该有相应的唯一标识 ID 和尽可能清晰的风险描述。风险描述需要表达出风险的因果关系。比如，我们往往会用这样的句式："如果××原因成立的话，可能会对项目造成××的结果。"

(2) 风险责任人。

需要明确相应的责任人,此人是后续对该风险进行追踪和处理的指定负责人。

(3) 风险应对措施。

在识别风险和对风险进行定性分析后,需要梳理出针对特定风险的应对措施。项目经理需要周期性地评估风险的优先级和应对措施的有效性,并根据项目所处环境和风险优先级的变化对具体的风险应对措施做出相应调整。

除了以上的关键信息,风险登记册通常还可以加上风险的简短描述、风险类别、最新的风险状态、造成风险的原因、风险可能导致的后果、风险触发条件、WBS 关联活动、更新时间信息(如何时被识别、何时被更新或取消)等。

5. 干系人登记册

在识别干系人的时候,需要把相关信息记录在干系人登记册中。干系人登记册通常包含以下信息:

(1) 干系人相关信息,包括其姓名、所属组织的部门和职位、工作位置、联系方式和在项目中所扮演的角色等。

(2) 干系人评估信息,如对项目的主要诉求、期望,对项目潜在的影响,对项目哪个阶段存在比较大的影响。

(3) 干系人分类,内部/外部、影响/权力/利益/作用等项目经理认为可以作为分类的维度。

6.15 计 划 工 件

计划是为了完成项目目标所提出的相关方法。项目团队需要从多个维度考虑,并将其汇总,形成统一的项目管理计划。一般项目管理计划可以用文档的方式呈现,也可以用可视化的方式呈现,比如敏捷项目管理通常用用户故事地图来展示整体的发布和迭代/冲刺计划。

下面列出可能的计划形式和分类:

1. 需求管理计划

作为项目管理计划重要的组成部分之一,需求管理计划描述了项目或产品需求如何进行分析、记录并管理。需求管理计划通常包含以下内容：

（1）需求活动如何进行规划、跟踪和汇报。

（2）出现需求变更时，如何发起变更。

（3）如何进行影响分析，如何进行跟踪和汇报，以及完成变更审批所涉及的授权级别。

（4）需求优先级排序流程。关于需求优先级排序的方法，可以参考第 5 章的 KANO 模型和 MoSCoW 模型。

（5）会用到的需求考量指标和衡量标尺。

（6）对需求进行体系化跟踪的跟踪矩阵。

2. 范围管理计划

范围管理计划包含了在项目整个生命周期内如何进行定义、开发、监控、控制和验证项目和产品的范围，通常包含以下内容：

（1）完成项目范围描述的流程。

（2）从详细范围创建相应 WBS 的流程。

（3）建立、审批和维护范围基线的流程。

（4）描述对项目交付物进行正式验收的流程。

（5）项目范围说明书的模板样式和 WBS 分解的层级结构要求等。

3. 进度管理计划

进度管理计划是关于建立开发、监控和控制项目时间的相关活动的计划。它根据项目情况可能是正式的或非正式的，非常详细或只包含指导方针，最重要的是满足项目管理的需要。项目进度管理计划通常包含以下内容：

（1）项目进度模型的选择。选取制订项目进度计划的相关方法论和管理工具或模板。

（2）发布和迭代时长。敏捷开发项目一般是有固定发布和迭代时长的，以帮助项目以一定的时间节奏接近项目目标，并在多变的市场环境下减少因为范围的变更而对项目目标造成的影响，因为它能够让项目团队始终专注于最关键的需求和活动。

（3）精准程度。即项目所允许的精准程度和范围，在不同的阶段，所估计的时间精度会有所不同，相应地也需要考虑项目应急储备金。

（4）衡量单位。包括员工的工时，人天或者人周等关于人方面的单位，米、千米等关于材料的单位。

(5) 组织活动关联。通过 WBS 来保证时间估计和实际进度的关联。

(6) 项目进度监督和控制。用来在项目周期内更新进度状态和记录项目进展的流程。

(7) 控制阈值。用来监控进度管理表现,描述当超出某个范围时,需要相应地进行某些活动来管理。控制阈值通常通过与时间基准相比偏差的百分比来表示,即应用《PMBOK®指南》第六版中的偏差分析的工具。

(8) 进度绩效考核规则。一般通过挣值管理法或者其他的方式进行项目进度绩效管理。比如,一般包括需要约定时间百分比确定的规则、挣值管理法的具体细则、其他包括进度偏差、进度绩效指数等重要衡量指标等。

(9) 报告格式。包括项目进度报告的格式和汇报频率。

4. 发布计划

发布计划通常是根据产品路线图和产品愿景所涉及的高阶里程碑要求而制订的在某个年度内的发布时间计划。一个发布计划通常包含一个或多个迭代。发布计划根据相应的业务目标和产品特性之间的依赖关系,决定了本次发布包含哪些需要完成的需求,以及需要多长时间将这些需求变成可发布的状态。

5. 迭代/冲刺计划

在敏捷开发项目中,迭代/冲刺计划用来规划在本次迭代/冲刺中需要完成哪些用户需求或用户故事,这些用户需求或用户故事来自产品待办事项列表。在每次迭代开始时,敏捷团队会在一起讨论出需要进入本轮迭代/冲刺的范围和内容。

6. 沟通管理计划

沟通管理计划是项目管理计划中比较重要的组成部分之一。它用来描述如何系统化地规划、实施并有效地监控项目沟通。沟通管理计划通常包括以下信息:

(1) 干系人沟通需求。

(2) 需要沟通的信息,包括语言、格式、内容和详细程度。

(3) 沟通升级流程/上报步骤。

(4) 信息分发的原因。

(5) 信息分发的时间和频率,必要时还需要描述如何接受接收者的确认。

(6) 信息沟通的负责人。

(7) 私密信息披露和分发的授权人。

(8) 接收人或群体对信息沟通的需求和期望。

(9) 传递信息的方式和技术, 如通过会议纪要、邮件、正式文档或社交平台。

(10) 满足沟通活动的资源, 包括时间和预算。

(11) 随着项目进展更新沟通管理计划的方法。比如在不同的项目阶段, 会有不同的项目沟通对象。

(12) 通用术语表。

(13) 项目信息沟通流程图, 信息披露的授权流程图, 报告列表和会议计划等。

(14) 由于具体的法律法规或技术、组织要求所需注意的沟通约束。

沟通管理计划还包含项目状态会议及邮件信息等的指引和相关模板。根据项目使用的工具平台, 可能还包含项目管理软件和企业门户网站的使用指引。

7. 采购管理计划

采购管理计划包含了采购流程所涉及的典型活动。它可能会涉及各种类型的招投标所需完成的活动。如果项目的资金是由外部组织提供, 那么项目所涉及的采购管理计划、预算和项目计划还需要与外部的组织进行对齐。

采购管理计划包含以下指引:

(1) 采购如何从多个项目维度进行协调, 如项目进度开发和控制的流程。

(2) 关键采购活动的时间表。

(3) 管理合同的关键考量指标。

(4) 涉及采购的干系人角色和职责, 包括授权方和组织中负责的采购部门。

(5) 可能会影响采购规划的约束和假设。

(6) 涉及付款的法律条款和付款货币。

(7) 为了规避风险可能涉及的绩效考核条款。

(8) 组织可能已有的供应商短名单。

采购管理计划根据项目的具体情况, 有可能是正式的或非正式的, 可能是非常详细或只包括大的指导方针。

关于更多的典型工具和模板, 可以参考笔者的另一本书《PMP 项目管理方法论与敏捷实践》。

第 7 章 项目管理的关键实践

以下是对《PMBOK® 指南》第七版所涉及的典型项目管理实践应用场景的系统解读。这些具体的实践场景在 PMP 考试中常常出现,针对具体的项目案例场景,考生要用自己的理解去诠释,最终做到举一反三。

7.1 如何区分风险、问题和假设

在 PMP 考试中,很多考生会对风险、问题和假设等概念难以有效区分。下面对其总结以供考生参考和借鉴。

1. 风险

风险是潜在的,是对一个或多个项目目标产生积极或消极影响的不确定事件。

针对已经识别的风险通常记录在风险登记册。风险管理一般是围绕风险登记册而展开的。比如,把已经识别的风险记录在风险登记册中,并持续评估特定风险发生的概率和影响,从而确定风险的优先级水平。对风险的优先级评价和具体的应对办法也会持续记录在风险登记册中。

2. 问题

问题是当下已经存在或发生的,对项目绩效已经产生影响的事件。故而之前未识别的风险,如果一旦发生了就是典型的问题。由此可见,风险和问题是可以互相转化的。

针对现存的问题通常记录在问题日志中,问题日志在项目经理指导与管理项目工作过程中创建并持续更新,如把团队的管理问题和项目的沟通问题持续更新到问题日志中。

问题应该先分析再行动,故而在 PMP 考试题目中如果有"没有分析就马上去执行"的选项,通常都是错误的选项。

问题分析和解决的流程为:

(1)记录问题。

(2)分析可能的原因(可以通过画鱼骨图或连续问五个 why 来分析)。
(3)制订备选方案。
(4)选择一个最佳方案。
(5)跟踪和检查方案执行的效果。
(6)总结经验教训。

3. 假设

假设是可预见的可能出现的状况,现阶段认为正确的前提。假设是对将来的预期、猜测和假想,能不能最终确定还是一个未知的因素。

由于项目是渐进明细的,在项目的前期会充满各种不确定性。针对不确定性,项目经理需要提前预设各种假设条件。假设条件是项目经理基于当下所能获得的信息,对未来的合理判断。假设条件也是项目经理现阶段认为正确的前提条件,比如假设最近大宗商品不会快速涨价、关键项目资源会在未来某个时间点进场实施特定的项目任务。当后期假设条件不成立时,之前的假设就会转化为问题或风险。

假设越多,说明项目经理手中的权力越小,资源越少,风险也就越大。另外,假设越多,风险识别就越充分,某种程度上促进了风险应对和监督风险等工作的顺利开展。

现举一个例子来进一步区分以上三个概念。你作为项目经理接手一个项目。公司高层和项目发起人很重视这个项目,承诺会给这个项目投入充足的资源,并且承诺公司的某一个高级资源可以参与到这个项目中。你把这个高级资源在未来某个时间点能够参与该项目当作一种假设条件记录到假设日志中,并开始项目的规划工作。在该项目执行阶段,由于公司的战略调整,有一个优先级更高的项目被公司启动,之前承诺加入该项目的高级资源被公司高层调到了优先级更高的项目上,一时无法抽身兼顾其他项目。你意识到由于高级资源的短缺可能会导致你所负责的项目进度延期,你识别到延期风险并记录到风险登记册中。针对此风险的应对方法是寻求可以替代的资源,你去找该高级资源所属的职能部门经理去谈判,要求职能部门可以派遣替代资源来完成你的项目的关键工作。不幸的是,职能部门没有其他可用的资源,并且公司内部也没有可以调配的资源。你只能寻求外部资源的帮助,即找供应商来完成你的项目中的关键工作。你知道公司的采购流程通常很烦琐,历时周期很长,必须现在发起采购流程。所以你把当下项目的关键资源短缺,无法从内部获取指定资源当作一个问题记录到问题日志中。由于之前在项目规划期间并没有谈到要使用外包资源来完成该项目,所以你必须基于资源使用的变化提交变更申请,即以正式书面的形式向公司高层提交变更请求单。在公司高层和项目发起人审批通过的情况下,你联系公司的采购部门来发起正式的招投标采购流程,及时找到一个可靠的供应商来开展项目的关键工作,以期项目按时完成。

7.2　如何区分不同项目管理主线

《PMBOK® 指南》第六版列出了项目管理的 49 个管理过程,这些管理过程之间有着强依赖的先后关系。过程之间的关系可以表现为三条主线,即可交付成果线、绩效线和变更线。三条主线所关联的过程框架图如图 7-1 所示。

项目经理需要关注可交付成果,因为交付质量决定着项目是否能够验收。图 7-2 列出可交付成果线所关联的过程名称,以及过程所对应的关键输出。比如,定义范围是典型的过程名称,定义范围的典型输出是项目范围说明书,记录了确定要交付的可交付成果。

在《PMBOK® 指南》第六版中,定义范围过程产生定义的可交付成果,应用指导与管理项目工作过程来生成对应的可交付成果,通过控制质量过程来核实可交付成果的正确性,内部核实为正确的可交付成果才具备外部验收的条件,确认(验收)范围过程则用来邀请客户或项目发起人针对核实正确的可交付成果进行验收,并最终产生验收的可交付成果。验收后的可交付成果可以通过结束项目或阶段过程来移交最终的可交付成果给客户接收或运营部门。这里需要注意的是,《PMBOK® 指南》第六版把确认(验收)范围过程放到监控过程组而不是收尾过程组,说明比较好的实践是在项目执行过程中就已经获得客户对可交付成果的认可与验收,而不是在项目或阶段收尾时再发起验收,这里的项目或阶段的收尾只是形式上的收尾,验收已经在收尾之前做过了。这种理念与实际的项目执行场景会有所偏差,在 PMP 考试时需要格外注意。

项目经理需要关注项目的绩效,即工作绩效线。在《PMBOK® 指南》第六版中,指导与管理项目工作过程产生最原始的工作绩效数据,如项目工作包或活动的实际开始和结束日期。控制进度和控制成本过程针对最原始的工作绩效数据整理成工作绩效信息,包括进度绩效指数(SPI)和成本绩效指数(CPI)。最终由监控项目工作过程汇总成统一的工作绩效报告,通过汇编工作绩效信息所形成的实物或项目电子报告来制定决策、提出问题、采取行动或引起关注。

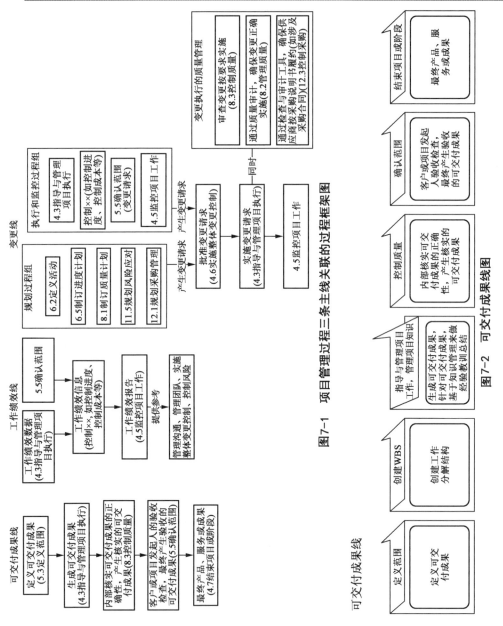

图7-1 项目管理过程三条主线关联的过程框架图

图7-2 可交付成果线图

第7章 项目管理的关键实践

当项目绩效有偏差时,项目经理需要考虑进行绩效纠偏。如果项目绩效偏差初见端倪,项目经理需要发起变更请求进行纠偏。《PMBOK® 指南》的指导精神是项目的变更无论大小都需要实施整体变更控制过程,变更的提交方式应该是正式书面,即在变更管理系统中开电子的变更工单(change ticket),工单的好处是能够记录变更的审批情况和过程记录。

7.3 何时选择上报项目发起人

在 PMBOK® 知识体系中,项目发起人一般充当项目经理的直接领导,其作用是明确项目目标,给项目提供资金,并为确保项目成功提供必要的支持。项目发起人可以不特指某一个固定的人员,可以是几个人共同担任,也可以是提供资金的组织或部门。

在传统项目中,乙方(卖方)的发起人是项目经理的直属领导,如项目总监或组织内分管项目的副总裁。同样,甲方(买方)也有项目发起人的概念,即发起甲方项目的部门及部门领导。敏捷开发的迭代中没有项目经理的角色,只有敏捷教练。PMP 知识体系中的项目发起人角色与敏捷迭代中的产品经理角色有很强的相关度,因为产品经理负责明确迭代目标,而项目发起人负责明确项目目标。

在 PMP 考试中有一个出题场景是"何时麻烦项目发起人",通常不要轻易地麻烦项目发起人,一般项目发起人也不会直接插手项目经理所管辖的日常管理工作。本书总结了以下情况,可能需要联系项目发起人或更高层领导定夺:

(1)在项目启动前,即项目准备阶段的商业论证准备过程中,项目经理最好参与其中,如果在此期间发现某些特殊问题或识别到可能的高层级风险,需要与项目发起人密切沟通。

(2)在项目初始启动阶段、项目章程起草及审批阶段,项目经理需要与项目发起人和关键干系人密切沟通,通过引导技术等软技能寻求各方对项目目标的一致理解,并获得项目发起人和关键干系人的支持。

(3)在项目规划阶段,如果发现关键干系人或职能经理不配合既定的项目章程拟定的工作,或不愿意批准项目管理计划,项目经理凭个人能力尝试影响无果,可以把这种项目的异常情况升级给项目发起人,获得项目发起人的必要影响力来推动日常工作。

(4)在项目执行或监控阶段,项目出现异常问题或重大风险以及项目章程或目标改变的场景,项目经理在其能力范围内无法应对,需要第一时间按照变更管理计划或风险应对的上

· 183 ·

报或沟通管理的升级步骤来寻求项目发起人或更高层领导的协助。

（5）在项目集经理或项目指导会（项目管理委员会或项目治理委员会）对项目经理所在项目的优先级进行重新评判，项目经理需要考虑项目目标和组织战略目标是否相一致的场景，项目经理可以联系项目发起人提供必要的指导，也可以按照组织既有的沟通渠道或异常升级流程来寻求与更高层领导沟通的机会。

以下是关于联系项目发起人或项目执行组织高层的典型例题：

【例7.1】 项目经理进行了风险分析，以供项目集经理审查。项目集经理改变了风险项目的优先级，现在该项目正在经历严重延期。项目经理应该做什么？　　　（　　）

A. 与团队合作，以便进度计划恢复正常

B. 接受延期，并将其记录在项目管理报告中

C. 将问题升级上报给项目发起人

D. 将该延期与团队研讨

参考答案：C。此题在考《PMBOK® 指南》第六版第十一章风险管理，监督风险过程。项目严重延期，并且项目优先级有调整，需要知会项目发起人，应该将当前情况上报项目发起人。

【例7.2】 在一个为期五年的项目执行一年后，项目经理得知，团队人员流动率高的原因是团队没有收到与正在从事同一个项目的其他团队相同的财务津贴。项目经理预测，较高的人员流动率将导致该项目延期两年半的时间。支付额外补偿的金额未包含在合同中，项目发起人不愿意谈判。项目经理应该怎么做？　　　（　　）

A. 向项目发起人提出一个减少范围的变更请求

B. 使用预算储备支付补偿

C. 将该问题升级上报给组织的项目集或项目组合管理办公室

D. 请求延长工期

参考答案：C。此题在考《PMBOK® 指南》第六版前三章项目集或项目组合管理的概念。项目集所辖的资源冲突和协调管理应在组织层级，不在项目经理权力范围之内。项目经理为了获得组织层级的资源，需要做必要升级。

第7章　项目管理的关键实践

【例7.3】　在项目执行阶段,客户的单一联系人发生变化,项目经理希望跟该联系人取得联系,但是他始终没空,请问项目经理下一步应该怎么做?　　　　　　　　　　(　　)

　　A. 遵循沟通管理计划

　　B. 将问题提交给指导委员会

　　C. 要求团队成员联系他们

　　D. 将问题升级上报给高级管理层

参考答案:A。此题在考《PMBOK® 指南》第六版第十章沟通管理,规划沟通管理过程。按照沟通管理计划的升级上报步骤来执行 B 选项或 D 选项的动作,故选 A。

7.4　如何区分项目启动会和项目开踢会

　　在 PMP 考试中非常强调两个重要会议,一个是项目启动会,另一个是项目开踢会。

　　项目启动会的作用是通过发布项目章程来授权项目,并任命项目经理,赋予项目经理动用组织资源的权力。所以项目启动会更多的是给项目立项背书,给项目经理进行正式授权的仪式会议。而项目开踢会则是在项目执行前的总动员,希望各方对项目目标的统一理解,并寻求与会人员对以后工作分派的认同和承诺可以完成指派的任务。国内项目通常开的项目启动会往往对应的是 PMP 考试中的项目开踢会,这一点是很多考生需要留意的内容。

　　那么,我们应该如何把握项目开踢会的执行细节呢? 项目开踢会是项目管理过程中一个非常重要的会议。在此会议上向项目相关方(干系人)介绍项目信息,如组织结构、项目管理计划和风险控制流程等。项目开踢会对项目成功至关重要。无论项目大小,都要进行包括项目主要相关方(干系人)的会议,给团队鼓舞士气,树立项目经理的威信,与客户面对面沟通获得其对项目的支持,获得高层领导对项目的支持,更关键的是使各项目相关方(干系人)全身心参与到项目的具体工作过程中。

　　在会议议程上,与其他会议一样,需要在会前对项目相关方(干系人)进行分析,并做好会议日程安排。与其他会议不同的是,项目开踢会的内容较为独特,会有一些固定的过程和内容,项目经理需要对以下具体内容进行介绍:

　　(1)项目的目的和意义以及项目的总体情况。项目管理的目标要包含对进度、成本和质量三方面的基准,用 SMART 原则进行阐述,做到可度量和可达成。

（2）项目的主要工作思路和关键可交付成果。包括如何做这个项目的思路,可交付成果主要的功能特性、非功能特性和期待的成本收益分析等。

（3）项目的组织结构、项目成员及其职责的介绍。强调项目经理的授权和应履行的责任,展现项目经理的领导力。在过程可控的情况下做到对团队成员的适度授权,体现项目团队成员集体合作的重要性。

（4）项目阶段和里程碑计划,以及具体的沟通计划。拟订诸如每周项目进展会议和阶段评审会议的时间表,会议的安排和主持需要责任到人。

（5）可能影响项目成功的关键因素。比如,明晰项目的主要工作制度,计划执行的管控要求,项目需求的确认和变更管理流程,以及相关责任人的澄清等。

（6）项目的风险和应对措施,力图尽早、尽全面地识别风险。

（7）近一周的工作安排和需要配合的工作。

会议的其他重要内容是提问环节,成功做法是消除项目相关方（干系人）的担忧,提高项目各相关方（干系人）的参与度。尽量通过甲乙双方领导在会上做重要讲话来树立项目信心,齐心协力达成期望。

关于会议的时间,不能在对项目一无所知的情况下召开项目开踢会,最好是项目经理、项目团队和项目相关方（干系人）磨合一段时间以后,即在项目团队已经对项目进行初步了解,对需求范围基本确定,双方对项目的价值观基本达成一致的情况下,召开项目开踢会是最合理的时机,也是最高效的。如果项目范围还没有定义好,召开项目开踢会让各方提建议,这样不利于需求获取和控制项目范围。此外,如果还没有与项目主要相关方（干系人）沟通,对项目的一些关键内容达成一致,召开此会议是不恰当的。

7.5　如何区分配置管理和变更管理

在《PMBOK® 指南》中,关于配置管理和变更管理的概念解析为:"配置控制重点关注可交付成果及各个过程的技术规范,而变更控制则着眼于识别、记录、批准或否决对项目文件、可交付成果或基准的变更。"以上概念的描述有些抽象,我们通过化繁为简的方式来理解这两个概念。

首先,什么是配置项。从信息技术项目的视角,所谓配置项就是信息技术项目所交付的实体,如服务器、网络设备、软件程序功能和文档等。软件和文档都是有多个版本的,很多企业都有配置管理系统,来记录各种配置项的历史版本,以备在生产环境的某个配置项版本发生异常,能够自动触发把比较接近的上一个版本的配置项发布到生产环境来代替原先异常的配置项版本,从而实现业务系统或文档的快速恢复。关于配置项的版本控制、历史记录的保留与恢复,这些都属于配置管理的范畴。配置管理的一个宗旨是要确保配置管理系统或数据库中的配置项数据最新呈现的参数和内容与已经发布到生产环境的配置项的参数和内容相一致。

变更管理更多的是存在于配置管理系统或数据库的配置项的版本控制的变更审批机制,一般变更管理需要走一个标准的审批流程,其步骤包括:

(1)识别需要变更的配置项。

(2)记录这种变更请求,通常是通过在工单系统中开变更申请单来记录。

(3)基于变更的影响分析来决定是否需要批准特定的变更请求。

(4)针对已经批准的变更请求,需要跟踪变更的执行情况和做好重大变更的事后回顾工作。

纯敏捷项目没有严格意义上的变更管理计划,针对冲刺或迭代的变更审批权限已经下放给产品负责人这个层级。即产品负责人说可以变更就允许变更。预测型或混合型生命周期的项目需要提前制订严谨的变更管理计划和配置管理计划。

7.6 如何区分项目质量管理相关概念

常规的质量管理过程包括规划质量管理、管理质量和控制质量。规划质量管理会产生质量管理计划,该计划强调建立质量目标和质量标准。管理质量强调项目执行过程的合规性,关联质量审计。控制质量则关注可交付成果的正确性,通过控制质量过程核实为正确的可交付成果才具备找客户或项目发起人进行可交付成果验收的前提条件。《PMBOK®指南》中关于这三个质量管理过程的框架图如图7-3所示。

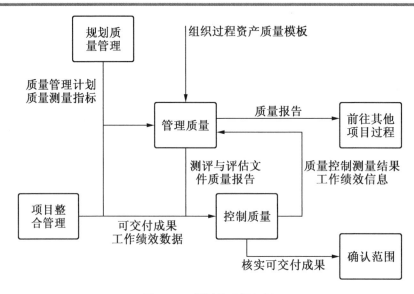

图 7-3 质量管理框架图

图7-3中质量管理计划和质量测量指标作为规划质量管理过程的输出,同时作为指导管理质量过程和控制质量过程的输入。这里的质量测量指标兼顾产品可交付成果的绩效指标(如产品缺陷率)和项目管理的过程绩效(如进度绩效指数和成本绩效指数)两个方面。简而言之,项目管理的KPI需要兼顾过程指标和结果指标。进度绩效指数和成本绩效指数都属于过程指标。《PMBOK® 指南》特别指出要对这两个指标进行项目管理全生命周期的预测,即进行进度预测和成本预测。

好的过程决定了好的结果,管理质量过程建立客户或干系人对未来项目工作在完工时满足特定的需求和期望建立信心。当然,在管理质量过程中可能有改变最初拟订的质量管理计划和质量测量指标的情况,遇到这种情况就需要以正式书面的形式提出针对质量管理计划的变更请求申请。

以下是关于PMP考试中质量管理内容的解题技巧汇总:

(1)如果题干中提到判断质量管理计划是否需要进一步修改,也就是说,之前在规划质量管理中制订了质量管理计划,后期通过哪个过程进一步提出修订申请?建议选管理质量过程,管理质量可能会改变之前确定的项目管理计划或质量管理计划,即重新制定质量标准。

第7章 项目管理的关键实践

（2）如果题干中提到着手具体生成或修订质量管理计划，一般在哪个过程？如果是质量管理计划的初始生成，建议选规划质量管理过程；如果具体修订质量管理计划，可以考虑指导与管理项目工作过程。

（3）项目中一个产品质量有问题需要解决，一般在哪个过程？控制质量过程。

（4）项目中多个产品质量有问题需要解决，一般在哪个过程？管理质量过程，可能是过程存在缺陷。

（5）管理质量：执行过程组，针对过程做过程改进，好的过程赢得客户对项目质量的信心。

（6）控制质量：监控过程组，针对产品做产品纠错，控制质量更多关注产品质量符合要求。

7.7 如何区分行政收尾和合同收尾

一般项目或阶段收尾涉及行政收尾和合同收尾两部分内容。这两部分都是项目收尾过程组的工作。行政收尾在结束项目或阶段过程中体现，合同收尾在控制采购过程的输出中具体体现，关联采购关闭的内容。

图7-4是项目行政收尾流程图，该流程的第二步为合同收尾的内容，说明行政收尾有时会包括合同收尾。

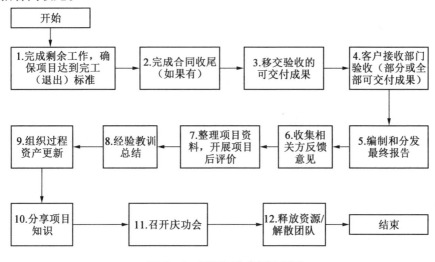

图7-4　项目行政收尾流程图

1. 行政收尾的核心步骤

(1) 确认全部技术工作都已经完成，项目可交付成果符合要求。

(2) 完成财务结算，即完成财务收尾。

(3) 移交项目产品。收集项目资料，开展项目后评价（测试客户满意度、失败或提前终止的原因、创建并分发最终的绩效报告）。

(4) 总结经验教训并归档，形成新的组织过程资产。

(5) 记录项目绩效和团队绩效，并释放资源/解散项目团队，宣布项目正式关闭。

2. 合同收尾的核心步骤

(1) 确认全部合同工作已完成，合同可交付成果符合要求，并验收可交付成果。

(2) 处理未决索赔或争议，完成与卖方的财务结算（包括退还保证金），释放履约担保，宣布合同正式关闭。

(3) 收集采购资料，必要时进行采购审计（可选项），总结经验教训。把资料和经验教训归档，形成新的组织过程资产，宣布采购工作正式关闭。

针对两种收尾程序需要特别注意的事项如下：

(1) 对于在项目目标未实现之前就提前终止的项目，也需要开展行政收尾。

(2) 在项目阶段结束时也需要开展行政收尾。

(3) 针对提前解除合同的情况，在合同解除时也需要开展合同收尾。

(4) 阶段结束时的行政收尾的性质与项目结束时的类似。

(5) 行政收尾由项目发起人或客户签发书面确认，签署完工协议，即项目阶段或整个项目关闭的书面证明。

(6) 只有获得项目发起人和客户签署的书面证明，才能说明项目已正式结束。

(7) 合同收尾由买方项目经理或合同（采购）管理员向卖方签发书面确认，即整个合同关闭的书面证明。

表 7-1 是行政收尾和合同收尾比较分析。

第7章 项目管理的关键实践

表7-1 行政收尾和合同收尾比较分析

	行政收尾	合同收尾
联系	1. 都需要进行产品核实,总结经验教训,对相关的资料进行整理和归档,更新组织过程资产 2. 都需要确认全部工作已完成,可交付成果符合要求 3. 从整个项目来说,合同收尾在行政收尾之前。从某一合同来说,合同收尾包括行政收尾工作,即合同收尾的主要工作也是供应商的交付物,需要以正式的方式移交给甲方项目经理或采购管理员 4. 提前终止时都需要执行收尾	
定义	项目内部收尾程序	结束合同并结清账目,并与外部客户交接的程序
发生时间/次数	每个项目或阶段结束时(一个项目或阶段只做一次)	每个合同结束时(一个项目或阶段次数不定)
所属过程	结束项目或阶段过程	控制采购过程
收尾性质	技术/管理层面收尾	商务层面收尾
内容	1. 完成财务结算,即完成财务收尾 2. 移交项目产品,收集项目资料,开展项目评价(测试客户满意度、失败或提前终止的原因、创建并分发最终的绩效报告) 3. 总结经验教训并归档,形成新的组织过程资产 4. 记录项目绩效和团队绩效,并释放资源/解散项目团队	1. 验收可交付成果 2. 处理未决索赔或争议,完成与卖方的财务结算(包括退还保证金),释放履约担保,宣布合同关闭 3. 收集采购资料,必要时进行采购审计(可选项),总结经验教训并归档,形成新的组织过程资产
触发收尾	行政收尾由项目发起人或管理层签发验收报告等书面确认(企业内部交接)	由买方项目经理或合同(采购)管理员向卖方签发书面确认(外部客户交接)
最后一步	遣散项目成员,在获得项目发起人书面确认后,宣布项目关闭	更新组织过程资产,宣布采购工作正式关闭

7.8 如何区分赶工与快速跟进

在 PMP 考试中经常出现由于时间不够需要进行进度压缩的场景。进度压缩的常用工具有赶工和快速跟进两种方式，也可以辅助调整某些活动的提前量与滞后量来进行缓解。提前量是相对于紧前活动、紧后活动可以提前的时间量。滞后量是相对于紧前活动、紧后活动需要推迟的时间量。紧前活动是指紧挨着当下这个活动之前发生的一个活动，紧后活动则是指紧挨着当下这个活动之后发生的活动。

针对项目工期的进度压缩，赶工和快速跟进是两种比较主流的方式。这两种方式的联系与区别归纳如下：

（1）赶工是通过在关键路径的活动上增加资源，缩短关键路径的持续时间，来压缩进度；快速跟进是通过将关键路径上本来串行的工作并行，来压缩进度。关键路径是项目进度网络图中最长时间的活动顺序，决定可能的项目最短工期。在实际项目中关键路径可能有一条或多条，关键路径越多项目管理越复杂。

（2）赶工的前提是有富裕的成本或资源；快速跟进的前提是关键路径上活动的依赖关系并非都是强制性的而是选择性的，并且不会因为快速跟进而增加不可控的风险。当资源只在特定的时间点才可用，一般不选快速跟进，只能选择赶工。

（3）进度压缩与赶工或快速跟进同时出现在选项中，不确定具体的进度压缩方式时选进度压缩。

（4）当赶工和快速跟进都可以选的时候，首选赶工，因为赶工更合理。

（5）题目中强调进度落后、成本结余（SPI < 1、CPI > 1）时，一般选赶工的进度压缩方式。

（6）题目中强调成本不能超，或成本很紧张，而关键路径上有非强制的依赖关系时，选快速跟进。

（7）赶工要考虑两个关键因素：一是要选择关键路径上的活动进行赶工，二是要选择赶工成本最低的活动或赶工方式，即以最小的成本增加来进行赶工。

（8）进度压缩的前提是不改变范围，因此通常缩小范围不是应对时间不够的最佳选项，除非万不得已进度压缩失效的情况下选缩小范围。

第 7 章　项目管理的关键实践

7.9　如何区分关键路径法和资源优化

关键路径法的典型特点是在假定没有任何限制条件或因素的情况下采取的进度规划工具,即此方法不考虑任何资源限制。但是,项目的进度计划一定要考虑资源限制,故而在制订进度计划时不可能只用关键路径法,必须配合应用其他方法。资源优化技术就是考虑资源限制的资源优化和平衡的技术。

资源优化通常是在使用关键路径法后使用资源优化技术,即资源优化考虑了资源的限制,是对关键路径法的合理补充。资源优化分为资源平衡和资源平滑两种。资源平衡是资源只在特定时间可用,资源有限、资源被过度使用等情境下使用。资源平衡一般情况下能够降低资源的负荷的变化,往往导致关键路径延长。资源平滑是对进度活动在自由浮动时间内进行调整,从而使项目资源需求不超过预定的资源限制。自由浮动时间是在不延误任意紧后活动最早开始日期或不违反进度制约因素的前提下,某进度活动可以推迟的时间量。活动在自由浮动时间内调整,关键路径无变化,项目完工日期也不会延迟。在 PMP 考试中需要掌握资源平衡通常改变关键路径,资源平滑往往不改变关键路径。另外,在 PMP 考试中如果题目场景出现资源短缺,或导致关键路径延长,就选资源平衡;如果题目场景是各时期资源需求起伏大,或在不同时期都要固定数量的资源,则选资源平滑。

下面通过例题体会关键路径法与资源优化的关联关系。

【例 7.4】　一旦项目采用关键路径法分析,必须应用下列哪一项技术来制订进度计划?

(　　)

A. 赶工

B. 资源优化

C. 分解

D. 快速跟进

参考答案:B。采用关键路径法时,必须使用资源优化技术,因为制定进度表(也称进度计划)时需要考虑各种制约因素和条件,如资源、成本、各类风险、天气与环境制约因素等,这些因素之间也是相互影响的。如果同时考虑所有这些因素,进度表一时无法产生。因此,关

· 193 ·

键路径法首先假定没有任何限制条件或因素的情况,不考虑资源限制,推算出理论中的最短工期,然后再逐步把各种限制条件、因素考虑进去,制定出符合现实情况的可执行的进度表。在现实条件下,资源不可能是无限的,因此要考虑资源限制,就得进一步使用资源优化技术。

7.10 如何区分管理团队和管理相关方(干系人)

在 PMP 考试中,管理团队成员与管理相关方(干系人)看似相近,但实际上的管理方法泾渭分明,稍不留意就可能掉入陷阱。

1. 管理团队和管理相关方(干系人)的相同点

(1)核心责任人都是项目经理。

(2)都需要使用问题日志。

(3)都会发生冲突,需要项目经理解决。

(4)解决冲突的最好方式都是面对、直接沟通。

2. 管理团队和管理相关方(干系人)的不同点

(1)管理团队强调对内部的项目团队成员进行管理;管理相关方(干系人)通常指的是项目团队之外的相关方(干系人)。

(2)在管理相关方(干系人)中,冲突解决方法比较单一,就是主动公关和沟通,去影响相关方(干系人)转变对项目的立场。在管理团队中,冲突最初可以由当事人自己解决,也可以通过项目经理介入解决,解决策略有五种,其中包括强迫/命令。而管理相关方(干系人)绝对不能使用强迫/命令。

(3)管理团队可以事先建立规则,并要求团队成员遵守规则(管理供应商也可以使用规则);而规则不适用于管理相关方(干系人)。一般团队规则只对内,不对外。

(4)预防冲突的方法,对管理相关方(干系人)来说,就是尽早识别相关方(干系人),并让相关方(干系人)尽早参与;对管理团队而言,包括采用团队章程和基本规则,以及成熟的项目管理实践(如沟通管理计划和资源管理计划、明确的角色分工)。

第7章 项目管理的关键实践

7.11 如何区分沟通管理计划和相关方(干系人)参与计划

在 PMP 考试中有一个重要的考点是沟通管理计划和相关方(干系人)参与计划的区别。沟通管理计划更多地针对沟通需求信息的发布和异常升级,相关方(干系人)参与计划主要是拟订关键相关方(干系人)的管理策略。

考试时如果选相关方(干系人)的情况,往往是相关方(干系人)没有事先识别到,导致项目有较大风险。如果选沟通管理计划的情况,往往是信息出现偏差导致。

沟通管理计划的具体内容包括确定在何时、以何种方式、给谁、发送什么样信息(频率),以及上报步骤或问题升级流程。沟通管理计划还包括项目状态会议、项目团队会议、网络会议和电子邮件信息等的指南和模板。其中项目状态会议的目的是交换信息,向与会各方适度地提供信息,可以是简单的状态报告,也可以是详尽的报告。另外,项目状态报告可以包括质量审计报告。

以下是具体的场景:

(1)在项目执行期间,某相关方(干系人)提出收到的信息不足或过多,项目经理应该怎么办?查询沟通管理计划。

(2)项目经理发现之前开会提出的问题,当前仍然未得到解决,在下次开会之前,项目经理应该做什么?查询沟通管理计划,做到必要的问题上报。

【例7.5】 项目包括来自不同国家、具有不同期望的相关方(干系人),要确保所有的相关方(干系人)都能获得项目状态的通知,项目经理应该怎么办?   (   )

A. 制订沟通管理计划

B. 制定项目章程

C. 制定相关方(干系人)登记册

D. 制订相关方(干系人)管理计划

参考答案:A。相关方(干系人)何时、以何种方式获得项目的状态信息,都将在沟通管理计划中进行规定。

【例7.6】 项目经理管理一个要求高、工期短的项目,在项目会议中工程设计团队通过

转换话题中断会议,从而引发其他与会者的问题,在项目执行期间如何避免这些问题? （ ）

A. 将中断会议的成员排除出会议

B. 在问题日志中记录问题,并与项目发起人讨论

C. 限制参加每次会议的团队成员

D. 规划沟通时制定会议模板

参考答案:D。此题是沟通管理出现问题,需要考虑沟通的具体形式和要求。在会议前确定会议内容及模板属于规划沟通管理的内容。

【例7.7】 项目经理接过一个处于执行阶段的项目,发现之前的项目经理与一些项目外部相关方(干系人)存在问题,且一些高级经理经常缺席项目状态会议。新项目经理接下来应该怎么做? （ ）

A. 审查相关方(干系人)参与计划

B. 审查相关方(干系人)报告计划

C. 制订相关方(干系人)团队建设计划

D. 与相关方(干系人)开会解释项目报告管理计划

参考答案:A。相关方(干系人)经常缺席项目状态会议,可以认为这是相关方(干系人)对项目参与度不够的问题。需要通过相关方(干系人)参与计划分析相关方(干系人)的需求与期望,以及所需参与程度和当前参与程度的差距,并采取必要的管理策略。

【例7.8】 实施一个新软件系统的项目将导致对公司结构和业务过程的变更。职能经理反对项目目标,项目经理接下来应该怎么做? （ ）

A. 认可职能经理并将该状况记录在风险管理计划中

B. 让项目发起人与职能经理讨论使项目可以实施的任何措施

C. 按照相关方(干系人)参与计划接洽职能经理

D. 让职能经理信服项目价值

参考答案:C。在项目进行中,相关方(干系人)方面的问题应根据相关方(干系人)参与计划进行工作。

7.12 如何区分管理相关方参与和监督相关方参与

在《PMBOK® 指南》第六版中有两个相关方管理过程很容易搞混,即管理相关方参与和监督相关方参与。弄懂它们的异同才算真正理解关于相关方管理的精妙之处。首先需要了解管理相关方参与和监督相关方参与的定义。

管理相关方参与:项目经理积极主动地去影响相关方,主动沟通,比如定期邀请(所有)相关方确认关键决策,提升相关方对特定项目的参与感和关注度。在管理相关方的过程中需要识别问题,并解决问题。比如,找到被拒绝了的那些变更,主要找变更申请人谈一下,并寻求进一步解决此问题的有效办法。

监督相关方参与:与相关方参与计划对比,发现既定的针对相关方的管理策略需要调整,及时找到偏差,并解决偏差。比如,持续收集针对参与策略实施效果的反馈,找到执行偏差,并及时调整相关方参与计划中针对相关方的参与策略。

基于以上定义,可以看出管理相关方参与就是项目经理通过积极沟通和人际关系技能促使相关方积极参与项目;而监督相关方参与则是密切监控在规划相关方参与过程中制定的针对特定相关方的参与策略的执行偏差,必要时及时调整参与策略,从而规避或减轻由于执行策略不当所导致的项目风险。

无论是管理相关方参与还是监督相关方参与,都在强调沟通技能以及人际关系与团队技能的重要性,故而项目经理如果要确保项目成功,需要具备冲突管理、谈判、领导力等诸多软技能。

第 8 章 PMP 考试全真模拟题

1. 公司聘用一名项目经理来协调一个期限紧迫的敏捷项目,项目经理和敏捷团队都由一名项目组合经理管理。该项目组合经理倾向于根据需要将开发人员重新分配给其他紧急事项。当项目经理与其接洽时,项目组合经理坚持认为他有权根据需要调动资源,项目经理应该怎么做? ( )

    A. 将此问题提升为问题日志中的问题

    B. 更新风险登记册

    C. 将此问题升级上报给项目组合经理的主管

    D. 请求额外的资源

2. 一个在地理位置上分散的团队(分布式/虚拟团队)正在从事一个 IT 项目,团队成员发现他们会改写彼此的代码,有时还会处理相同的功能。敏捷教练正在评估如何能够促进团队成员之间更加一致的沟通,从而避免这些问题。敏捷教练应该怎么做? ( )

    A. 举行冲刺评审　　　　　　　　B. 召开回顾总结会议

    C. 安排每日站会　　　　　　　　D. 开发一个任务分配系统

3. 一个组织正在开展一个软件应用程序开发项目,有不同的干系人参与到该项目的不同阶段(如需求分析、架构设计、开发等阶段)。项目经理应该如何让干系人在整个项目过程中参与? ( )

    A. 使用来自干系人的信息来制定项目需求

    B. 定期与干系人确认关键项目决策

    C. 让干系人参与制定项目商业论证

    D. 不断与干系人分享项目状态报告

4. 一家跨国公司的组织单位有大量的产品增强功能待办事项,这些产品增强功能是暂时保留的用户故事。待批准的预算申请在上周获得批准。作为初始程序(启动过程组)的一部分,新指派的项目经理应该做什么? ( )

A. 记录项目生命周期和方法讨论需求

B. 为所有用户故事制订一份进度计划

C. 对所有用户故事执行风险评估

D. 根据以前相同产品的项目分配资源

5. 在一次迭代结束时,一名团队成员告诉项目经理,由于几天前出现了无法解决的问题,一个计划任务未完成。若要在将来避免这种情况,项目经理应该怎么做? ( )

A. 在回顾总结会议上讨论该问题

B. 在演示中说明该问题

C. 在下一次迭代规划会上讨论该问题

D. 在下一次迭代每日站会上审查该问题

6. 实践敏捷方法的开发负责人被任命为一个敏捷项目的研发经理,该负责人与使用瀑布式方法的业务分析师密切合作,但这两个方法的差异已经开始对团队绩效产生负面影响。项目经理就这种情况分别与开发负责人和业务分析师会面,但未能解决问题。项目经理下一步应该怎么做? ( )

A. 与业务分析师的经理谈话

B. 请求提供一名具有敏捷方法经验的新业务分析师

C. 为业务分析师提供敏捷方法方面的培训

D. 与业务分析师和开发负责人一起召开一次联合会议(JAD)

7. 一名高管在生产上线期间加入敏捷团队。在上线之后,该高管希望知道冲刺(sprint)期间哪些进展顺利、哪些进展不顺利。该高管应该参加什么会议? ( )

A. 回顾总结会议(retrospective)

B. 每日站会(daily Scrum)

C. 冲刺评审会议(sprint review)

D. 冲刺计划会议(sprint planning)

8. 项目集经理要求定期更新计划下项目的进展情况。除了一个项目外,其他项目都使用传统方法进行管理。项目集经理指出在整个规划中有太多的范围变更,希望看到这些变更是如何影响各个项目的总体进度的。对于领导敏捷项目的敏捷教练来说,要满足项目集经理的要求,最好的行动方案是什么? ( )

A. 邀请项目集经理参加迭代审查会议

B. 建议项目集经理参加每日站会

C. 建议项目集经理联系产品负责人

D. 定期将发布燃起图发送给项目集经理(强调进度控制,而不是验收检查)

9. 敏捷团队正在根据商业分析师团队提供的用户故事开发产品。在第四次冲刺之后,干系人举行了一次演示,其中三个已完成的故事获得通过,其余两个故事未能满足干系人的期望,项目经理应该怎么做? （   ）

A. 要求商业分析师开发新的用户故事

B. 审查用户故事并签发变更请求

C. 确认干系人的期望,然后更新并重新编写用户故事

D. 启动一个新项目,将修订后的用户故事纳入工作范围

10. 在迭代的中途,敏捷团队遇到了一个小的技术问题。其中一名团队成员回忆说,敏捷教练从他过去作为高级开发人员的经验来看,是这个领域的专家。团队要求敏捷教练帮助解决这个问题。敏捷教练首先应该做什么? （   ）

A. 让团队解决问题　　　　　　B. 帮助团队解决问题

C. 为团队解决问题　　　　　　D. 咨询产品负责人

11. 项目团队在交付产品增量时遇到困难,项目经理安排一次回顾总结会议以找出差错。谁应该参加这次会议? （   ）

A. 指导委员会成员

B. 所有直接参与项目生产进度工作的成员

C. PMO 的负责人和项目经理

D. 参与该项目的每个团队的团队领导

12. 你正在完成一个非常复杂的内部项目,该项目的需求可能会不断变化。一旦产品准备就绪,你希望根据部门标准程序上线该产品。你过去曾管理过类似的上线任务。你推荐采用哪种生命周期? （   ）

A. 预测型生命周期　　　　　　B. 迭代型生命周期

C. 增量型生命周期　　　　　　D. 混合型生命周期

13. 在当前冲刺期间,产品负责人的可用性受到了其他承诺的限制。在每日站会上,团队成

员抱怨他们不能从产品负责人那里得到答案,结果产品增量的开发被延迟。对于敏捷教练来说,最好的行动方案是什么? （　　）

A. 让高级开发人员做出产品决策

B. 代表团队成员联系产品负责人

C. 在冲刺审查期间提及可用性问题

D. 在冲刺回顾中讨论可用性问题

14. 你刚刚被分配到一个即将到来的敏捷项目中。作为项目前期工作的一部分,你要审查组织关于合规性的所有政策和程序。你意识到其中只有一些可能适用于你的项目,首先你应该做什么? （　　）

A. 将项目管理方法从敏捷切换到传统

B. 将所有合规政策和程序纳入实施战略

C. 确保合规活动包含在项目进度基准中

D. 对合规性目录进行分类以确定项目资源的支出

15. 一个项目已获得批准,且资源管理计划已到位。项目经理联系职能经理,并要求他们把所在地区的主题专家(SME)分配给项目团队。然而,由于年终收尾活动,首席财务官拒绝从其他部门分配主题专家。项目经理应该做什么? （　　）

A. 请求项目发起人使用其影响力来释放该资源

B. 为该项目雇用一个新的永久性资源

C. 推迟该项目直到该资源可用为止

D. 获得一个临时和技能熟练的外部资源

16. 一个沉浸于传统瀑布式项目管理的 PMO 聘请你作为敏捷实践者,来指导组织向敏捷的转变。在完成对组织文化的初步评估之后,你意识到许多干系人都抵制变更。你的最佳行动方案是什么? （　　）

A. 提供培训来确保员工更加专业化

B. 同时将所有项目向敏捷过渡

C. 寻求愿意支持这一事业的高层领导

D. 确保工作分解成孤岛

17. 一个在瀑布式项目管理方法方面经验丰富的团队被分配到一个敏捷项目中。为了使转换更容易,已经决定保留瀑布方法的一些要素。在迭代审查期间,项目经理意识到开发团队之间的误解导致了工作的重复。项目经理如何处理这个问题? (   )

A. 在即将到来的迭代回顾中提出该话题

B. 什么都不做,因为团队成员正在从瀑布过渡到敏捷

C. 弹回到瀑布项目管理框架

D. 提交变更请求以更新沟通管理计划

18. 一个敏捷团队正在努力实现一个积极(挑战)的发布目标。敏捷教练最近注意到,其中一名开发人员的表现下降了,而且她参加小组讨论的次数似乎减少了。敏捷教练应该做什么? (   )

A. 要求其余团队成员完成此开发人员的工作量

B. 在冲刺回顾会议上讨论开发人员的绩效问题

C. 私下与开发人员会面,并尝试确定激发他们动机的因素

D. 寻找替代者,因为敏捷团队需要最好的人才

19. 敏捷团队正试图确定理想的迭代长度。团队成员对此进行了长时间的激烈争论,但没有人愿意妥协。敏捷教练被找来帮助解决冲突。对于敏捷教练来说,最好的行动方案是什么? (   )

A. 避免参与过程并让团队达成共识

B. 建议评估每个建议的迭代长度的优缺点

C. 如果团队无法达成协议,以纪律处分威胁他们

D. 在关系受损之前为团队做决定,从而打破僵局

20. 为了使新确定的干系人尽早参与项目,敏捷教练建议邀请他们参加即将举行的冲刺审查会议,以证明团队正在朝着正确的方向发展,并从干系人那里获得有关团队工作完成情况的反馈。以下哪项是邀请干系人参加本次会议的另一个原因? (   )

A. 反思团队绩效

B. 为下次冲刺确定高风险用户故事的优先级

C. 重新确定发布待办事项列表优先级

D. 讨论下次冲刺的高级别计划

21. 新项目中的所有团队成员都希望通过尽快交付价值来获得客户的信任。项目经理了解

到一个资源已经在其他项目中与项目发起人一起工作。某资源似乎在使用个人影响力,从而与项目发起人合作以增加项目的利益实现。在项目的哪个阶段,项目经理应该解决这个问题以优化成本效益? （ ）

  A. 在团队的执行阶段开始时   B. 紧接在第一次效益实现后

  C. 在下次回顾会议期间   D. 在下次资源绩效审查期间

22. 敏捷教练正在进行日常的站会。开发团队的每个成员都表示,由于各种阻碍,他们的工作已经停滞。整个开发团队都被闲置,并且进度基准处于危险之中。敏捷教练首先应该做什么? （ ）

  A. 在会议期间努力解决问题

  B. 分析并优先设置阻碍的优先级

  C. 与此同时让团队参与另一个项目

  D. 将该问题升级上报给项目发起人

23. 一个敏捷团队举行了一次发布回顾,讨论的重点是在软件发布之前的几周内发生的一些高风险事件。这些风险很难解决,并威胁到发布日期。风险在发布计划的早期就已经确定了,但是与对客户来说价值相对较高的用户故事相关联。为了避免这些风险在离预定发布日期较近的时候发生,我们应该做什么? （ ）

  A. 应该批准加班,并在发布前几周增加资源,以减轻高风险用户故事的影响

  B. 产品负责人应该更勤奋地在待办事项列表中编写用户故事,以便将风险降到最低或完全消除

  C. 真的没有什么可以避免所描述的问题,因为风险事件总是发生在预定的发布日期之前

  D. 产品负责人可以在产品待办事项列表中提前而不是推迟完成高风险用户故事

24. 敏捷教练一直在通过或超越他们当前的角色来培养和发展团队成员。这帮助一些团队成员发展了他们的专业技能,使他们觉得已经超越了自己的角色。最终,他们中的一些人离开了团队,在组织内外寻找新的机会。敏捷教练的方法正确吗? （ ）

  A. 不正确,敏捷领导者必须确保团队成员永远不会离开他们的团队

  B. 正确,敏捷领导者应该培养团队成员,即使这意味着失去他们

  C. 不正确,敏捷领导者可能会培养团队成员,但不会超越他们当前的角色

  D. 正确,敏捷领导者必须确保团队成员最终离开团队

25. 项目每日站会时间很长,经常超过两个小时。项目团队利用站会对项目障碍的解决方案进行扩展讨论。项目经理应该做什么来改善每日站会? ( )

A. 邀请部门经理参加团队成员的讨论,以便以商业方式确定解决方案

B. 要求在每次站会时缩短讨论时间,留出更多的工作时间

C. 加入新的团队成员,他将负责管理障碍和会议来讨论可能的解决方案

D. 指导团队成员,让他们有机会缩短所有的站会,并改进他们确定解决方案的方法

26. 在一次会议上,产品负责人重申了产品愿景,描述了目标用户组、业务目标,以及敏捷项目即将发布的主要功能。随后,为了直观地描述这些功能,产品负责人创建了产品路线图。以下哪项最能描述会议目的? ( )

A. 在项目干系人之间建立共享的项目愿景

B. 为每个即将发布的版本创建产品待办事项列表

C. 在项目干系人之间建立共享发布愿景

D. 确定项目范围、进度、成本、质量和资源

27. 一位来自传统项目管理组织的项目经理被分配到正在进行的项目中。最近,该组织开始在其项目中使用敏捷方法。项目经理听说有些团队成员感觉缺少关键主题的专业知识,并且团队内部协作不足。项目经理应该如何回应这些团队成员的担忧? ( )

A. 聘请第三方专家来填补知识空白

B. 通过请求向项目发起人添加额外资源

C. 添加跨职能的内部资源

D. 在可能的情况下,修改甘特图到看板

28. 一个开发团队正在为他们的敏捷项目进行计划中的一次冲刺。一位干系人找到敏捷教练,想知道为什么在上一次冲刺中删除某一功能、在下次冲刺中交付什么功能计划以及钱是如何花在项目上的。在这种情况下,敏捷教练最好采取什么行动方案? ( )

A. 建议干系人查阅项目燃尽图

B. 将干系人推荐给团队成员以获取信息

C. 建议干系人与产品负责人交谈

D. 在每日站会上提供所要求的信息

29. 由设计师、程序员和测试人员组成的项目团队使用看板来管理他们的工作流程。在监督

项目进度计划时,项目经理审查看板,并注意到由在制品(WIP)限制引起的测试栏瓶颈。结果一些程序员被闲置,团队的速度变慢,并且进度基准处于危险之中。对项目经理来说,最好的行动方案是什么?   (   )

A. 从看板删除所有 WIP 限制

B. 询问是否有空闲程序员可以帮忙测试

C. 降低看板上的测试 WIP 限额

D. 提交变更请求以更新进度基准

30. 一个敏捷团队在最近的几次迭代中加班加点地工作。项目经理决定,从现在开始,团队应该保持每周 40 h 的工作时间。项目经理做出这个决定最可能的目的是什么?(   )

A. 最大化未完成的工作量　　　　B. 最小化在进行中的工作量

C. 频繁交付工作软件　　　　　　D. 促进可持续发展

31. 项目经理负责的一个项目接近尾声,几项任务现在已经完成,可移交给客户。项目经理应该怎么做?   (   )

A. 更新整个项目的质量管理计划

B. 结束已完成的项目任务

C. 更新整个项目的沟通管理计划

D. 让客户确认并接受已完成的任务

32. 在管理某项目时,项目经理注意到,尽管前几张月度发票都很清晰,但还是受到客户质疑,收到的实际发票款项也出现延误支付的情况,而且未按合同约定的付款日程表支付,最近的发票只是获得部分支付。项目经理应该做什么?   (   )

A. 将未付款的情况增加到问题日志中,并对付款情况持续跟踪

B. 与客户举行会议,以解决该问题

C. 审查过往项目,了解与付款相关的经验教训

D. 安排与项目团队开会,并更新采购管理计划

33. 某建筑项目的一位关键干系人花在工地上很多时间,干扰团队的工作。在这种情况下,项目经理应该做什么?   (   )

A. 努力理解该关键干系人的顾虑,并在例行的项目状态报告中提供反馈

B. 安排一个会议,与团队成员共同解决该关键干系人的顾虑

C. 将情况上报至项目发起人,因为该关键干系人的行为正在影响进度

D. 向该关键干系人着重表明,项目正在如期推进

34. 项目经理将运用混合型方法开始一个项目,他注意到某些团队成员仅了解预测型方法。项目经理首先需要做什么才能获得出色的项目绩效? （　　）

A. 评估每名团队成员所需的培训

B. 向所有团队成员提供混合型方法方面的培训

C. 指导缺乏混合型方法知识的团队成员在工作中学习

D. 对团队进行改造,将混合型方法方面的专家包含进来

35. 一位项目经理领导着一个6人的敏捷团队。团队当前的速度和待办事项列表中剩余的故事点的数量表明项目趋向于满足进度基准。在项目执行的中途,项目发起人通知三名团队成员被重新分配到一个新的更高优先级的项目,并且不会被替换。项目经理接下来应该做什么? （　　）

A. 向项目发起人提供一份正式的信函,说明项目已经终止,因为用剩余的资源实现项目目标并不现实

B. 请求剩余的团队成员再执行三次冲刺,以确定新的速度(速率),这样可以估算新的项目完成日期

C. 要求加班,为剩余的团队成员分配奖金以弥补差距,并确保项目目标的实现

D. 根据剩余的资源提交变更请求来修改进度和/或范围基准,并评估如何继续进行的选项

36. 在项目执行期间,项目经理注意到,只有一名团队成员具有构建产品所需的其中一项技术技能。项目经理担心将来可能会对质量和进度计划产生影响,因为多数即将开展的活动至少需要三名具备该特定技能的团队成员,项目经理应采取哪些措施来避免团队成员不符合资格要求?（选择两项） （　　）

A. 将该新技能教给整个团队

B. 鼓励团队成员结对工作,并进行知识共享

C. 增加需要此类能力的活动预计所需时间

D. 与外部培训师一起开展培训活动

E. 将相关活动从路线图中剔除

37. 客户为了开展一个敏捷项目把自身组织设计为一个矩阵型组织。项目经理正在现场与来自该组织不同部门的关键干系人共同开展工作,项目经理应该如何应对或管理不同干系人的参与情况? （   ）

    A. 项目经理正在客户的营业场所开展工作,因此他遵循所有关键干系人的指示

    B. 这是一个敏捷项目,因此仅听从项目经理的主管和该组织职能部门经理的指示

    C. 由于观点各异,因此要进行干系人分析并根据结果行事

    D. 所有干系人都很重要,因此项目经理应该遵循管理层和关键干系人的指示

38. 在一个迭代期间,某团队一直在努力应对各种问题。项目负责人推动讨论这些问题,团队达成新的共识。在下一个迭代期间,一些同样的问题再次出现。项目负责人接下来该做什么？ （   ）

    A. 让团队自我组织,并确定防止这些问题再次发生的最佳方式

    B. 强烈建议团队确定这些问题是否再次出现,因为共识未得到遵循

    C. 将这些共识发布在显眼的地方,以便所有团队成员都能看到

    D. 将这些问题通知高层管理人员,让他们审视与团队达成共识的重要性

39. 某项目团队最近完成了为某公司开发一个自动化薪资管理系统的首个冲刺。项目经理已安排与产品负责人和团队成员举行冲刺规划会,以讨论接下来应该开展哪些功能方面的工作。为了使该会议富有成效且产生预期结果,项目经理需要哪些信息？（选择两项）
    （   ）

    A. 产品待办事项列表　　　　　　B. 冲刺章程

    C. 公司使命和愿景　　　　　　　D. 冲刺目标

    E. 燃尽图

40. 鉴于先前与某客户共事的经验教训,项目经理注意到,该客户对发送给他待其审批的文件的处理时间比较长,总是超过约定时间表,在与该客户举行的初始开踢会上,项目经理应该如何为新项目解决此问题？ （   ）

    A. 更新项目风险登记册,在其中注明可能会发生延误的情况

    B. 告知客户需要额外增加资源,使客户有更多时间审核待审批文件

    C. 告知客户其有责任审批相关文件

    D. 与客户共同确定可接受的文件审批期限

41. 项目经理正在跟进一个项目,但一位关键干系人不接受该项目的 KPI 结果。项目经理应该使用哪种工具或技术来解决此问题? （   ）
    A. 专家判断   B. 变更控制工具
    C. 自主决策   D. 系统交互图

42. 新项目经理了解到,分配给团队的工作已分解到最低层级。他审查了工作,感觉缺少某些额外的有用信息。项目经理应该审核以下哪项? （   ）
    A. 需求跟踪矩阵   B. 项目章程和范围说明书
    C. WBS 词典   D. 业务需求文档（BRD）

43. 你向项目出资人提供了项目的成本估算,他对估算不满意,认为价格太高了。他要求你削减项目估算的 15%,你应该怎么做? （   ）
    A. 启动该项目,并不断节约成本
    B. 告诉所有团队成员削减其估算的 15%
    C. 向项目出资人出示估算依据
    D. 加入工资率低的额外资源

44. 某团队已准备开始与一个客户一起开展一个项目。该客户过去很难共事,因其无法准确描述自己的需求。项目经理应该运用什么方法消除该障碍因素? （   ）
    A. 制订并监督一个到期日明确的计划,以减少完成产品的时间
    B. 与产品负责人共同定义最小可行产品
    C. 遵循预测型方法,以便每个可交付成果均可被正式接受
    D. 通过培训增强团队的谈判技能和软技能

45. 某零售连锁店正在评估一个项目,以更换其在多个地点的所有门店的支付系统。该项目未超过门槛金额,预期会增加市场份额、改善客户服务并留住更多客户。该项目计划将基于从各阶段回顾会议了解的情况分阶段实施。该零售连锁店应该如何增加该项目的价值? （   ）
    A. 在各阶段的效益管理计划中,对预期的有形效益和无形效益进行量化
    B. 向专家请教降低成本和增加项目财务价值的方法
    C. 让效益负责人重新评估所识别的正在对财务效益的结果产生影响的风险
    D. 使用鱼骨图查明效益负责人财务效益较低的根本原因

46. 一个新组建的团队已经习惯于敏捷实践。项目负责人注意到,尽管他们的绩效符合期望,但很多团队成员对日常项目团队的实践感到厌烦。在这种情况下,项目负责人应该做什么? ( )

   A. 允许团队自我组织,让他们在回顾会议上分析情况并自行纠正问题

   B. 强烈建议团队探索提高绩效的新方法,使情况发生改观

   C. 与团队成员进行个别谈话,确定他们希望做什么来使团队的情况发生改观

   D. 让团队向高层管理人员报告这一情况,征求建议

47. 项目经理正在领导的一个项目呈现出超过成本基准的趋势。项目经理应该首先做什么来管理预算? ( )

   A. 告知干系人项目完成时会超出预算

   B. 向项目发起人寻求帮助,使预算重回正轨

   C. 与项目团队开会分析实际成本,以确定偏差

   D. 提出变更请求(包括分析),以增加预算

48. 某公司希望在竞争激烈的市场上提高其某一产品的商业价值。为此,该公司委托项目团队开展一个项目,以创建一个原型,该团队增量式地构建了该原型。项目经理应该将哪项行动作为优先要务? ( )

   A. 确保项目发起人知道上市日期

   B. 尽快交付商业价值

   C. 强调使用看板方法

   D. 实施"计划—实施—检查—行动"(PDCA)周期

49. 在项目的第三个迭代期间,两名现有团队成员被取而代之。随着项目进入下一个迭代,团队速度下降,绩效开始下滑,项目经理应该做什么? ( )

   A. 将该问题上报给项目发起人

   B. 举行团队建设活动,以解决 KPI 问题

   C. 引导团队回到形成阶段和震荡阶段

   D. 与人力资源部门讨论生产效率下降的问题

50. 产品团队正在运用原型法开展工作,以交付一个为期多年的业务计划,几个用户故事需要更长时间才能交付,项目经理应该做什么? ( )

A. 在回顾会议上确定风险和解决方法

B. 确定跨职能部门依赖关系,并规划在下一个迭代中应用一个探针

C. 在提供项目更新期间,将该延误的情况告知干系人

D. 发现沟通管理计划中的不足并相应地解决它们

51. 在执行阶段,项目经理发现,事业环境因素最近发生的变化将使实施成本大幅减少,而且还将缩减项目进度计划,项目经理应该如何应对这种情况? ( )

A. 与项目团队开会决定如何使用剩余预算

B. 在项目收尾之前将额外预算留作管理储备

C. 给予团队额外时间,使其能够在原定期限内完成任务

D. 遵照项目上报政策和沟通管理计划

52. 为项目供应一款特殊设备的供应商报告称,由于次级供应商遇到技术问题,交货可能会迟延。为了保持进度计划,该供应商提议弃用该次级供应商的组件,代之以与项目规格中规定的组件不同的类似部件。项目经理接下来应该做什么? ( )

A. 坚持要求使用符合项目规格的组件,并将设备空运过来,以减轻迟延风险

B. 接受更换提议,以便使采购活动正常进行

C. 指示供应商使用符合项目规格的部件,并更新进度计划

D. 咨询主题专家的意见,了解该变更提议可否接受

53. 某食品公司运用预测型方法开发一种新产品,该产品目前正处于测试阶段,鉴于测试反馈的特点,项目经理已决定采用迭代方法。在其中一个迭代结束时,政府颁布了一部与该产品相关的法规。项目经理接下来应该做什么? ( )

A. 重新进行测试,使试验符合新法规

B. 进行评估,以确认在下一个迭代中遵守新法规

C. 举行迭代审查会议,以应对新法规

D. 就项目范围提出变更请求,以确保遵守新法规

54. 在某项目执行期间,财务团队发现,他们未参与项目商业论证的编制工作,不会批准估算的投资回报率,项目经理应该做什么? ( )

A. 根据项目管理计划继续开发,并在交付后解决该问题

B. 重新查阅范围管理计划,并将此情况注明为风险

C. 安排与产品负责人和财务团队开会,以商定校正措施

D. 重新查阅沟通管理计划,并做出必要调整

55. 一个组织执行了电子邮件迁移项目,虽然电子邮件迁移成功,但用户地址簿信息的迁移却不正确,这会影响该组织的内部沟通。项目经理应该怎么做? ( )

A. 向所有干系人解释这种情况,然后就后续步骤达成一致

B. 确定迁移错误的根本原因

C. 要求项目团队提出纠正措施

D. 请求项目发起人批准延长项目时间

56. 一名曾在敏捷环境中工作过的新成员让项目团队的一些成员感到沮丧,这名新成员每天都会接近项目团队成员,试图参加每日站会,项目经理应该做什么? ( )

A. 就项目团队正在使用的方法,为新成员提供辅导

B. 安排会议,让项目团队查阅沟通管理计划

C. 向项目团队成员发送电子邮件,概述沟通策略

D. 让项目团队其他成员继续与新成员开展讨论

57. 当项目发起人找到敏捷教练,要求在当前的冲刺中立即开发一个新的、紧急的、潜在的、复杂的强制性法规遵循相关的需求时,敏捷团队正处于冲刺的中途。项目发起人强调,如果需求没有实现,整个项目可能会被取消。敏捷教练的最佳回应是什么? ( )

A. 将要求添加到产品待办事项列表,并请求产品负责人在冲刺结束之后审查需求

B. 与产品负责人讨论要求,让他做出决定,包括冲刺取消

C. 提交变更请求以更新范围基准并将要求添加到需求跟踪矩阵

D. 将要求添加到当前冲刺待办事项列表,并指示团队立即开始处理该待办事项列表

58. 由于时间方面的制约因素,项目发起人通常会让项目经理免去项目回顾会议,但项目经理会通过减少准备和讨论的时间,坚持保留这一重要会议。项目经理的这些措施可能会导致的问题是什么?(选择两项) ( )

A. 参加研讨会的团队缺乏方向和积极性

B. 聚焦于负面情况,对进一步的改进不感兴趣

C. 进行的很多讨论要么无果而终,要么可能会形成太多结果

D. 其他团队的经验教训不会被纳入考虑范围

E. 回顾研讨会的时间管理计划不会得到更新

59. 某项目处于知识转移阶段,几名主题专家前往客户现场开展知识转移活动,主题专家捕捉到各种过程方面的偏差,但未与项目团队分享这些信息。项目经理如何才能确保在团队内完成知识转移? ( )

   A. 让PMO指导团队成员实时看到这些偏差,并推动团队成员解决相关问题

   B. 让项目团队在项目收尾阶段举行一次经验教训会议,将该问题包含进来

   C. 让项目团队与客户举行一次偏差日志审查会议,强调指出该项目可能无法按进度计划上线

   D. 让主题专家将知识转移文档上传至项目管理信息系统(PMIS),从而向所有其他成员分享这些文档

60. 项目经理正在领导一个处于高级阶段的项目。风险管理计划中识别的所有高层级风险均已解决,对项目不再构成风险,低层级风险仍然存在,项目经理现在应该做什么? ( )

   A. 降低项目风险的优先级,因为剩余风险均为低层级风险

   B. 对已识别的风险重新评估,并更新风险登记册

   C. 通知干系人所有高层级风险均已解决

   D. 将低层级风险重新归类为高层级风险

61. 项目经理收到项目团队中一名业务分析师的电话留言。该业务分析师指出,一名内部干系人对项目开始前未让其参与项目耿耿于怀,该干系人要求对需求跟踪矩阵新增内容。项目经理应该做什么来增进与该干系人的关系? ( )

   A. 更新干系人参与计划,以确保该干系人被纳入项目干系人名单

   B. 查阅项目范围文档,以确保新增内容涵盖在范围之内

   C. 提出项目变更请求,以便变更控制委员会能够决定新增内容是否处于范围之内

   D. 先接洽该干系人,向其详细了解相关情况,然后再对其请求做出答复

62. 一个产品开发项目正在进行中。该项目在软件开发中使用敏捷的生命周期,并在一个包罗万象的项目管理计划中运行。尽管经过周密计划,但在发布了两个软件版本之后,用户指南并没有更新以反映最新的版本,这给最终用户造成了很大的混乱。项目经理应该做什么来确保此问题不再发生? ( )

   A. 提交变更请求以修改用户指南,使指南与当前软件版本保持一致

B. 还原到软件的用户指南与发布给用户的软件一致的最后一个版本

C. 要求变更控制委员会执行配置审查,以确保项目配置项的组成正确

D. 提交变更请求以修订变更管理计划,确保将用户指南标识为配置要素

63. 某市场团队正在规划的一个为期多年的计划包含很多跨职能部门的干系人,项目经理已经指定,项目现在处于规划阶段。项目经理首先应该编制以下哪个(些)文件? ( )

A. 商业论证和范围文档

B. 产品待办事项列表和拟交付功能确认文件

C. 包含已知风险的风险管理计划

D. 满足团队需要的沟通管理计划

64. 在一次回顾会议上,很多项目团队成员表示,由于受到其他团队的干扰和请求帮助的影响,他们在各个迭代期间未能完成任务。作为团队促进者,项目经理应该做什么来避免发生这种情况? ( )

A. 与受影响的项目团队成员再次会面,告诉他们不要降低团队的产能

B. 确定问题的根本原因,并与所有项目团队成员一起界定基本规则,以便最大限度地减少干扰因素

C. 建议项目团队成员改进规划,并缩小其故事的规模

D. 聘请一名教练,帮助所有项目团队成员提高自行解决问题的能力

65. 在与客户会面后,项目经理获得赞许,因为项目总能如期进展。当天晚些时候,项目经理参加了项目团队例会,以跟进可交付成果的状态,在会上,项目经理应该做什么? ( )

A. 遵循会议议程,列出后续的可交付成果

B. 在会议纪要中记录这一反馈

C. 开始规划如何提前实现后续可交付成果

D. 向项目团队成员分享客户反馈

66. 在一个职能型组织中,一名关键的项目成员在咨询项目经理之前直接与客户进行沟通。这名项目成员之前经常发生这种问题,而且该项目成员之前已同意所有客户沟通必须先得到项目经理的批准。项目经理应该怎么做? ( )

A. 与该项目成员的职能经理开会,讨论该项目成员的行为

B. 召开团队会议以识别并纠正该项目成员的错误

C. 与项目发起人召开会议,以讨论该项目成员的行为

D. 与客户开会以确认所有沟通都应该通过项目经理

67. 在一次会议结束之际,职能部门经理把项目经理叫到一旁,代表一名项目团队成员提出一些顾虑,该团队成员不清楚他在项目中的角色和职责。在这种情况下,项目经理应该做什么? ( )

A. 让职能部门经理和项目团队成员查阅项目章程

B. 建议职能部门经理和项目团队成员查阅资源管理计划

C. 让职能部门经理为该团队成员创建一张具体的执行、负责、咨询和知情(RACI)图

D. 在资源经理的帮助下,为该项目团队成员制订工作计划

68. 过去一年来,一名高绩效团队成员的绩效一直稳步提升,将其他同事甩在身后,为了避免其他团队成员灰心气馁,项目经理不愿公开赞扬该团队成员的贡献。项目经理还担心,如果不对该团队成员给予嘉奖,他可能会离开。项目经理应该做什么? ( )

A. 将该高绩效团队成员晋升到更高的职位

B. 提醒该高绩效团队成员聚焦于团队级别的奖励,而非个人奖励

C. 请该高绩效团队成员指导其他团队成员

D. 私下奖励该高绩效团队成员,以避免破坏团队团结

69. 某公司正在改革产品开发和市场发布的方式。高管认为这是一个高风险的计划,而且该计划必须成功。在这种情况下,项目经理应该做什么? ( )

A. 制订沟通管理计划,将新业务模式告知员工

B. 制订包含明确的可交付成果的详细冲刺计划

C. 采用迭代型的推出方法,更早交付最高的商业价值

D. 利用针对新模式的假设,开发商业论证

70. 项目团队采用混合型框架进行项目交付。在执行某项目时,团队获悉客户提出一项新的合规需求,必须先于其他需求交付,项目经理应该如何应对这种情况? ( )

A. 与合规团队成员开展协作,审查并优先交付该需求

B. 将合规负责人纳入干系人名单,并等待举行下一次状态会议

C. 将新的合规需求增至待办事项列表,因为技术团队无法腾出人手开展相关工作

D. 让该团队将该合规需求纳入当前冲刺并交付该需求

71. 在某运营职能部门的一个项目执行期间,项目经理遇到范围变更和关键任务交付延误的问题。项目经理应该如何应对这种情况?　　　　　　　　　　　　　　　　　　(　　)

　　A. 提出变更请求,以修改范围并调整时间表

　　B. 召集团队会议,以决定是否应该做出这些变更

　　C. 在每周项目报告中,将这些顾虑告知 PMO

　　D. 进行影响分析,并将成果提交给指导委员会,以待其审批

72. 在对一个项目的可交付成果清单进行审查时,一位干系人担心其中一项需求将不会得到满足。项目经理应应该做什么?　　　　　　　　　　　　　　　　　　　　　　(　　)

　　A. 与该干系人共同努力改进这些需求的验收标准

　　B. 与有关干系人一起审视需求跟踪矩阵

　　C. 与该干系人讨论需要增加哪些额外需求

　　D. 检查获批的需求列表,查看是否遗漏了任何需求

73. 在一个有众多供应商的项目结束时,项目经理审核了结束流程,结果意外发现尚有财务结余。以下哪项有助于项目经理理解为何会出现这种情况?　　　　　　　　　(　　)

　　A. 经验教训　　　　　　　　　　B. 采购审计

　　C. 组织过程资产　　　　　　　　D. 项目审计

74. 在一个项目的编程活动中,每个模块预计持续 35 d,但第一个模块的编程就已经用了 45 d。项目经理应该做什么?　　　　　　　　　　　　　　　　　　　　　　　　(　　)

　　A. 让团队加班加点按时完成可交付成果

　　B. 向项目发起人提交变更请求,以便更改进度计划

　　C. 检查范围,核实是否存在范围蔓延问题,使项目符合进度计划

　　D. 评估情况,确定具体做法,以便在不影响基准的前提下压缩进度计划

75. 在一个项目的实施阶段,一名新指派的团队负责人接洽项目经理,以核实团队的任务和进度计划。这项工作未按计划取得进展,因为该团队负责人缺乏管理经验,这可能会造成项目延误。项目经理应该做什么?　　　　　　　　　　　　　　　　　　(　　)

　　A. 向新指派的团队负责人提供辅导

　　B. 让人力资源总监指派一名高级团队负责人

　　C. 将可能发生的延误问题告知项目发起人

D. 直接管理项目团队,以避免发生项目延误

76. 在项目开展过程中,项目经理发现几个障碍正使项目难以向前推进,项目经理应该做什么来消除这些障碍? ( )

A. 将情况上报给项目指导委员会

B. 确定这些障碍的优先级,以便予以解决

C. 实施相关计划,消除这些障碍

D. 让项目团队开展其他活动

77. 你是一款新汽车应用程序的敏捷教练,该应用程序可检测汽车故障并报告给服务中心。在下一个冲刺开始之前,产品负责人希望编写一份清单(冲刺待办事项列表),列出团队在当前冲刺结束时需要完成的工作类型。满足此标准意味着该工作是可交付的。此外,此清单应作为验收标准,适用于此冲刺中的产品待办事项。产品负责人试图确定什么内容? ( )

A. 冲刺目标 B. 准备就绪的定义

C. 完成的定义 D. 项目退出标准

78. 资源管理计划已经拟定,而团队成员位于全球不同的国家/地区,时区不同,使用不同的语言进行沟通,项目经理需要确保团队保持良好秩序,避免发生对项目产生负面影响的误解和沟通失误。项目经理应该做什么? ( )

A. 举办文化意识研讨会

B. 举行虚拟会议,讨论政治环境

C. 修改沟通管理计划,包含区域差异

D. 安排跨代际管理培训课程

79. 推出新财务系统的工作已经进入执行阶段,但上个月出现的很多问题正在拖慢项目的进展。一位新项目发起人最近刚刚进入公司,还没有时间与项目经理见面。在项目现在所处阶段,这些问题正在对项目的交付产生严重影响。项目经理应该如何就这些顾虑向新项目发起人发出提醒? ( )

A. 完成风险分析,概述各种迟延和影响,并通过电子邮件发送风险登记册的副本,督促项目发起人采取应对措施

B. 向项目发起人发送电子邮件,总结项目状态和主要顾虑,并请求立即与其当面会晤,讨

论这些事项

C. 向项目发起人发送电子邮件,邀请其参加项目团队的所有每周例会,并希望项目发起人安排时间与会

D. 继续通过电子邮件发送最新的项目状态报告,重点说明主要风险和问题,并等待项目发起人提出会议请求

80. 某公司正在运用预测型方法开发范围管理计划中定义的一个特定组件。由于监管要求会定期变更,开发团队已请求运用敏捷方法。针对开发团队的请求,项目经理应该做什么? ( )

A. 上报额外财务资源请求

B. 对需要按所要求的方法予以应对的需求进行分析

C. 将该请求转交给 PMO,并对组织过程资产做出修改

D. 请求项目发起人批准实施新方法

81. 项目经理难以使项目需求获批,因为项目干系人之间存在意见分歧,这一问题正导致项目进度计划面临风险。项目经理首先应该做什么来促使项目需求获批? ( )

A. 进行干系人分析 B. 识别分歧的缘由
C. 举办团队建设活动 D. 查阅项目章程

82. 经过几次发布之后,产品负责人决定推出一个产品,但他知道最小可行产品(MVP)缺少一些功能。其中一位关键干系人——市场副总裁对成果不满意,并对发布决定提出质疑。项目经理应该做什么? ( )

A. 就决策过程对团队进行指导,同时对产品发布运用风险规避的策略

B. 对产品负责人的决定表示支持,并寻求该干系人给予更好的支持,以便将来避免此类问题再发生

C. 承担产品发布的职责,对某项功能何时准备好向客户发布做出最终决定

D. 将该问题上报给项目发起人,就产品发布决定质疑该关键干系人的权威

83. 在项目设计阶段,项目经理注意到进度绩效指数(SPI)为 1.8,成本绩效指数(CPI)为 0.1。在与高层管理人员召开的每周例会上,项目经理报告了关于这些指标的顾虑。顾虑最大之人正是项目发起人,他说如果这种趋势继续下去,他们将被迫提前关闭项目。项目经理应该怎么做? ( )

A. 停止赶工加快进度计划

B. 关注项目发起人,但要理解在项目设计阶段支出增加非常正常

C. 运用资源平衡技术

D. 密切跟进了解项目发起人,并修改项目的资源管理计划,以改善指标

84. 一位敏捷教练被要求为即将到来的敏捷项目建立团队。管理层希望利用公司现有的人才,而不要使用外部资源。敏捷教练联系人力资源部门,在公司内部网站上发布招聘广告。敏捷教练在招聘广告中提出的哪项工作要求是最好的? ( )

A. 熟悉动态系统软件开发方法(DSDM)

B. 熟练掌握自动化测试过程和程序

C. 对不同技能有专注的专长和丰富的经验

D. 具有团队合作精神,熟悉所有敏捷软件开发工具

85. 项目经理已被指派领导一个部署新系统的项目。干系人对项目的目标和方法意见不一。项目经理应该做什么? ( )

A. 分析这一情况,确定产生分歧的根本原因,然后与各干系人和参与的实体共同确定他们的确切角色和职责

B. 根据项目章程创建一个角色和责任矩阵,并让发起人将该矩阵分享给所有干系人,以此彰显该矩阵具有可信的权威性

C. 与所有干系人举行全体大会,为他们每个人审查并拟订一份活动清单

D. 与项目团队举行范围研讨会,以创建WBS,同时向各实体分配任务,将此情况告知所有干系人,并要求团队按计划完成任务

86. 由于前任项目经理已辞职,新项目经理刚刚开始领导一个项目团队。在对该项目快速评估之后,项目经理发现,由于团队成员对如何完成任务一直持不同意见,故而引发争执,团队士气明显低落,任务耗费的时间长于预测,项目已偏离进度计划。新项目经理应该做什么? ( )

A. 告知干系人,由于先前团队管理方面的原因,项目将会发生延误

B. 与项目团队开会讨论并解决发生争执的起因

C. 提交变更请求,以便根据所识别的延误情况延长项目进度计划

D. 赶工压缩项目时间表,确保项目重新符合进度计划

87. 在项目开始执行时,项目经理发现一名关键项目成员将离开两周,这可能会造成进度延误,项目经理首先应该做什么?　　　　　　　　　　　　　　　　　　　　(　　)

   A. 相应地更新资源管理计划和资源分配图

   B. 将任务分配给另一名项目成员,让该项目成员加班

   C. 让人力资源部门安排替代资源,并更新风险登记册

   D. 更新进度计划,以反映该项目持续时间的变化

88. 项目经理正在管理一个处于启动阶段的网络项目,他注意到政府网络安全主任最近发布了一部数据保护条例。项目经理应该做什么?　　　　　　　　　　　　　　　(　　)

   A. 纳入这一变更,将之视为干系人需求的一个变更

   B. 对项目做出调整,将组织治理与项目治理联系起来

   C. 告知网络安全主任,这属于范围蔓延,将在下一阶段予以考虑

   D. 告知网络安全主任,该变更将会被视为一项变更请求

89. 某预测型组织最近决定转向敏捷交付方法。正在进行的项目仍由项目经理领导。由于项目预算意外超支,高层管理人员对敏捷项目团队是否已做好对项目预算进行自我管理的准备缺乏信心。项目经理应采取哪些措施?(选择两项)　　　　　　　　　(　　)

   A. 邀请高层管理人员参加站会,向其提供开支方面的状态报告

   B. 与高层管理人员就开支问题确定上报层级

   C. 让敏捷教练向高层管理人员提供项目开支周报

   D. 邀请高层管理人员参加每个冲刺的回顾会议,以便对开支做出评估

   E. 在敏捷教练的帮助下创建信息发射源,使开支可视化

90. 作为战略计划的一部分,某公司决定实施一个新的软件平台,以便管理一个集中的文档库。一些需求很明确,但一些需求需要更多细节,项目经理首先应该做什么来管理该项目?　　　　　　　　　　　　　　　　　　　　　　　　　　　　　　　　(　　)

   A. 确定最适合该项目的生命周期方法

   B. 将所有需求记录到待办事项列表,以便将来进行详细分析

   C. 根据团队的经验选择一个预测型的开发生命周期

   D. 将相关需求拆分,把它们安排进单独的项目,并应用不同的方法

91. 高级项目经理正与来自多个国家/地区的众多干系人一起开展一个工业产能扩张项目。

干系人对几个项目组成部分意见不一,这对项目进展产生影响。项目发起人要求项目经理解决这些分歧。项目经理可采取以下哪些措施来解决这一问题?(选择三项)(　　)

　　A. 创建团队章程　　　　　　　　B. 积极倾听

　　C. 编写精心组织的信息　　　　　D. 进行干系人映射分析

　　E. 鼓励具备文化意识

92. 项目经理开始了一个新项目,必须确保团队成员和干系人都经过适当培训。在与团队会面之后,项目经理发现,所有团队成员都具有不同的敏捷方法方面的经验,项目经理应该做什么?(　　)

　　A. 充分而完整地提供一种敏捷方法方面的指导

　　B. 确保团队对敏捷形成共识

　　C. 确保团队了解所有敏捷技术

　　D. 不组织培训,因为团队对敏捷已经非常了解

93. 项目经理正与某敏捷团队一起开展一个项目,该团队总是超过最后期限。指导委员会对该项目非常担心,因为它能否交付预期价值尚不清楚。在做了一些分析之后,项目经理发现,一名团队成员存在能力错配的情况。项目经理应该做什么?(　　)

　　A. 接受该错配导致项目在最后期限前无法完成的风险

　　B. 提供适当培训,对该错配予以弥补

　　C. 更新项目进度计划,以反映该延误

　　D. 向团队强调达到商定的最后期限的重要性

94. 一位关键的项目干系人在一个复杂的敏捷项目开始时就表现出兴趣,但随着冲刺的推进,由于需要承担额外职责,该关键干系人的参与度下降。几个冲刺过后,该关键干系人拒绝了一项功能方面的可交付成果。下一个冲刺期间,团队需要对被拒绝的可交付成果进行返工,项目经理本应该采取什么措施来避免发生这种情况?(　　)

　　A. 记录项目愿景和目标

　　B. 分析干系人属性中的变化

　　C. 让关键干系人参与决策过程

　　D. 根据干系人的需要对干系人沟通进行定制

95. 项目经理正在开展一个软件开发项目。一名团队成员主张,由于该项目中的任务都很简

单,不需要进行质量控制。项目经理明白,将质量管理计划从项目中砍掉也有助于省钱,这对于客户非常重要。项目经理应该做什么? (   )

A. 制订质量管理计划,因为质量管理与成本和进度计划管理同等重要

B. 在没有质量管理计划的情况下开始开展项目登记为风险,并将节省的预算分配到管理储备之中

C. 获得管理层的确认,团队成员拥有足够的经验,可在不进行质量控制的情况下开发软件

D. 让客户在接受项目可交付成果之后安排进行外部质量审计,并减少项目预算

96. 与关键干系人一起对项目管理计划审查后,项目经理被告知 18 个月的发布计划是不可接受的,产品应在 6 个月内推出。根据新的时间表,项目经理应该做什么? (   )

A. 审查项目待办事项列表,查明哪些是高优先级事项,并指出符合预期期限的最小可行产品

B. 与干系人一起回顾关键路径,解释为什么不可能在预期期限内交付范围内的所有成果

C. 寻求发起人批准将项目预算增至三倍,增加雇佣人员,以弥补被压缩的进度计划

D. 制订加班计划,运用赶工和快速跟进方法,并将失败的风险告知项目干系人

97. 公司新任项目经理发现,项目可能会错过一个即将到来的截止期限,因为项目之前由于缺少资源而发生过几次延迟,项目经理接下来应该做什么? (   )

A. 查阅里程碑列表,确定哪些任务可以快速跟进

B. 审视风险管理计划,识别应对策略

C. 组织团队会议,讨论接下来的行动步骤

D. 将问题上报项目发起人,向其汇报情况

98. 一个新品发布项目处于初期阶段,需求还在不断发展变化。由于市场竞争激烈,客户希望发布产品时保持范围的灵活性。项目团队打算根据对去年交付的一个类似项目所做的预测开始工作。哪种项目方法适合此情景? (   )

A. 将之作为一个有多个阶段关口的项目执行

B. 将之作为敏捷项目执行

C. 运用与参照项目相同的方法执行该项目

D. 将之作为预测型项目执行

99. 在某项目的一个迭代中,一项已规划的活动变得越发复杂,相关工作应在最短时间内交付,这种情况下应该运用什么样的方法? （　　）

　　A. 产品负责人将该活动载入产品待办事项列表

　　B. 团队成员引入专业人士提供帮助

　　C. 跨职能部门的团队成员协同努力完成该活动

　　D. 团队指导者从外部团队成员获得支持

100. 在对某公司进行文档审计期间,审计人员发现,最新版本的项目进度计划还是一个月前的版本。项目经理知道项目进度计划最近已经更新,他应该如何处理项目文档?
　　　　　　　　　　　　　　　　　　　　　　　　　　　　　　　　　　（　　）

　　A. 将文档存入项目管理信息系统(PMIS),并与适当的干系人分享

　　B. 查阅风险登记册,以确定审计的应对计划

　　C. 指派一名项目团队成员,以确保所有项目文档都得到更新

　　D. 定期更新项目管理计划,并以安全的方式将之分享给所有干系人

101. 项目团队在完成某任务时发生延误,而结果证明该任务比预估的更加复杂。该任务非常重要,可能会对当前的迭代目标造成影响。以下哪些方案将有助于团队最终克服该障碍?（选择两项）　　　　　　　　　　　　　　　　　　　　　　　　　　（　　）

　　A. 进行根本原因分析

　　B. 审查并更新依赖关系

　　C. 创建风险管理计划

　　D. 将该问题上报给项目发起人

　　E. 举行回顾会议

102. 某供应商告知项目经理一名关键项目成员将长时间休假。项目团队对该供应商待交付的可交付成果进行审查后发现了一个替代解决方案,但这会产生额外成本,该项目目前正按进度计划进行,预算略有富余。项目经理接下来应该做什么?　　　（　　）

　　A. 进行成本效益分析　　　　　　　B. 实施整体变更控制

　　C. 实施风险应对　　　　　　　　　D. 请求安排替代资源

103. 最后的项目迭代刚刚开始。在审查信息发射源之后,项目经理意识到团队将无法完成项目计划的所有剩余工作。如果不增加更多的开发人员,进度基准将无法实现,或者一

些工作包将不得不从 WBS 删除。对项目经理来说,最好的行动方案是什么? ( )

A. 在下次迭代回顾中向团队提出这个问题

B. 和产品负责人见面,并建议赶工

C. 要求敏捷教练找到延迟的根本原因

D. 要求团队成员加班以完成所有项目目标

104. 在一个项目的规划阶段,项目经理意识到光靠标准的干系人参与方法是不够的。其中一位客户代表(并非关键决策者)极其固执。鉴于在会议期间该客户代表威信很高,他可能成为项目推进过程中的障碍。项目经理应该如何处理这个问题? ( )

A. 更新项目进度计划,以迎合该特定干系人

B. 更新风险登记册,将其可能对项目造成的影响考虑进来

C. 在关键的决策会议之前,花时间争取该干系人的认同

D. 要求只有关键决策者才能参加项目会议

105. 项目经理被指派负责一个新项目,即在年底前交付一款产品。供应商告知项目经理,一个核心组件无法按时发货,这将对进度即刻产生影响。项目经理接下来应该采取哪项措施来最大限度地减轻对项目的影响? ( )

A. 查阅并更新问题日志,确定是否可以提供任何备选组件

B. 安排与所有干系人开会,以延长项目期限

C. 更换该供应商,以能够按时提供该组件的新供应商取而代之

D. 在下次状态评估时增加评估事项,让干系人注意到该供应商的问题

106. 项目经理被指派领导一个敏捷项目,他希望运用激励机制鼓励团队在整个项目运作期间保持高绩效。项目经理应该做什么? ( )

A. 实施奖励制度,使团队保持敬业度和积极性

B. 动用管理储备为一些团队建设活动提供资金

C. 大幅增加项目估算,为团队活动提供缓冲资金

D. 寻找其他方法提高团队绩效

107. 项目经理正在领导一个公司内部项目,该项目处于早期阶段,且与一年前结束的另一个项目很相似。项目经理应该做什么来分析涉及的干系人? ( )

A. 参照前一个项目的干系人登记册,因为它与当前的项目很相似

B. 降低干系人参与的优先级,因为干系人已经了解这种项目

C. 将前一个项目的经验教训作为当前项目干系人登记册的指南

D. 在风险登记册中载明,当前项目的干系人可能与前一个项目不同

108. 开发团队成员位于三个不同的时区,很难找到合适的时间让所有团队成员参加每日站会。项目经理应该做什么? （　　）

A. 放弃每日站会,代之以每日报告

B. 让团队成员自行决定是否想加入会议

C. 不论定于何时举行,都要求所有团队成员参加每日站会

D. 鼓励经常与两三名团队成员举行小规模的团队会议

109. 某公司开始实施敏捷。在第一个冲刺中途,沟通问题开始浮现。有些项目团队成员与其他团队成员步调不一致,出现此沟通差距的原因是什么? （　　）

A. 尚未制订沟通管理计划

B. 尚未更新项目状态仪表盘

C. 未举行或强制召开每日站会

D. 尚未更新项目冲刺板

110. 客户在项目最终阶段发生变动。作为乙方项目经理应该如何避免项目迟延完成? （　　）

A. 更新干系人参与计划

B. 将情况上报给客户管理团队

C. 审视最新项目状态报告,并将最新情况告知干系人

D. 提前向客户签发项目付款发票

111. 在某软件开发项目中,产品负责人和开发团队就冲刺未完项达成一致。未完项中优先级最高的事项是开发一个支付模块。在冲刺的前半程,该团队忙于开发该模块,而现在两名开发人员希望在冲刺的后半程调整工作重心,聚焦于重构另一个功能,这将来可能会产生问题。项目经理应该做什么? （　　）

A. 向开发人员重申聚焦和达到冲刺目标的重要性

B. 对开发人员的积极主动性和注重质量予以称赞

C. 让开发人员注重于重构工作并在回顾会议上进行讨论

D. 将该问题上报给开发人员的职能部门经理

112. 项目经理接受指派,负责将一个新解决方案同时部署到位于不同国家/地区的分支机构。各个国家/地区的部署团队将整合并部署该解决方案。项目经理发现,这些部署团队均遇到类似的问题,但各个团队都是各自为战地应对这些问题。项目经理应该做什么来确保这些团队之间加强协作? (   )

   A. 让各部署团队提供非常详细的进度计划和行动计划
   B. 让项目发起人为部署团队委派新经理
   C. 安排由所有部署团队参加的例会,探讨问题和解决方案
   D. 建议其中的一些团队推迟在所在国家/地区开展部署工作

113. 项目经理正在管理一个混合型项目。在参加完一个迭代审查会议后,一位干系人告诉项目经理他们非常忙,询问如此频繁举行这些审查会议的原因。项目经理应该如何应对? (   )

   A. 与该干系人讨论该项目的效益以及频繁举行审查会议会如何带来价值增值和减少返工
   B. 与该干系人磋商减少参加审查会议的方案,并更新干系人参与计划,以反映这种减少参加审查会议的情况
   C. 向该干系人说明干系人参与计划规定他们必须参加所有审查会议
   D. 将该问题记录在问题日志中,并将该分歧上报给项目发起人,以寻求帮助

114. 在项目开展过程中,项目经理的直接主管在其不知情的情况下,直接与客户沟通,批准相关变更。这令项目团队非常困惑,因为项目范围的背景正在发生变化,但这只在项目会议中有所提及。项目经理应该如何应对这种情况? (   )

   A. 审视干系人参与计划,并实施相应的行动计划
   B. 直接与主管沟通,使其了解沟通管理计划
   C. 与项目团队讨论这些问题,让其知道项目经理将会处理范围变更事宜
   D. 直接与客户沟通,表明任何范围变更须经项目经理同意

115. 项目经理被指派负责的一个项目正处于开发阶段,审查项目进展情况时,项目经理发现几项任务落后于进度计划。经过调查,项目经理发现几名团队成员被抽调开展其他任务务,这使他们无法全身心地投入该项目。项目经理可以采取哪些措施来让团队重回正

轨?(选择两项) ( )

A. 与团队一起确定可加速交付项目的方案

B. 允许团队成员按自己的节奏把进度赶上来

C. 与各个职能部门经理讨论项目延误的风险和工作的优先级

D. 举行每日站会,以审查项目进展情况,并跟踪可交付成果的完成情况

E. 就进度延误问题,立即提醒业务干系人

116. 某市场团队正在开发思路,改进一个现有产品。市场主管主动联系项目经理,以确保成功推出产品所需的必要措施。项目经理应该关注什么? ( )

A. 确保制订范围管理计划,以涵盖所有相关目标

B. 确保团队还将聚焦于总体的变更管理计划

C. 为常规的项目更新做出规划,以涵盖关键可交付成果的状态

D. 确定并调整有助于评估产品成功交付的绩效指标

117. 某敏捷项目正在开展活动,以定义最小可行产品。在会议期间,项目经理发现了一些强制性法规,但是否将这些法规包含到最小可行产品中团队尚未达成共识,因为它可能会使项目持续时间延长。项目经理应该做什么? ( )

A. 让团队承诺将所有必要法规包含进来

B. 告知与会者需要仅聚焦于产品功能

C. 按管理层的要求,向团队提供这些新法规方面的培训

D. 让项目发起人为项目分配更多时间

118. 某项目的团队成员之间彼此已相识多年。一名新团队成员刚从海外归来,他似乎不能很好地融入团队,项目团队变得日益沮丧,因为这名新加入的团队成员在关键路径上工作进展缓慢。项目经理应该做什么? ( )

A. 鼓励现有项目团队成员相互包容

B. 策划一场团队建设活动,提高团队凝聚力和包容度

C. 重新审视团队沟通策略

D. 与新团队成员私下谈话

119. 在一个正在进行的项目中,一名关键项目成员向项目经理询问项目目的,并询问是否与组织的战略一致。项目经理应该向该关键项目成员分享什么? ( )

A. 更新的项目管理计划　　　　　　B. 更新的沟通管理计划

C. 更新的效益管理计划　　　　　　D. 更新的范围管理计划

120. 某敏捷团队一直在挣扎着保持既定计划的速率(速度),而这经常导致冲刺失败。项目经理应该做什么来避免将来发生这种情况?　　　　　　　　　　　　　　　(　　)

A. 让项目发起人批准加班,以便对为改善绩效低下的状况而进行的加班给予补偿,同时对计划做出调整

B. 审查团队在过去几个冲刺中的速度,并对计划相应做出调整

C. 让经验更加丰富的团队成员代替初级团队成员,并就项目范围进行磋商,以弥补预算缺口

D. 转向看板方法,基于"先到先得"原则实施相关功能,形成可持续的速度

121. 在某建筑项目的实施阶段,客户要求一个关键分包商提前交付一个工作包。该分包商尚未做好准备,请求项目经理增加预算。项目经理首先应该做什么?　　　　(　　)

A. 更新风险登记册和项目日志,并严格管理预算

B. 请求上一级管理层增拨资金,并更新项目预算

C. 相应地修订项目范围,以应对预算变更

D. 提交变更请求,以便按请求加速推进项目

122. 项目经理被指派负责一个新组建的敏捷团队。职能部门经理已将任务分配给团队成员,但团队成员却感觉没有自主权。项目经理应该如何让团队感觉拥有自主权并充满主人翁精神?　　　　　　　　　　　　　　　　　　　　　　　　　　　　　(　　)

A. 根据团队成员的角色单独分配任务,以确保他们具备相关主题方面的专业知识

B. 鼓励团队并为其分配任务,以便向客户演示他们的产品或软件

C. 赋予团队自主权,使其能够就如何开展任务自行决策

D. 鼓励团队在选择解决给定任务的方法时让产品负责人参与进来

123. 项目经理与外部干系人会面,解释一个新项目的目标,并概述对该新项目的期望。其中一位关键干系人似乎支持该项目,但设定了条件,即必须为其他不相关的项目提供财务支持。鉴于文化敏感性,项目经理不愿为此对该关键干系人直言相告。结果,项目在未获该干系人支持的情况下无法继续开展,项目经理应该做什么?　　　　　　(　　)

A. 在不允许发生"范围蔓延"的前提下,继续开展项目

B. 将情况告知项目发起人,并在干系人参与计划中记录该关键干系人的这一请求

C. 取消该项目,因为该干系人的请求超出了范围

D. 动用应急资金为所请求项目提供支持

124. 项目章程获批后,项目经理需要与干系人一起审视详细的项目要求、制约因素和假设。但短期内并非所有干系人都能参会。项目经理应该如何从干系人那里收集所需信息?　　　　　　　　　　　　　　　　　　　　　　　　　　　　(　　)

A. 上报项目发起人,并非所有干系人都能参会

B. 分别给干系人发送电子邮件、打电话或与其会面,征求其意见

C. 开会与能够参会的干系人共同制订项目管理计划

D. 先与项目管理团队开会制订项目管理计划,然后再咨询干系人的意见

125. 几个月来,项目经理一直在管理一个项目,现在一个之前未被登记为风险的问题出现了,该问题可能会对项目产生重大影响。项目经理应该做什么?　(　　)

A. 与项目团队和有关干系人举行会议,商定管理该问题的最佳方法

B. 告知项目发起人该问题已经出现,而且项目成功可能存在不确定性

C. 将项目推迟,直至该问题得到解决而且不再是项目的一个风险

D. 对该问题不予理睬,因为它未被登记为项目的一个风险,而且并无针对该问题的应对计划

126. 某产品负责人将待办事项列表提供给团队。由于存在各种障碍因素,团队成员对实施某些功能提出顾虑,项目经理应该建议产品负责人接下来做什么?　(　　)

A. 估算这些障碍因素的财务影响,并请求额外拨款

B. 记录这些障碍因素,并告知管理层需要他们的协助才能克服这些障碍因素

C. 确保要记录这些障碍因素,并根据价值最高的功能确定这些障碍因素的优先级

D. 开始消除这些障碍因素,先从最容易处理的着手,培养团队成就感

127. 项目执行期间,在每次项目团队会议上,项目经理与其中一名团队成员总会发生冲突。持续不断的冲突正在妨碍各项任务和可交付成果,使其无法完成。项目经理考虑改变其领导风格,他应该做什么?　　　　　　　　　　　　　　　　　　(　　)

A. 查阅人员技能文档

B. 查看团队成员的职责

C. 回避该团队成员,以防发生进一步的冲突

D. 将情况上报至项目发起人

128. 一个战略计划的项目经理发现一位新干系人对该项目感兴趣,希望确保该干系人充分了解该项目的目的、目标、效益和风险。项目经理应该做什么来推动项目取得成功? ( )

A. 安排与新干系人举行会议

B. 将新干系人增加到沟通管理计划中

C. 向新干系人分享项目状态

D. 更新干系人参与计划

129. 指导委员会已要求在运用敏捷方法方面经验丰富的项目经理提供某中型项目剩余时间的说明。项目经理可以使用哪些工具提供此信息? ( )

A. 业务需求文档分析

B. 发布燃尽图

C. 剩余用户故事的故事点

D. 替代指标

130. 一位技术方面的主题专家发现某事件应被记录为项目的经验教训,他让项目经理写下、记录该事情,并将其纳入经验教训登记册中。项目经理应该做什么? ( )

A. 主动负责将这些信息记录下来

B. 让该主题专家记载并记录该事件

C. 请求该主题专家在项目结束阶段之前耐心等待

D. 将记录任务分配给某一项目团队成员

131. ABCD 选项中显示了功能所创造的商业价值,以及在产品中实施各种功能需要进行的开发工作。团队应该优先实施哪项功能? ( )

A. 功能名称 Feature Name:A 商业价值(单位)Business Value(units):6 开发工作(周数)Development Effort(weeks):2

B. 功能名称 Feature Name:B 商业价值(单位)Business Value(units):10 开发工作(周数)Development Effort(weeks):4

C. 功能名称 Feature Name:C 商业价值(单位)Business Value(units):4 开发工作

（周数）Development Effort(weeks):4

D. 功能名称 Feature Name：D　商业价值（单位）Business Value(units):8　开发工作（周数）Development Effort(weeks):8

132. 项目经理正在为一家大公司管理一个创新项目。项目经理计划将电子邮件用作主要的沟通渠道,但产品负责人更喜欢使用另一种经批准的沟通工具,而非电子邮件。项目经理应该做什么？　　　　　　　　　　　　　　　　　　　　　　　　（　　）

    A. 根据产品负责人的偏好更新沟通管理计划,并将之发送给团队

    B. 请求产品负责人使用电子邮件,因为使用另一种工具会增加工作负荷

    C. 建议团队开始使用产品负责人建议的沟通工具

    D. 联系项目发起人,请求其就项目团队将使用的沟通工具做出指示

133. 某公司非常倚重预测型方法交付项目,而其招聘的新项目经理却习惯于运用混合型方法。项目范围包含很多不清晰的需求。项目经理应该如何规划项目的交付？（　　）

    A. 将需求不清晰的问题上报给管理团队,等待最终授权

    B. 将需求分解成迭代型工作包,并确定各需求的优先级

    C. 忽略不清晰的需求,重点关注项目的交付计划

    D. 等需求更加清晰再针对项目采取进一步的行动

134. 在一个混合型项目中,项目经理正作为敏捷专家开展工作,对团队成员之间的冲突予以处理。项目经理应该采用什么样的策略处理这种冲突？　　　　　　　（　　）

    A. 将冲突列入共享的冲突列表,确保大家都能看到该列表

    B. 将冲突分为两类：积极的和消极的

    C. 将冲突分为两类：结构方面的和人际关系方面的

    D. 在每日敏捷会议期间审查相关冲突,以便它们能够得到及时处理

135. 项目经理向主要干系人介绍了项目进度计划,但干系人要求比预定日期提早两个月完成项目。项目经理应该做什么？　　　　　　　　　　　　　　　　　（　　）

    A. 召开干系人会议,使他们对于项目期限和范围的期望达成一致

    B. 通过剔除某些活动和缩短期限来缩减项目范围

    C. 加快进度计划,在缩短期限的同时使项目范围保持不变

    D. 更新成本管理计划,为该项目分配更多资源,以便提早按原定范围完成项目

136. 几个月来,某团队一直在开展一个项目,但何时完成仍不明朗。因为随着新情况的不断出现,项目范围经常变化不定,一些可交付成果已经完成,但当新干系人加入团队时,他们抱怨项目结果不符合业务目标。项目经理如何防止未来发生这种情况?　(　)

A. 创建详细的 WBS 和里程碑进度计划,并得到所有干系人批准

B. 创建优先级已确定的待办事项列表,并与干系人一起定义迭代审查会议

C. 安排每日例会,以审查团队绩效和障碍因素

D. 安排举行每个项目阶段的启动会,以便向所有干系人分享项目管理计划

137. 项目经理加入了一个团队,该团队向客户提供定制的 ERP 系统。开发团队发现了一个潜在的设计问题,项目经理在与项目负责人和团队成员对该问题进行审视之后,所有人均同意对设计进行修改,以避免在部署时出现系统缺陷,该设计已经获批。项目经理接下来应该做什么?　(　)

A. 提出变更请求,并征得项目负责人正式批准

B. 将问题告知客户,并遵循变更请求流程

C. 修改设计规格,并将之转交给开发团队,以便重新编程

D. 进行概念验证,确保重新修改的设计中不存在任何问题

138. 在项目规划期间,两位职能经理对某项可交付成果的关键特征持有不同意见。项目经理发现,这两位职能经理的需求相互抵触,而且他们也不想会面来寻求解决方案。这一情况已上报至项目发起人,项目发起人要求与他们开会讨论。项目经理应采取什么样的策略解决会议中可能会出现的冲突?　(　)

A. 向两位职能经理说明,这两项要求中只有其中一项需求可以得到执行,然后提交变更请求

B. 让两位职能经理解释为什么他们的需求必须得到实施,并在考虑成本与效益后做出决定

C. 确保这两位职能经理都理解相关需求,并寻求最能满足此可交付成果的解决方案

D. 向这两位职能经理解释正在考虑在项目中实施这些相互抵触的需求

139. 项目经理被指派负责开展一场新的营销活动。项目发起人向项目经理提供了一份经批准的项目管理计划,供其查阅,并解释了范围、业务需求、可交付成果和干系人。项目经理请求查阅项目章程,以便对项目有更好的了解。但项目发起人说该项目太小,也太简

· 231 ·

单,因此没必要制定项目章程。项目经理应该做什么? （　　）

A. 解释说项目章程非常有必要,有助于确保各方就范围和可交付成果达成共识,而且有助于确定项目经理的职责

B. 同意该项目无须制定项目章程,况且可交付成果和里程碑已经包含在项目管理计划之中

C. 与同事讨论是否需要制定项目章程

D. 制定项目章程,然后将之发送以供审批

140. 某运输公司正在对运营过程及其运输货物时所使用的主要系统实施变革。范围说明书已经拟定,一种迭代型交付方法已由所有干系人商定。项目经理接下来需要做什么以便帮助团队了解需要完成的工作? （　　）

A. 开始使用工作包制订项目管理计划,并制订详细的进度计划以及团队成员的工作任务

B. 直接与干系人一起编制 WBS,并分配任务,同时提供每名团队成员开始工作所需的时间表

C. 与团队一起将范围分解为 WBS 和工作包,以便创建所需的可交付成果和时间表

D. 创建需求管理计划,以便概述项目需求的收集、分析和记录方式,然后将需求分配给团队成员

141. 某项目的一位干系人因易怒和对项目横加挑剔而被人诟病。项目经理希望尽量降低该干系人行为对开发团队的影响。在这种情况下,项目经理应该为团队选择什么样的培训? （　　）

A. 情商培训　　　　B. 沟通培训　　　　C. 敏捷培训　　　　D. 谈判培训

142. 一个全球项目的项目管理计划获批两周后,项目经理意识到,虽然计划已获批准,但对于项目经理提交审批的计划,国际干系人有不同程度的理解。项目经理本应该采取什么措施来阻止这种情况发生? （　　）

A. 针对各个文化和时区,分别召开启动会议

B. 在开踢会议上确认各干系人的理解情况

C. 在开踢会议后将会议纪要发给各干系人

D. 在开踢会议结束后,立即审查所有批准

143. 一位拥有多年经验的高级业务干系人试图让一个敏捷团队必须在未来 18 个月内向客户交付所承诺的多数功能,而非在 18 个月内分多批增量交付。项目负责人接下来应该做什么? ( )

A. 与敏捷团队共同制定增量交付的时间表,以便更快地向客户交付商业价值

B. 安排与客户开会,以确定其是否有能力支持多批增量交付

C. 向敏捷团队提供该干系人顾虑事项的详细信息,调整其目标,并发布计划,以便遵守该干系人的要求

D. 与该干系人沟通,了解其顾虑所在,同时向其解释增量交付的好处

144. 某项目正处于执行阶段。该项目的生命周期被定义为预测型,但一项主要的可交付成果将渐进地移交给客户,所指派的项目成员经验丰富、非常可靠,而且乐于主动做出决定,这些决定往往与项目经理过去在其他项目中每次增量式交付之后所做的决定相似。项目经理应该做什么? ( )

A. 告知团队虽然这是一个混合型的环境,但仍由项目经理负责做出决定

B. 就让项目成员做出决定一事与产品负责人商量

C. 对团队的决定予以支持,并将决策的职责转移给他们

D. 安排举行指导委员会会议,争取其批准此请求

145. 某公司被授予一个在危险地点开展的项目,员工面临几项高等级风险,该公司需要获得帮助,以便就重大安全和健康因素对员工提供培训。项目正在进行,运用的是混合型方法。项目将在多个地点进行,几个开发迭代并行推进。项目经理应该如何处理这种情况? ( )

A. 为培训之目的,分配并使用项目的部分应急储备

B. 仅雇佣认识到该地区存在危险的当地项目成员,仅面向当地社区提供雇佣机会

C. 举行回顾会议,并就必要的培训预算更新风险登记册和资源管理计划

D. 商定合同并与当地主管机关建立合作关系,以便获得医疗和安全支持服务

146. 一位新项目经理在一个项目实施中途被指派负责该项目。在首次风险审查会议上,新项目经理注意到,项目团队成员所用风险登记册的版本与自己所用风险登记册的版本不同。项目经理本应该采取什么措施来避免发生这种问题? ( )

A. 依从专家判断

B. 参照沟通管理计划

C. 验证问题日志

D. 验证项目工件

147. 在某项目实施过程中,项目团队发现了一个新机会。在进行内部审查后,项目团队一致认同该机会不在项目范围之内。项目经理决定更新风险登记册并将该机会上报给上一级部门。对于该机会,项目经理接下来应该做什么?　　　　　　　　　　　　(　　)

A. 无须采取任何行动

B. 与另一项目分享该机会

C. 建立应急储备,为该机会提供支持

D. 进一步监督该机会

148. 董事会的一名成员是对组织非常重要的项目发起人,该干系人有诸多其他优先要务,目前没有参与到项目活动中。项目经理应该如何促使该干系人参与到项目中?　(　　)

A. 与该干系人协商,使其提高兴趣度

B. 让该干系人参与治理和决策过程

C. 该干系人需要了解项目进展情况

D. 让该干系人随时了解相关情况,并根据其需要与其协商

149. 在一个敏捷项目中的一次回顾会议上,团队指出在过去几个迭代里问题日益增多,该团队觉得多数问题本来是可以防止的。项目经理应该做什么?　　　　　　　(　　)

A. 创建任务板,以确保对问题的解决方法进行有效管理

B. 确保已在项目会议室中记录并定期审查相关风险

C. 确保每日站会得到更有效的管理

D. 实施可靠的解决方案,以防止问题发生

150. 一位项目经理在一家跨国公司管理一个重要项目。他正在与所有团队成员一起举行进度会议,其中一名团队成员指出,他们正面临的一个关键问题将会导致他们无法完成所分配的任务。项目经理应该做什么?　　　　　　　　　　　　　　　　　　(　　)

A. 让团队成员提出变更请求,以便对该问题做出详细评估

B. 安排与有顾虑的团队成员开会,共同审查并更新问题日志

C. 让团队成员遵循获批的沟通管理计划,以便就其问题进行沟通

D. 与团队成员一起查阅风险登记册,以找到针对该问题的适当应对措施

151. 一家公司的PMO已经开始实施迭代工具。项目经理正在开始一个新的项目,并发现了一个使用迭代工具的机会。其中一位高级经理对这个修改后的框架感到担忧,因为它对公司来说相当新。项目经理应该先做什么? ( )

A. 向高级经理发送关于新框架的优势的文件

B. 将高级经理的担忧上报给项目发起人,并将状态分发给团队

C. 寻找关于新框架的外部培训,以消除利益干系人的低参与度的风险

D. 与利益干系人组织个别会议,以建立对新框架的认识和信任

152. 一家跨国公司计划将其业务扩展到一个新的国家,那里目前还没有他们的业务。一位项目经理被指派来启动这个项目。项目经理在审查了商业案例之后,在制定适当的实施策略时,应该首先考虑什么? ( )

A. 评估环境和法规因素,确定高层次(高层级)的风险和假设

B. 确保项目发起人在项目期间对项目的可交付成果和时间表达成一致

C. 从新的国家获得项目资源,以减轻不确定性的风险

D. 识别并密切监测风险,因为公司没有针对这个国家的经验教训

153. 项目经理观察到,两名团队成员在会议上公开争吵。为了推动他们的想法,每名团队成员都单独与项目发起人直接对话,并在没有通知项目经理或其他团队成员的情况下做出决定。项目经理应该采取哪些行动?(选择两项) ( )

A. 直接与他们的经理讨论这种行为,要求他们纠正这种行为

B. 与团队成员一起解决该行为问题

C. 要求团队成员自己解决这个问题

D. 与其他项目经理讨论这种情况并征求意见

E. 在下次会议上重申基本规则,确保所有团队成员都清楚这些规则

154. 一个研发团队正在完成一项为期两年的项目。项目经理专注于项目的结束活动,下列哪项活动应该被视为优先事项? ( )

A. 释放资源并计划一个项目完成的庆祝活动

B. 召开指导委员会会议,通知他们项目的状态

C. 确保知识转移活动按计划执行

D. 标记产品待办事项列表的完成状态,并更新沟通管理计划

155. 一个多年从事大型工业项目的项目经理负责一个项目,有来自不同地域的多样化的利益干系人。最近,项目经理遇到了利益干系人参与方面的问题。项目经理应该使用哪些工具来确定参与没有达到计划效果的根本原因?(选择两项) (　　)

　　A. 开放空间会议　　　　　B. 问题记录

　　C. 石川图　　　　　　　　D. 五个为什么

　　E. 沟通管理计划

156. 在审查原型时,质量小组发现了一些不影响主要功能的偏差,但有可能在未来成为一个问题。为了避免将来出现重大问题,质量小组建议采取纠正措施,这需要额外的资金。该项目在努力保持预算,甚至已经使用了一些应急储备。项目经理应该怎么做?

　　　　　　　　　　　　　　　　　　　　　　　　　　　　　　　　　　(　　)

　　A. 询问产品设计师,为什么在设计阶段没有考虑这个偏差

　　B. 要求质量团队放弃该样品,用一个新的样品重新测试

　　C. 对利益干系人产生的影响进行评估并启动变更请求程序

　　D. 向项目发起人报告,产品正在运行,而项目正在与预算做斗争

157. 一些行业的利益相关者喜欢直接与程序员和系统分析员打交道,绕过项目经理。这使得项目的资源管理变得复杂。项目经理应该如何解决这个问题? (　　)

　　A. 要求与高级管理层会面,将情况升级

　　B. 建议实施一个新的项目管理信息系统(PMIS)

　　C. 举办一个团队建设活动,以培养团队的凝聚力和改善沟通

　　D. 与项目团队一起促进沟通管理计划的采用

158. 一个敏捷项目正在进行八次迭代中的第五次。在最后一次迭代规划后,团队被告知市场上出现了一个新的竞争对手,有必要加快行动以确保不错过市场份额。项目经理应该怎么做? (　　)

　　A. 将竞争对手的功能添加到产品待办事项列表里,以改进产品

　　B. 帮助团队找到一种新的方法来尽快推出产品

　　C. 要求团队提高速度,尽快推出产品

　　D. 要求项目发起人在团队中加入更多的人

159. 一个组织正在向敏捷过渡,一个项目被选为试点。被指派的项目经理只有使用预测型方法的经验,但现在项目经理被要求在敏捷教练的帮助下使用敏捷方法。在第五次冲刺的回顾会上,项目团队成员抱怨说,组织中存在许多障碍,造成了项目的延误和返工。在这种情况下,项目经理应该怎么做? (   )

   A. 在每日站会上进行根本原因分析

   B. 创建一个专门的冲刺,与团队一起解决这些障碍

   C. 在每日站会上讨论如何消除障碍

   D. 促进合作,帮助团队消除障碍

160. 营销团队正在过渡到使用混合方法进行项目。营销总监对混合方法不了解,而项目经理需要营销总监的支持,因为营销总监是一个关键干系人。项目经理应该做什么来获得支持? (   )

   A. 向营销总监提供关于混合方法的指导

   B. 培训营销团队并让总监了解情况

   C. 要求营销团队的成员对总监进行指导

   D. 要求营销总监参加日常会议

161. 项目经理正在实施一个新的软件系统。一些部门工作人员质疑变更的必要性,并认为新系统会妨碍他们当前的流程。项目经理在项目开始时应该做什么来克服这种阻力? (   )

   A. 让公司各个层面的干系人都参与其中,以便每个人都了解变化

   B. 在接受项目之前确保公司文化鼓励变革

   C. 制订沟通管理计划,概述与利益干系人沟通的方法

   D. 鼓励项目发起人与经常抵制变革的部门讨论变革

162. 一家公司正在实施一个新系统。项目经理认为最好使用敏捷和看板的混合方法来完成这个项目。产品负责人对如何开始交付所需的功能感到困惑。项目经理应该如何帮助产品负责人? (   )

   A. 讨论产品负责人在项目团队中的责任

   B. 指导产品负责人创建一个产品待办事项列表

   C. 创建一个WBS,并向产品负责人解释可交付的成果

D. 鼓励团队对项目任务进行细分

163. 一个新的项目成员加入了一个迭代式项目组。项目经理注意到,该资源无法按时完成交付物。项目经理应该如何处理这种情况? ( )

　　A. 通过指导该项目成员来解决这一问题

　　B. 与资源经理讨论提高绩效的方案

　　C. 作为回顾性仪式的一部分,提供绩效反馈

　　D. 向项目发起人请求更有效的替代项目成员

164. 在一个由不同国家的特定用户参与的项目完成后,项目经理的主管询问项目用户是否对项目的运行方式感到满意。项目经理应该采取哪些行动?(选择两项) ( )

　　A. 向项目参与者发送一份调查问卷,征求他们的反馈

　　B. 准备好项目阶段的经验教训

　　C. 将项目材料交付给用户,看他们是否有意见

　　D. 获得各国对新流程的正式批准

　　E. 参照沟通管理计划

165. 项目经理与一个全球虚拟团队一起工作,该团队面临着相互沟通的困难,经常错过重要信息。这种困难导致错过项目最后期限。项目经理应该做什么来提高项目团队的效率? ( )

　　A. 实施团队集中办公以改善沟通

　　B. 找出沟通问题的根本原因

　　C. 启动项目进展的日常沟通

　　D. 安排一次沟通控制委员会会议

166. 一个大型项目正在影响它所在的社区。邻居们对这个项目不满意,他们对项目的抵制可能会影响项目的最后期限。项目经理应该采取哪些行动?(选择两项) ( )

　　A. 给邻居们发信,善意地要求他们不要干扰项目

　　B. 分析情况,找出导致邻居消极态度的原因

　　C. 安排与邻居代表会面,以赢得他们的合作

　　D. 要求市长使用其权力来阻止邻居的抵抗

　　E. 要求客户延长项目期限,以便有时间来解决冲突

167. 一个成员来自许多国家的项目团队正在努力进行合作。项目经理在团队发展的冲刺阶段接受了这些困难,但团队还没有进入下一个阶段。项目开始落后于计划。项目经理可以做什么来使团队进入规范化阶段? (   )

A. 向团队展示他们的沟通问题对进度的影响,鼓励他们把分歧放在一边

B. 与项目发起人讨论改变团队的组成

C. 弄清楚谁是这些问题的幕后推手,并采用渐进式的纪律处分技术

D. 计划团建活动,以帮助促进更强大的人际关系和确定共同的目标

168. 某团队正在进行一项关键的项目交付工作,项目经理担心不能在最后期限前完成。一些利益干系人对一些团队成员的表现有抱怨。项目经理想了解情况并尽快向团队提供反馈。项目经理应该采取哪些行动来解决这种情况?(选择三项) (   )

A. 实施每日团队会议

B. 确定团队的基本规则

C. 进行回顾性会议

D. 进行一次年度审查

E. 要求进行经理业绩审查

169. 在一个设计和生产餐厅厨房使用的新工具的项目中,成本已被确定为最优先的制约因素。项目分组在其质量计划中包括对这些工具的随机抽样。虽然成本是一个关键因素,但产品也必须符合高质量标准。以下哪些是不一致成本的例子?(选择三项)
(   )

A. 返工　　　　　B. 质量培训　　　　　C. 废品　　　　　D. 保修费用

170. 一个组织正在着手部署一个新的数字解决方案,它将彻底改变采购服务。项目经理已经制订了所有必要的计划和活动,以确保成功的整合和解决方案的推出。有一个合作伙伴的系统不可用的风险,这可能会对项目产生负面影响。为了确保项目的成功,需要什么关键活动? (   )

A. 持续监测合作伙伴的系统不可用的风险,并制订适当的解决计划,以防风险变成实际问题

B. 告知项目的利益干系人,完全的整合可能是不可行的,项目将有可能因此而被推迟

C. 通过授权合作伙伴改变系统设置来消除风险,使其更容易与新的解决方案整合

D. 通过制订替代计划来减轻风险,使解决方案在没有完全整合能力的情况下准备就绪并可用

171. 在日常通话中,团队成员分享任务进展。一名团队成员通常不交流很多细节,并且有关键任务要完成。所有的团队成员都在不同的国家,关键工作即将开始。在这种情况下,哪些行动可以帮助项目经理?(选择两项) ( )

   A. 将工作重新分配给参与日常通话的项目成员

   B. 向职能经理报告该团队成员的不良表现

   C. 要求团队发送电子邮件,说明详细的任务进展

   D. 鼓励所有团队成员使用虚拟工作区

   E. 与团队成员谈论他们的参与,并采取适当的行动

172. 某软件实施项目的项目经理,他所在的公司已经做出了一项全组织范围的决定,要转而使用一个新的会计和人力资源软件包。项目经理了解到,一些实施同一软件包的项目在试图将人事数据导入新系统时,造成了数据丢失。他对数据进行了备份,以便在发生这样的问题时可以恢复数据。项目也购买了保险,以支付在实施不成功时手动输入数据的费用。项目经理使用了哪些应对策略?(选择两项) ( )

   A. 规避   B. 转移   C. 减轻   D. 接受   E. 分享

173. 以下哪些情况是敏捷教练应该注意的障碍?(选择三项) ( )

   A. 阻碍敏捷能力的技术

   B. 缺乏团队授权,不能自我组织

   C. 在日常工作会议上对积压的工作进行审查

   D. 一名团队成员在谈论敏捷看板上的用户故事

   E. 一名团队成员谈论一个不在敏捷看板上的用户故事

174. 为了估算一个与去年实施的项目相似的新项目的成本,项目经理与前一个项目的专家小组会面。该小组使用三点估算技术。项目经理将估算的预算提交给项目发起人批准。新加入公司的项目发起人很担心,因为预算超过了他们的预期。项目经理应该怎么做? ( )

   A. 回顾去年项目的历史信息和经验教训,以证明新的预算估计的合理性

   B. 使用软技能来说服项目发起人批准新的预算估计

C. 改变预算编制技术,采用更准确的、自下而上的成本估算

D. 审查组织流程评估,以确定预算估计中是否考虑了应急储备

175. 项目经理在启动一个新的虚拟团队时应该考虑哪些行动？（选择两项）　　（　　）

　　A. 评估自己作为虚拟团队领导者的优势和劣势,以确定可避免的陷阱

　　B. 确定每个工作包或活动所需资源的类型和数量

　　C. 在组织内招募最好的项目成员成为虚拟团队的一部分

　　D. 核实团队成员是否在一个以上的团队中,是否能为这个团队投入足够的时间

　　E. 在一开始就确定监测进展和沟通进展的最佳手段

176. 敏捷项目的项目发起人通知项目负责人,一位高管希望了解项目的最新进展。该项目负责人应该怎么做？　　（　　）

　　A. 请项目发起人或产品负责人提供最新情况,因为项目负责人应该努力使团队不受阻碍

　　B. 联系 PMO 获取状态报告模板,并以该格式提供项目更新

　　C. 邀请高管到项目的会议空间,以确定项目的信息辐射器是否满足他们的需求

　　D. 提供一个项目共享驱动器的链接,让执行人员搜索任何感兴趣的工件

177. 一名新的团队成员加入了一个自组织的团队。这名新成员不愿意发言,也不愿意参与团队的讨论或决策。该团队应该采取哪些行动来吸引这个新成员？（选择两项）

（　　）

　　A. 重温团队中关于团队行为和规范的讨论

　　B. 促进对所有想法和观点的公开讨论

　　C. 迫使新成员参与那些被认为是容易的活动

　　D. 指导新成员提高对团队的参与度

　　E. 向项目经理报告新成员的行为

178. 项目经理负责建造一座桥梁。项目的高层要求采用预测性方法处理。负责缩减桥梁的软件是根据敏捷原则开发的。在软件开发过程中,由于缺乏信息,工作流程经常被各种延迟或障碍打断。项目经理应该如何处理这种情况？　　（　　）

　　A. 应用精益生产来限制团队的工作

　　B. 使用看板使工作可见

C. 将小批量的工作纳入项目

D. 增加回顾会议,以快速交付成果

179. 一个敏捷的项目经理想把需求文件转换成史诗、能力、特性和故事。项目经理应该在多少个迭代中估计故事的持续时间?　　　　　　　　　　　　　　　　　　(　　)

　　A. 四个迭代　　　　B. 三个迭代　　　　C. 一个迭代　　　　D. 两次迭代

180. 项目经理完成了与客户对当前迭代的项目交付物的审查。一位刚刚加入客户团队的关键利益干系人抱怨说,这些成果没有提供企业预期的能力。项目经理应该做什么来解决这个问题?　　　　　　　　　　　　　　　　　　　　　　　　　　　(　　)

　　A. 更新利益相关者名单并修正可交付的成果

　　B. 创建一个变更请求并更新范围管理计划

　　C. 更新项目管理计划和经验教训

　　D. 进行利益相关者识别和项目目标审查会议

答案解析请扫描下方二维码

参 考 文 献

[1] 项目管理协会.项目管理标准和项目管理知识体系指南(《PMBOK® 指南》)第七版[M].美国:国会图书馆,2021.

[2] 卢森堡.非暴力沟通[M].阮胤华,译.北京:华夏出版社,2009.

[3] 罗宾斯,贾奇.组织行为学[M].孙健敏,朱曦济,李原译.18 版.北京:中国人民大学出版社,2020.

[4] 刘润.5 分钟商学院[M].北京:中信出版社,2018.

[5] 柯维.高效能人士的七个习惯[M].高新勇,王亦兵,葛雪蕾,译.北京:中国青年出版社,2018.

[6] 寇翔淋,刘通,杜斌,等.PMP 项目管理方法论与敏捷实践[M].4 版.哈尔滨:哈尔滨工业大学出版社,2021.

[7] Project Management Institute.敏捷实践指南[M].北京:中国工信出版集团,电子工业出版社,2018.